诚信为本
坚持准则

操守为重
不做假账

——与学习会计的同学共勉

"十四五"职业教育国家规划教材

国家精品在线开放课程配套教材

iCVE 智慧职教 高等职业教育新形态一体化教材

基础会计理论与实务

（第二版）

主　编　张志萍　段丽娜

副主编　邱三平　李文婷　孔维攀

中国教育出版传媒集团

高等教育出版社·北京

内容简介

本书是“十四五”职业教育国家规划教材，也是国家精品在线开放课程“基础会计理论与实务”配套教材。

本书从一个初学者的角度，按“会计职业认知规律”设计教学内容：了解会计概念—认知“会计对象”—会计对象分类形成“会计要素”—再分类形成“会计科目”—会计科目增减变动形成“账户”，设置账户—登记账户—借贷记账法应用账户，多个账户集合形成账簿，建立账簿—登记账簿—对账—错账更正—结账，最后编制财务报表即报账；以“会计核算工作流程”进行教学项目设计：走进会计、期初业务准备、日常业务处理（借贷记账法应用、会计凭证填制与审核、会计账簿设置与登记）、期末业务处理（财产清查、期末账务核算、对账与结账、编制财务报表）、账务处理程序综合应用。十个教学项目均以案例开篇，引导思考，导入正文，最后以“综合案例”归纳总结，强调重点。正文穿插“要点提示”“知识拓展”“职业能力训练”等版块帮助理解，令学习者在轻松学习的氛围中通过“项目测试”掌握要领。

本书以国家精品在线开放课程“基础会计理论与实务”建设成果为基础，力求建设涵盖丰富教学资源的立体化教材。与本书配套的在线开放课程可通过登录“爱课程”平台，进入“基础会计理论与实务”进行在线学习。同时，本书配有教学课件，教师可登录“高等教育出版社产品信息检索系统”（xuanshu.hep.com.cn）免费下载。

本书可作为高等职业教育专科、本科院校和应用型本科院校财经类及相关专业基础会计教学用书或教学参考用书，也可作为各类成人教育、在职会计人员培训用书或各类社会人员素质提升自学用书。

图书在版编目（CIP）数据

基础会计理论与实务 / 张志萍，段丽娜主编．
2 版．-- 北京：高等教育出版社，2025.1（2026.2重印）．
ISBN 978-7-04-063488-4

Ⅰ. F230

中国国家版本馆 CIP 数据核字第 20245MC200 号

基础会计理论与实务（第二版）
JICHU KUAIJI LILUN YU SHIWU

策划编辑　张雅楠　　责任编辑　曾飞华　　封面设计　赵　阳　　版式设计　曹鑫怡
责任校对　张　薇　　责任印制　张益豪

出版发行	高等教育出版社	网　　址	http://www.hep.edu.cn
社　　址	北京市西城区德外大街 4 号		http://www.hep.com.cn
邮政编码	100120	网上订购	http://www.hepmall.com.cn
印　　刷	北京鑫海金澳胶印有限公司		http://www.hepmall.com
开　　本	787mm × 1092mm　1/16		http://www.hepmall.cn
印　　张	22.25	版　　次	2021 年 8 月第 1 版
字　　数	440 千字		2025 年 1 月第 2 版
购书热线	010-58581118	印　　次	2026 年 2 月第 2 次印刷
咨询电话	400-810-0598	定　　价	49.80 元

物 料 号　63488-A0

“智慧职教”服务指南

“智慧职教”是由高等教育出版社建设和运营的职业教育数字教学资源共建共享平台和在线课程教学服务平台，包括职业教育数字化学习中心平台（www. icve. com. cn）、职教云平台（zjy2. icve. com. cn）和云课堂智慧职教 App。用户在以下任一平台注册账号，均可登录并使用各个平台。

● 职业教育数字化学习中心平台（www. icve. com. cn）：为学习者提供本教材配套课程及资源的浏览服务。

登录中心平台，在首页搜索框中搜索“基础会计理论与实务”，找到对应作者主持的课程，加入课程参加学习，即可浏览课程资源。

● 职教云（zjy2. icve. com. cn）：帮助任课教师对本教材配套课程进行引用、修改，再发布为个性化课程（SPOC）。

1. 登录职教云，在首页单击“申请教材配套课程服务”按钮，在弹出的申请页面填写相关真实信息，申请开通教材配套课程的调用权限。

2. 开通权限后，单击“新增课程”按钮，根据提示设置要构建的个性化课程的基本信息。

3. 进入个性化课程编辑页面，在“课程设计”中“导入”教材配套课程，并根据教学需要进行修改，再发布为个性化课程。

● 云课堂智慧职教 App：帮助任课教师和学生基于新构建的个性化课程开展线上线下混合式、智能化教与学。

1. 在安卓或苹果应用市场，搜索“云课堂智慧职教”App，下载安装。

2. 登录 App，任课教师指导学生加入个性化课程，并利用 App 提供的各类功能，开展课前、课中、课后的教学互动，构建智慧课堂。

“智慧职教”使用帮助及常见问题解答请访问 help. icve. com. cn。

前　言

本书是“十四五”职业教育国家规划教材，也是国家精品在线开放课程“基础会计理论与实务”的配套教材，是为满足财经类专业教学需求和会计人员巩固会计基础知识、社会人士自学提升职业素质而编写的。本书以最新《企业会计准则》为依据，根据最新财税政策编写而成。具有如下特点。

1. 以中国大学 MOOC 为平台，以国家精品在线开放课程为依托，整合细化教材内容

本书以“基础会计理论与实务”国家精品在线开放课程为依托，借助中国大学 MOOC 平台，将教材内容归纳为 100 多个知识点，并按知识点整合开发 86 个微课，将教学视频、实务动画、演示文稿、在线测试、其他媒体素材等多种形式融于一体，与教材内容紧密结合，图文并茂、声色兼具，详细阐述讲解。

2. 按“理论”和“实务”两个环节设计，同时兼顾会计工作过程，思路与层次清晰

按会计职业认知规律，首先学习会计基础理论：了解会计概念—认知会计对象—基本分类形成会计要素—再分类形成会计科目—会计科目增减变动形成账户—复式记账登记账户—借贷记账法应用账户；然后针对企业经济业务，学习掌握实务操作：填制与审核会计凭证—设置与登记会计账簿—对账—更正错账—结账—编制财务报表；最后归纳“理论”与“实务”，综合讲解账务处理流程。

按会计工作过程设计五大教学环节：走进会计、期初业务准备（会计要素、会计科目、账户、复式记账等）、日常业务处理（借贷记账法下经济业务核算会计凭证填制与审核、会计账簿设置与登记）、期末业务处理（财产清查、期末账项核算、对账与结账、编制财务报表）、账务处理程序综合应用。

3. 教学内容丰富，重难点突出，易懂易学

每个项目均以课前案例“案例思考与讨论”导入，在兴趣中引入教学理论。穿插图、表、要点提示、知识拓展、职业能力训练等，并针对重要知识技能点，关联二维码视频、动画等资源，最后以“综合案例”分析应用结束，强化理解和应用，力求

理论通俗易懂、实务简单易学。

4. 教学与育人结合，将思政教育贯穿于整个教学过程

本次修订，注重将党的二十大及党的二十届三中全会精神融入教材。本书每个项目均设计有“素养目标”，正文内容设有丰富的相关教学案例与小栏目：会计文化、名人故事、德技并修等，强调立德树人，重视正确的“三观”培养，强调职业操守、职业道德和职业素养，以培养德才兼备、全面发展的会计人才。

5. 校企合作，共同开发教材

在教材编写中，与合作企业多次沟通、交流，并深入企业考察，听取行业专家的意见和建议，不断修正，使教材内容更具有实用性和可行性。

本书由济源职业技术学院张志萍、段丽娜担任主编，邱三平、李文婷、孔维攀担任副主编，济源职业技术学院王盼盼、济源市丰田肥业有限公司会计师张艳参编，河南省会计领军人才、济源钢铁有限公司高级会计师范庆洲、济源市丰田肥业有限公司高级财务管理师薛会霞对本书进行了审核。

由于作者水平有限，书中难免存在不足或疏漏，敬请读者批评指正。

编　者

2026 年 1 月

目录

项目一

走进会计

学习目标

知识目标：

了解会计的产生与发展历史

理解会计含义、明确会计目标

理解会计基本职能与核算方法

理解会计基本假设与会计基础

理解会计信息质量要求与会计规范

能力目标：

能领会七种会计核算方法

能理解四大会计基本假设

能用不同会计基础进行基本核算和分析

能辨别不同会计信息质量要求并理解其应用

素养目标：

树立会计文化自信，增强民族自豪感

培养爱国敬业精神，增强从事会计工作的责任感和使命感

知识导图

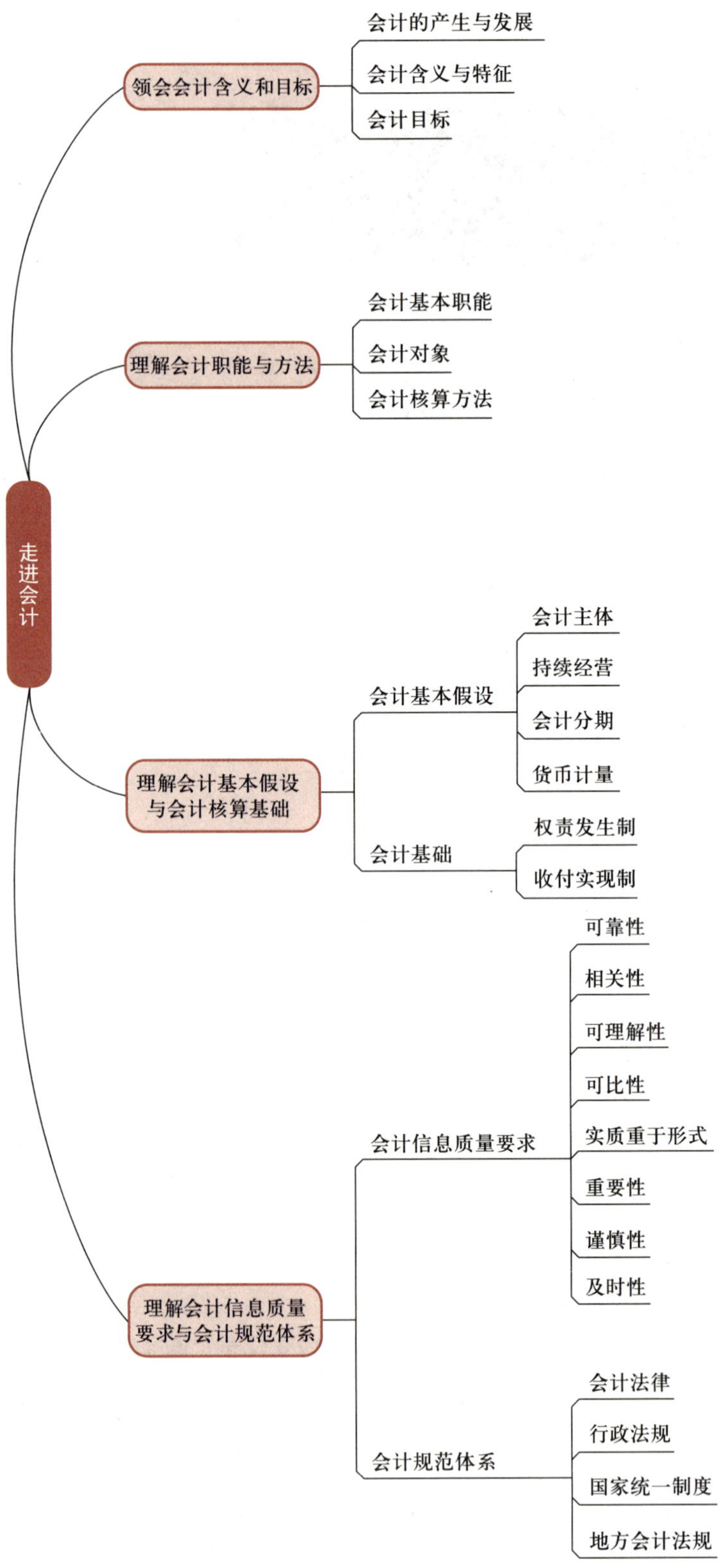
走进会计
领会会计含义和目标
会计的产生与发展
会计含义与特征
会计目标
理解会计职能与方法
会计基本职能
会计对象
会计核算方法
理解会计基本假设与会计核算基础
会计基本假设
会计主体
持续经营
会计分期
货币计量
会计基础
权责发生制
收付实现制
理解会计信息质量要求与会计规范体系
会计信息质量要求
可靠性
相关性
可理解性
可比性
实质重于形式
重要性
谨慎性
及时性
会计规范体系
会计法律
行政法规
国家统一制度
地方会计法规

导入案例

余下的都是利润吗？

小镇上有一位五金店的老板，从事这一行已有20多年，生意一直很好。但他对会计业务不在行，不习惯用账簿。他把支票放在一个棕色的大信封中，把钞票放在雪茄盒里，把到期的账单都插在票插上。

有一天，他当会计的儿子来探望他，说："爸爸，我实在搞不清楚你是怎么记账的，你这样根本无法计算成本和利润。我替你设计一套现代会计系统好吗？"父亲说："不必了，孩子，我心里有数。我爸爸是个农民，他去世时，我名下的东西只有一条工装裤和一双鞋。后来，我离开农村，来到城里，辛勤工作，终于有了这家五金店。今天我有妻子和三个孩子，你哥哥当了律师，你姐姐当了编辑，你是个会计师。我和你妈妈住着一所很不错的房子，还有两部车。我经营着这家五金店，而且不欠别人一分钱。"父亲停了一下接着说，"我的会计方法很简单，把这一切加起来，扣除那条工装裤和那双鞋，余下的都是利润。"

案例思考与讨论： 由上述案例可以看出，这位父亲的计算方法确实很简单。尽管他的计算方法不符合现代会计管理系统，但他的眼里不仅有生意和金钱，还有亲情、家庭与爱。他算出了进步、成功、喜悦和欣慰。那么，到底什么是会计呢？

任务一　领会会计含义和目标

一、会计的产生与发展

（一）会计的产生

会计起源于人类的生产实践活动。物质资料的生产是人类生存和社会发展的基础。在人类历史上，会计行为的产生和发展与数学的产生和发展有密切关系。人类要生存和发展下去，就必然要用一定的方式或方法反映生活资料，管理生活资料的分配、储备等，这就必须对劳动过程进行组织和规划；同时对劳

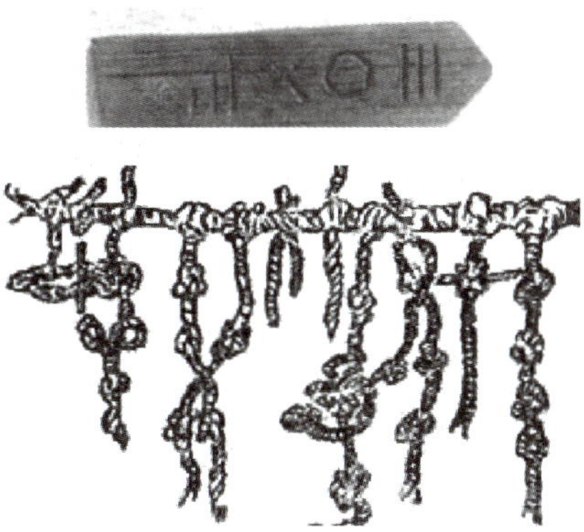

微课：探究会计的产生与发展

动耗费和劳动成果进行观察、计量、记录和计算，这种计量、记录方法最直接的表现形式便是数学。比如人们丈量土地、测量容积、计算劳动时间、分配劳动成果等。

在人类社会发展的初期阶段，原始人对生产过程的耗费以及生产成果的计量，是凭头脑记忆的。但随着生产的发展，出现了使用各种符号、标识进行简单计数的行为，例如，我国古代的结绳记事、刻木记事、垒石计数等，这是会计的雏形。

知识拓展

结绳记事

结绳记事与人们的生产实践活动有着密切的关系，与伏羲时代的结网捕鱼活动存在着因果关系。当时人们用绳结网捕鱼，在长年的捕鱼劳动中，发现结绳可以计数的道理，而且绳可以搬动、集中和拆开，便于保管，于是人们渐渐以此作为记录事情的方法。

想一想：会计是怎样产生的?

（二）会计的发展

纵观会计发展史，整个会计发展历史可以划分为古代会计、近代会计和现代会计三个阶段。

1. 古代会计

会计具有悠久的历史。古代会计阶段是从会计产生到1494年世界上第一部专门论述借贷复式簿记的书籍《算术、几何、比及比例概要》出现之前的阶段。此阶段比较漫长，人们经历了原始计量、书契计量和单式簿记三个历史阶段。

在西方，大约4 000年以前，古巴比伦人就开始在金属或瓦片上记录商业交易（原始计量）。自从有了文字，会计便从符号记录转为文字记载，进入书契计量时代。随着计算技术的产生并完善，迎来了“簿记”时代。单式簿记是对经济活动采用续时流水登记（流水账）的方法，平时只登记现金的收付和债权债务业务，较好地满足了当时简单商业和小作坊经济管理的需要。

在我国，远在3 000年前的西周，朝廷就设有司书、司会等官职专门从事会计工作，标志着我国会计的萌芽。司书是记账的，主要对财物收支进行登记；司会是进行会计监督的，负责朝廷和地方百官的会计文书并进行考核，主管会计工作，进行“月计岁会”。宋朝初期出现了“四柱清册”，反映钱粮的“旧管”“新收”“开除”“实在”，其相互关系是：旧管 + 新收 − 开除 = 实在，相当于现在的“期初余额 + 本期收入 − 本期支出 = 期末余额”。清朝时期出现“龙门账”，将全部账目划分为“进”“缴”“存”“该”四大类，标志着我国复式记账的萌芽。

知识拓展

龙门账的含义

龙门账是将全部账目划分为“进”“缴”“存”“该”四大类。“进”指全部收入；“缴”指全部支出；“存”指资产（包括债权）；“该”指负债（包括业主投资）。当时民间商业一般只在年终才办理结算，称年结，年结就是通过“进”与“缴”的差额，同时也通过“存”与“该”的差额，平行计算盈亏。“进”大于“缴”就是盈利，反之则为亏损。它与“存”“该”的差额相等，即“进－缴＝存－该”。傅山将这种双轨计算盈亏并检查账目平衡关系的会计方法，形象地称为“合龙门”（见图 1-1）。“龙门账”因此而得名。

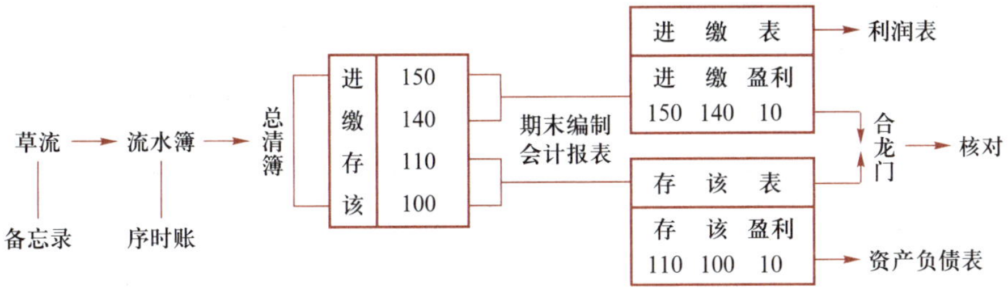

图 1-1　“进”“缴”“存”“该”与“龙门账”

2. 近代会计

近代会计以复式记账法的产生到“簿记论”的问世为标志。复式簿记在理论上的总结被认为是近代会计发展史上的第一个里程碑。

从 12 世纪到 15 世纪，地中海沿岸部分城市的商业和手工业发展很快，呈现出资本主义生产的萌芽状态。当时，意大利威尼斯出现了借贷资本家，他们将贷进来的钱记入贷主（张三、李四）名下，将借出去的钱记入借主（王五、赵六）的名下，这就是借贷记账法下的记账雏形。如图 1-2 所示。

借贷资本家

借主——王五	30 000	贷主——张三	20 000
——赵六		——李四	40 000
（资产）		（负债）	

图 1-2　借贷复式记账法记账雏形

1494 年，意大利数学家和会计学家卢卡·帕乔利所著的数学专著《算术、几何、比及比例概要》一书，其中的《簿记论》较为详细地阐述了日记账、分录账和总账以及试算表的编制方法。复式簿记法在欧洲和全世界得到推广，标志着近代会计的开始。卢卡·帕乔利被誉为“会计之父”。清朝后期，借贷复式记账法传入我国，沿用至今。

3. 现代会计

自 20 世纪 50 年代至今，现代会计发展极为迅速：一是电子计算机逐渐代替传统手工操作，使会计核算现代化；二是会计分化为财务会计和管理会计两大分支，其职能范围越来越广，从只注重核算的传统簿记，发展为今天核算与管理并重的具有现代含义的会计。1952 年，世界会计学会年会在英国伦敦召开，与会各国经过充分的讨论，正式通过了“管理会计”这一专用术语，标志着会计学正式划分为“财务会计”和“管理会计”两大分支，也成为近代会计发展为现代会计的重要标志。

会计的产生与发展示意图见图 1-3。

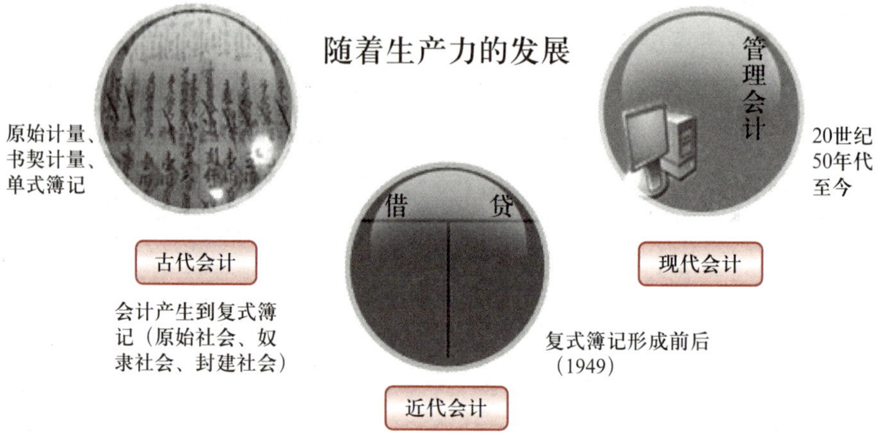

图 1-3 会计的产生与发展示意图

名人故事

“中国现代会计之父”潘序伦的励志故事

潘序伦（1893—1985）江苏宜兴人，会计学家，被后世称为“中国现代会计之父”。但在 30 岁之前，潘序伦甚至不知道“会计”是什么。那时，这个失业的中学教师游手好闲，和一群赌徒终日厮混，输掉了家中大部分田产。不过，一个要去法国留学的友人惊醒了他。很快，潘序伦便进入上海圣约翰大学旁听，他整日埋头书本，以优异成绩被学校保送至哈佛大学企业管理学院就读，选学会计学科。他在哈佛大学勤奋苦读，经常是一个面包一杯开水充饥，争分夺秒地把全部时间用于学习，从宿舍到教室、到图书馆，终日只是与书为伴，从而奠定了他个人乃至整个现代中国的会计学基础。1924 年，获得硕士、博士学位的潘序伦回国后曾被上海国立暨南学校（现暨南大学）聘为教授，任教、著书、办学等，他创办了立信会计师事务所和多种教学形式的立信会计学校，创设了立信会计图书用品社等。

青春寄语：学习潘序伦的励志故事，我们要学习他那种勤奋、卓越、爱国、创新、责任感、终身学习等人生价值观和行为准则，对社会做出应有的贡献。

二、会计含义与特征

清代焦循根据会计实践，在《孟子正义》中对“会”和“计”做了解释和区分：“零星算之为计，总和算之为会”。据此，会计就包括了日常的零星核算和定期的总括核算。1966 年美国会计学会对会计定义为“确认、计量和传达经济信息的过程，以使信息使用者做出明智的判断和决策”。

知识拓展

“会计”的命名

我国会计的命名起源于西周时代，司会是专掌会计的官员。根据西周“官厅会计”核算的具体情况，“会计”二字连用的基本含义是，既有日常的零星核算，又有岁末的总和核算，通过日积月累到岁末的核算，达到正确考核王朝财政经济收支的目的。

微课：从实际出发谈会计的含义

我国对现代会计的定义为：会计是以货币为主要计量单位，以会计凭证为依据，运用一系列专门方法，对特定主体的经济活动过程进行连续、系统、全面、综合的核算和监督，并向有关方面提供会计信息的一种经济管理活动。

会计本质上是一种经济管理活动，同时又具有以下特征：

第一，会计以货币为主要计量单位。会计以货币为主要计量单位，方便对经济活动过程中使用的财产物资、发生的劳动耗费及劳动成果等进行系统的记录、计算、分析和考核。

第二，会计以会计凭证为主要依据。会计核算工作不能凭空捏造，要有凭有据。企业每项经济业务的发生、完成都要以会计凭证为依据进行如实记录和反映。

第三，会计有一系列专门方法。会计方法包括会计核算方法、分析方法、检查方法以及控制、预测、决策等方法。其中会计核算方法是最基本、最主要的方法。

第四，会计核算具有连续性、系统性、全面性和综合性。连续性是指会计核算时对发生的各项经济业务按时间顺序不间断地进行记录；系统性是指会计从开始记录经济业务到最后编制会计报表过程中，对会计资料分门别类地进行整理、汇总；全面性和综合性是指对会计对象的全部经济业务都要进行核算。

第五，会计的基本职能是核算和监督。会计一方面要按照会计法规制度的要求，对经济活动进行确认、计量和报告；另一方面要对业务活动的真实性、合法性和合理性进行审查。因此，会计核算与会计监督贯穿于会计工作的全过程。

第六，会计是一个经济信息系统。进行会计核算时，会计将企业经济活动的数据转化为货币化的会计信息，这些信息是企业内部、外部利益相关者进行经济决策的重要依据。

文档：会计人员应具备哪些素质与能力

知识拓展

会计职业道德规范

（1）爱岗敬业；（2）诚实守信；（3）廉洁自律；（4）客观公正；（5）坚持准则；（6）提高技能；（7）参与管理；（8）强化服务。

三、会计目标

会计目标是在一定客观环境和经济条件下，会计人员通过会计实践活动期望达到的结果。我国《企业会计准则——基本准则》明确了会计目标：向财务报告使用者提供决策有用的信息，并反映企业管理层受托责任的履行情况。

（一）向财务报告使用者提供决策有用的信息

随着市场经济的发展，投资者进行决策，需要大量可靠而相关的会计信息。如国家宏观调控信息，加强企业内部经营管理信息，外部利害关系人进行投资，信贷等信息。为实现向信息使用者提供决策有用信息的目标，会计必须通过一系列的核算和监督活动，提供综合性会计报告，正确反映其财务状况和经营成果等信息，以有助于信息使用者做出理性的投资和信贷等决策。

（二）提供受托责任的履行情况

现代公司制下，企业所有权和经营权是分离的，企业管理层受投资人委托管理企业及其各项资产，负有受托责任。企业投资人需要通过会计人员提供的财务报告上的会计信息了解管理层的管理情况和企业资产状况等，以便评价管理层的经营管理责任履行情况和企业资源使用情况。

知识拓展

会计的职业领域

会计的职业领域包括以下几方面：第一，从事会计工作，是会计职业领域最基础、最本质的工作，如出纳、会计等；第二，监督会计工作，是对会计工作及会计信息进行监督的工作，如审计；第三，会计管理工作，指对会计人员及会计工作进行管理的工作，如财政人员的工作；第四，会计教育工作，包括对会计专业学生的学历教育、对社会人员的会计培训等工作；第五，会计研究工作，指从事对会计理论、会计法规、会计政策和会计实务等进行研究的工作。

任务二　理解会计职能与方法

一、会计基本职能

动画：领会会计基本职能

会计的职能是指会计在经济管理过程中所具有的功能。会计具有会计核算和会计监督两项基本职能。除此外，会计还具有预测经济前景、参与经济决策、评价经营业绩等拓展职能。

（一）会计核算职能

会计核算职能，又称会计反映职能，是指会计以货币作为主要计量单位，对特定主体的经济活动进行确认、计量、记录和报告，从数量上反映各单位已经发生或完成的经济活动，为经营管理提供会计信息。会计核算职能有如下特点。

（1）会计核算主要是利用货币计量单位对经济活动的数量方面进行核算。

（2）会计核算主要是对已经发生的经济活动进行事中、事后的核算，同时也为预测未来提供信息。

（3）会计核算具有完整性、连续性和系统性。

会计核算的完整性，是指会计核算对所有的会计对象都应无一遗漏地进行确认、计量、记录和报告。

会计核算的连续性，是指会计核算对发生的经济业务事项的确认、计量、记录和报告要连续进行，不得有任何中断。

会计核算的系统性，是指对发生的经济业务事项要采用科学的核算方法，分门别类地进行确认、计量、记录和报告，提供系统的信息。

会计核算完整、连续、系统，是会计信息资料完整性、连续性和系统性的保证。

（二）会计监督职能

会计监督职能，又称会计控制职能，是指对特定主体经济活动和相关会计核算的真实性、合法性和合理性进行监督检查。

合法性审查是指保证各项经济业务符合国家的有关法律法规，遵守财经纪律，执行国家的各项方针政策，杜绝违法乱纪行为。

合理性审查是指检查各项财务收支是否有奢侈浪费行为，是否有违背内部控制制度要求等现象，为增收节支、提高经济效益严格把关。

中国会计文化

古代思想家、政治家管仲的财务观

管仲是春秋时期齐国著名的经济学家、政治家、思想家、军事家，因辅佐齐桓公成为春秋第一霸主，被后世誉为“圣人之师”“华夏第一相”。同时，管仲善于理财，其富国、安民的历史功绩使其成为历史上有文字记载的第一位理财家。

在我国古代很长时期内，会计、统计与算数是不作严格区分的，因为这些计数，都起到了现代会计所具有的核算反映与决策控制的职能。《管子·七法》中说，“不明于计数，而欲举大事，犹无舟楫而欲经于水险也”。意即要办成大事，一定要了解计数，如果不了解计数，就好比没有船而想渡河一样，是非常危险的事情。

启示：管仲认为，要想做事取得成功，就必须正确合理地运用“计数”这个经济管理工具。同时，管仲也提出了会计的工作原则“不知计数不可”，与现代会计的“可靠性”“真实性”等原则的基本内涵一脉相通，这在当时人们文化水平普遍不高、科技水平低、经济落后的条件下，是非常难能可贵的。

对于国家的财政管理来说，理财者必须先了解国家财政收支情况才能做好规划，做好管理与决策，如果不知道国家在一定时期收入的数量，费用支出不能做到事前规划、事中控制、事后检查，便会造成财用混乱、支出无度和经费空虚，发生财用枯竭甚至会出现国家经济崩溃、政治动乱的危险。对于企事业单位的财务管理也是如此，作为财务会计人员，一定要当好财务官，摸清家底，做到心中有数，管好家，理好财，量入为出，以保证长期稳定发展。

会计监督有如下特点：

第一，会计监督主要是利用核算职能所提供的各种价值指标进行的货币监督。

第二，会计监督是一个过程，分为事前监督、事中监督和事后监督。事前监督是在经济活动发生前进行的监督，主要是对未来经济活动是否符合法规政策的规定、在经济上是否可行进行分析判断，以及为未来经济活动制定定额、编制预算等；事中监督是指对正在发生的经济活动过程及其核算资料进行审查，并据以纠正经济活动过程中的偏差和失误，使其按预定计划进行；事后监督是对已经发生的经济活动及其核算资料进行审查。

（三）会计核算与会计监督之间的关系

会计核算和会计监督是会计的两个基本职能，两者是相辅相成、辩证统一的。会计核算是会计监督的前提和基础，会计监督是会计核算的质量保证。

二、会计对象

会计核算与监督的内容就是会计对象。具体来说会计对象就是企业在生产活动中可以用货币表现的经济活动。以货币表现的经济活动通常又称为价值运动或资金运动，因此，会计核算和监督的内容即会计对象就是资金运动。

企业是以盈利为目的的经济实体，工业企业的资金运动可概括为：资金投入企业，经过资金周转，然后资金退出企业三大过程。资金周转过程具体包括供应过程、生产过程和销售过程。资金经历从货币资金、储备资金、生产资金、成品资金再到货币资金的循环过程，周而复始，循环往复。资金运动过程见图 1-4。

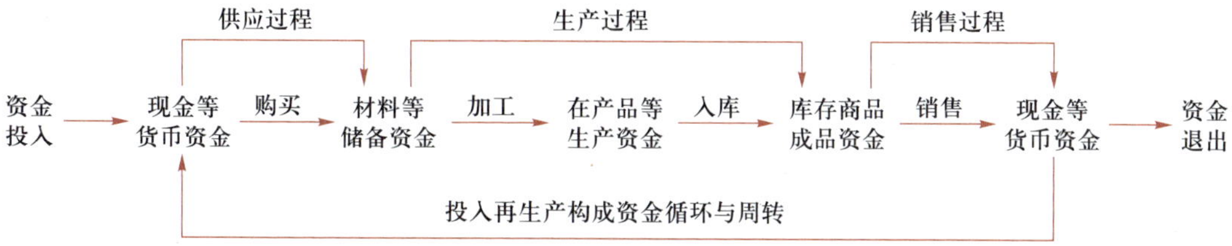

图 1-4　工业企业资金运动过程结构图

三、会计核算方法

会计核算方法是指会计主体发生经济业务后，会计人员进行确认、计量、记录、分类、汇总等，加工会计信息所采用的一系列技术和手段。包括以下七种。

动画：理解会计核算方法

（一）填制和审核会计凭证

填制和审核会计凭证，是为了审查经济业务是否真实、合法，保证登记账簿的会计记录正确、完整而采用的一种专门方法。记账必须有根有据，这种根据就是会计凭证，简称凭证。例如，职工报销差旅费必须填制报销单，并附有车、船票等单据，证明经济业务已经完成。报销单还必须经过有关人员审核批准，并与所附的车、船票等单据核对无误。报销完毕后，会计人员根据报销单或车、船票等资料进一步加工处理，使之成为记账依据。这是会计核算工作的第一步，只有审核无误的会计凭证，才可以作为记账的依据。

（二）设置会计科目和账户

设置会计科目和账户是对会计核算和监督的具体内容进行分类核算和监督的一种专门方法。会计核算和监督的内容往往是包罗万象的，如财产物资有各种存在形态：厂房及建筑物、机器设备、各种材料、半成品等。他们在生产中的作用不同，管理的要求也不相同。为了对各自不同的内容分别进行反映和记录，会计上必须分别设置会计科目和账户，以便取得经营管理所需要的各种不同性质的核算指标。

要点提示

会计科目是根据会计对象具体内容和管理上的要求，事先规定的分类核算项目。账户是根据不同的会计科目在账簿中开设的户头。账户的名称就是会计科目的名称。

（三）复式记账

复式记账是对每项经济业务，都要以相等的金额在两个或两个以上相关联的账户中进行记录的一种专门方法。例如，远古时期先人们用一只羊换了两斗米，只记录两斗米增加却不知道还要记录一只羊减少，这就是单式记账法。如果既记录两斗米增加又记录一只羊减少，这样的方法就是复式记账法。

在企业的资金运动过程中，任何一项经济业务的发生都会引起双重变化。例如，用银行存款 10 万元购买原材料。这项业务一方面引起银行存款减少，另一方面又会引起库存材料增加。为了全面反映经济业务所引起的双重变化，完整记录资金运动的来龙去脉，就必须采用复式记账法。

（四）登记账簿

登记账簿就是根据审核无误的会计凭证在账簿上连续、完整、科学、系统地记录和反映经济业务的一种方法。登记账簿必须以凭证为依据，利用账户和复式记账方法，把经济业务分门别类地登记到账簿中去，并定期进行结账和对账，以便编制会计报表，为有关部门提供完整而又系统的会计数据。

（五）成本计算

成本计算是指按照一定的成本计算对象汇集生产经营中发生的费用，以确定各对象的总成本和单位成本的一种方法。企业在生产经营过程中会发生各种耗费，为了核算和监督所发生的各项费用，必须进行成本计算，以便核算和监督各项费用的节约和超支情况，采取措施，降低成本。

（六）财产清查

财产清查是通过对实物资产的盘点、往来款项的核对来检查财产和资金实有数额的方法。它是保证会计核算资料的真实性、正确性的一种手段。通过财产清查有利于摸清单位家底，挖掘潜力。

在财产清查中如果发现账实不符，应及时查明原因，明确责任；同时，如果发现有积压或残损物资以及往来账款中的呆账、坏账，也要积极清理。加强财产管理，提高经济效益。

（七）编制会计报表

会计报表是总括反映企业一定日期的财务状况和一定时期经营成果及现金流量的书面文件。编制会计报表是对日常会计核算的总结，它是根据账簿记录，定期进行分类整理和汇总，提供经济管理所需会计信息的过程。各单位会计必须定期提供会计报表，以满足各有关方面及时、全面地了解单位财务信息的需要。

可见，会计核算方法是指企业经济业务发生后，为了解决“记到哪里”“用什么方法记”“依据是什么”“怎么记”“成本怎么算”“账实怎么相符”“信息怎么对外报出”等问题，会计人员所采用的一系列技术和手段。

会计核算方法不是孤立存在的，而是一个相互联系、相互渗透的完整的方法体系。会计核算方法之间的关系可用图 1–5 表示。

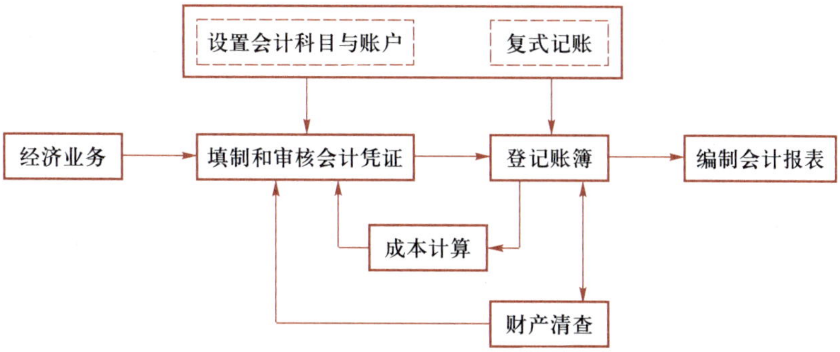

图 1–5　会计核算方法关系

要点提示

在每一个会计期间，填制和审核会计凭证都是起点，编制会计报表都是终点，在这期间综合运用会计核算的各种专门方法，形成一套有条不紊的科学的工作程序，周而复始、不断重复，从而连续不断地提供各个会计期间的会计信息。

任务三　理解会计基本假设与会计核算基础

一、会计基本假设

会计基本假设是企业会计确认、计量和报告的前提，是对会计核算所处时间、空间环境等所作的合理假定。在会计实务中，不可避免地会出现一些不确定因素，这些因素会干扰会计核算。通过进行合理的假设，为会计核算明确前提条件，使会计业务得以正常处理。一般会计核算前提有四项：会计主体、持续经营、会计分期和货币计量。

（一）会计主体

会计主体是指企业会计确认、计量和报告的空间范围，即会计核算和监督的特定单位或组织。

会计主体假设的意义在于：将特定主体的经济活动与该主体个人的经济活动区别开来；将该主体的经济活动与其他主体单位的经济活动区别开来，从而界定了从事会计工作和提供会计信息的空间范围。

会计主体与法律主体并不是同一概念。会计主体是指财务工作为之服务的特定单位或组织。法律主体是法律上承认的可以独立承担义务和享受权利的个体，也可以称为法人。从概念上讲，会计主体的内涵要广，即会计主体包括法律主体。

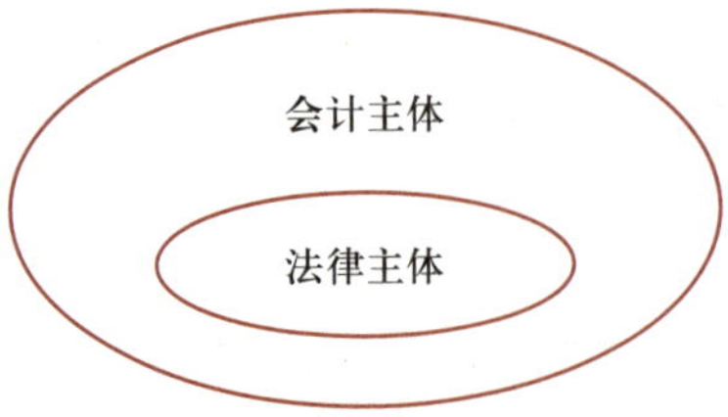

一般来说，法律主体往往都是会计主体，因为任何一个法人都要按规定开展会计核算，但会计主体不一定是法律主体。比如，企业集团、内部销售部门和生产车间均可以作为一个会计主体核算，但它们不是法人。会计主体可以是法人，也可以是非法人。即会计主体既可以是一个企业，也可以是企业中的内部单位或企业中的一个特定部分，还可以是几个企业组成的联营公司或企业集团。比如，一个总公司下面有三个分公司，总公司和每个分公司都可以分别是会计主体，而只有总公司才是法律主体。一般来说，凡具有独立的资金、自主经营、独立核算收支和盈亏并编制会计报表的企业或单位就构成了会计主体，如某公司、某工厂、某车间、某学校等，但由于营利性的企业核算最为典型，所以本教材中的会计主体一般以企业为例。

动画：会计主体与法律主体辨析

文档：法人、非法人、子公司、分公司概念辨析

（二）持续经营

持续经营是指在可以预见的未来，企业将会按当前的规模和状态持续经营下去，不会停业，也不会大规模削减业务。

在持续经营前提下，会计确认、计量和报告应当以企业持续、正常的经济活动为前提，在此前提下选择会计程序及会计处理方法，进行会计核算。例如，会计上按固定资产的平均使用年限计算折旧，分期转入成本费用；对于发生的跨期费用，由于假设企业是持续经营的，才可以按权责发生制原则，将跨期费用在受益期间合理分配，而不影响各期财务成果。

持续经营只是一个假设，任何企业在经营过程中，都存在破产清算不能持续经营的风险。企业一旦进入清算，就应当改按清算会计处理。

（三）会计分期

会计分期是指将一个企业持续经营的经济活动划分为一个个持续的、长短相同的期间，以便分期结算账目和编制财务会计报告。

世界各国大多按照日历年度作为会计年度。但是也有按业务年度作为会计年度的。我国的会计年度自公历每年的 1 月 1 日起至 12 月 31 日止。会计中期是短于一个完整会计年度的报告期间，包括半年度、季度和月度。

会计分期为会计核算确定了时间范围。

要点提示

由于有了会计期间，才有了本期与非本期的区别，才使不同类型的会计主

体有了记账准则，从而形成了权责发生制和收付实现制两种不同的会计基础，进而又出现了预收、预付、应收、应付、折旧、摊销等会计处理方法。

（四）货币计量

货币计量是指会计主体在会计确认、计量和报告时以货币作为主要计量单位，反映会计主体的经济活动，并假设货币本身代表的价值量是基本稳定不变的。

动画：领会货币计量的含义

在会计核算中，企业的财产物资可以采用不同的量度，例如，实物量度、劳动量度、货币量度等。之所以选择了货币作为主要的计量单位，是由货币本身的属性决定的。以货币计量，能把不同质的东西综合表现，提供综合指标，便于比较和分析，而其他的计量单位却做不到。

要点提示

企业财产物资可用不同的计量单位，如吨、千克、台、个等，如果把这些实物单位简单相加，其结果没有意义。所以，在会计核算中就要把所有财产物资用统一的计量单位来表示。采用货币计量，把财产物资汇总计算，才能综合反映企业经济活动的过程和结果。

但货币种类有很多，使用哪一种货币来记账呢？《会计法》规定：会计核算以人民币为记账本位币。在存在多种货币的条件下，要确定一种货币作为记账本位币。业务收支以外币为主的单位，可以选定一种外币作为记账本位币，但编制的财务报告应当折算为人民币。在境外设立的中国企业向国内报送的财务报告，也应当折算为人民币。

实际上货币本身的币值是不稳定的，按照会计惯例，当币值波动不大或前后波动能抵消时，仍认为币值是稳定的。

微课：会计基本假设含义及应用

要点提示

会计主体假设限定了会计核算的空间范围，持续经营与会计分期假设限定了会计核算的时间长度，货币计量假设提供了会计核算的手段。

职业能力训练

张成和王均合伙开办了一家婚庆公司，公司自成立以来状况良好，效益稳步提升。该公司使用一台进口摄像器材，价值12万元，使用年限是10年，每月计提折旧1 000元。请问：该婚庆公司对摄像器材计提折旧以什么会计假设为前提？

二、会计核算基础

会计核算基础是指会计以什么为标准来确认、计量和报告企业的收入和费用，目的是更加真实、公允地反映企业某一特定日期的财务状况和某一特定期间的经营成果。企业在一定会计期间，为进行生产经营活动而发生的费用，可能是本期已付出的货币资金，也可能本期尚未付出；所形成的收入，可能是本期已经收到的货币资金，也可能本期尚未收到。处理此类问题，必须先确定所采用的会计基础。会计基础主要有两种：权责发生制和收付实现制。

（一）权责发生制

权责发生制，也称应计制或应收应付制，是指收入、费用的确认应当以收入和费用的实际发生作为确认的标准，合理确认当期损益的一种会计基础。

微课：
收支核算知多少

在这种会计处理下，凡属于本期的收入、费用不论款项是否实际收到或付出，均应当作为当期的收入和费用处理；凡不属于本期的收入和费用，即使款项已经收到或付出，也不作为本期的收入和费用处理。

【例1-1】

2020 年 11 月，某企业销售产品一批，价款 50 000 元，产品已经提供，那么不论货款是否已收到，按权责发生制要求，均应作为 11 月收入入账。如果该企业 11 月支付 5 600 元预定明年上半年报刊，尽管企业已经支付款项，但由于报刊在明年才受益，按权责发生制要求，这 5 600 元不应作为 11 月费用处理，而应由下年度 1 月至 6 月分摊。

采用权责发生制的会计处理比较科学合理，能真实地反映本期收入、费用，正确计算本期损益。但会计处理手续比较复杂，在会计期末需要进行账项调整。它适合于企业和政府单位的财务会计使用。

（二）收付实现制

收付实现制也称现金制，是以收到或支付现金作为确认收入和费用的标准，是与权责发生制相对应的一种会计基础。

在收付实现制下，凡在本期收到的收入和付出的费用，不论是否属于这一会计期间，均作为本期收入和费用处理；凡在本期未收到的收入和未付出的费用，即使应归属于本期，也不作为本期收入和费用处理。

【例1-2】

企业在 2020 年 7 月销售产品一批，价款 10 000 元，月底仍未收到货款。按收付实现制的要求，这 10 000 元不作为 7 月的收入。如果 2020 年 7 月，企业以银行存款 1 000 元支付 8 月的保险费，由于企业已经支付现款 1 000 元，尽管企业 7 月未受益，但按收付实现制的要求，这 1 000 元应作为 7 月的费用。

在收付实现制下，把一些应计入本期收入或费用的款项不列入本期，而一些不应计入本期收入或费用的款项却列入了本期，所以会计处理不尽合理，不能准确计算和确定各个会计期间的损益。这种会计处理基础的好处在于在会计期末不需要账项调整，计算简便。目前，我国政府单位的预算会计采用收付实现制。

想一想：如何通俗易懂的解释权责发生制与收付实现制？

职业能力训练

（1）A 公司 2020 年 3 月赊销给 B 公司一批商品，价格 38 000 元，商品已经发出。根据合同规定，B 公司须在 2020 年 4 月一次付清货款。

（2）A 公司于 2020 年 1 月以银行存款 10 000 元提前支付 2 月、3 月租入生产设备的租金。

请问：根据权责发生制，上述业务中发生的收入和费用，分别该记入哪个月份？

任务四　理解会计信息质量要求与会计规范

信息是对人有用的、能够影响人们行为的数据。任何信息只有经过传递才能被人接受和利用。会计信息是指会计单位通过财务报表或附注等形式向会计信息使用者揭示单位财务状况和经营成果的数据资料。

会计信息的使用者主要包括投资者、债权人、企业管理者、政府及其相关部门和社会公众等。

微课：
会计信息质量要求含义及应用

一、会计信息质量要求

会计信息质量要求是对企业财务会计报告中所提供高质量会计信息的基本规范。其具体要求如下。

（一）可靠性

可靠性是对会计信息质量的基本要求。可靠性要求企业以实际发生的交易或者事项为依据进行会计确认、计量和报告，如实反映符合确认和计量要求的各项会计要素及其他相关信息，保证会计信息真实可靠、内容完整。

例如，电商企业直播带货的会计信息“可靠性”要求收入、成本数据真实可验证。销售额需与平台记录、到账记录有关凭证核对，佣金、物流费凭合同及付款凭证核算，不虚构隐瞒交易，如实反映业务经营实质。

（二）相关性

相关性以可靠性为基础，要求企业提供的会计信息应当与财务报告使用者的经济决策需求相关，有助于财务报告使用者对企业过去和现在的情况作出评价，对未来的情况作出预测。

（三）可理解性

可理解性要求企业提供的会计信息应当清晰明了，便于财务报告使用者理解和使用。根据可理解性，要求企业在会计核算中，会计记录应当准确、清晰，填制会计凭证、登记账簿必须做到依据合法、账户对应关系清楚、文字摘要完整；在编制会计报表时，应当内容完整、项目勾稽关系清楚、数字准确。

（四）可比性

可比性要求企业提供的会计信息应当相互可比。表现为以下两种情况：

第一种：同一企业不同时期可比。同一企业不同时期发生的相同或者相似的交易或者事项，应当采用一致的会计政策，不得随意变更，即纵向可比（见图 1-6）。但并非企业不得变更。如果发生有关会计政策变更的特殊情况，应当在附注中予以说明。

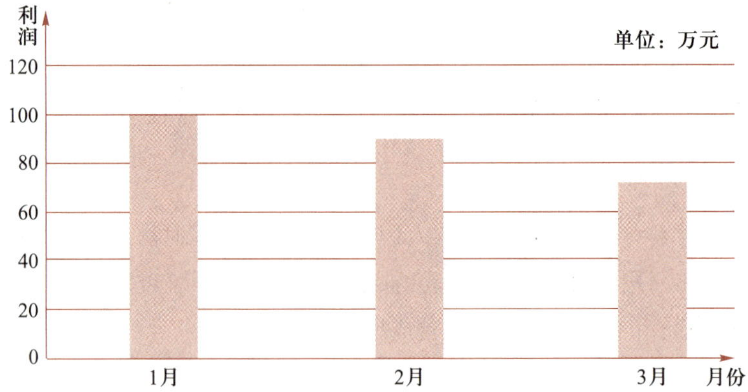

图 1-6　某企业 2020 年 1 月、2 月、3 月利润对比（纵向可比）

第二种：不同企业相同会计期间可比。不同企业发生的相同或者相似的交易或者事项，应当采用规定的会计政策，确保会计信息口径一致、相互可比，即横向可比（见图 1-7），以便于会计信息使用者分析、评价不同企业的财务状况、经营成果和现金流量及其变动情况。

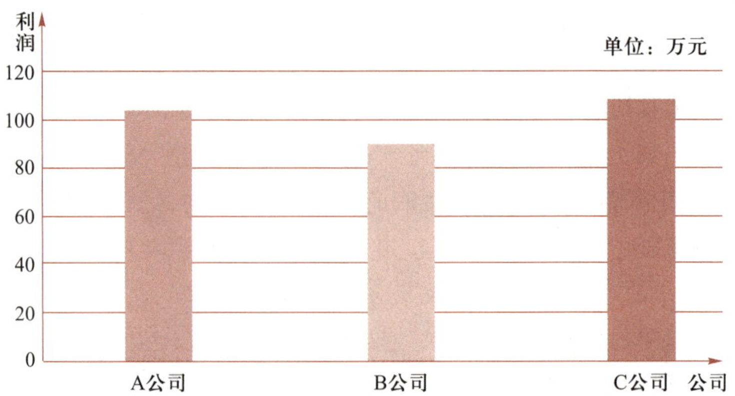

图 1-7　A 公司、B 公司、C 公司 2020 年 1 月利润对比（横向可比）

要点提示

可靠性就是真实性，要求如实反映信息；相关性以可靠性为基础，要满足财务报告使用者及企业管理的信息需求；可理解性要求会计信息清晰明了，便于理解；可比性要求做到同一企业不同时期、不同企业相同期间口径一致，信息可比。

中国会计文化

孔子的会计之道：客观真实地记录与计量

孔子，名丘，字仲尼，春秋时期鲁国人，被后世尊称为“至圣先师”，但是许多人不知道，孔子还曾经是一名会计从业人员或者说是一位会计专家，一位会计思想家。孔子年轻时家境贫穷，成家立业后为了养活妻儿，孔子做了鲁国贵族季孙氏手下的官吏，当起了专门管理仓库出纳钱粮的会计。春秋时期礼崩乐坏，王室衰弱，诸侯争霸，大夫专权，战乱不止。在乱世灾难面前，难免有人趁火打劫、借机敛财。孔子这位管理仓库的小官，看到如此景象，从会计岗位职责的角度、从思想家的使命出发，思考着如何做好一名会计，慢慢便悟出了其中道理，即“会计当而已矣”。这句话被孔子的学生记录下来，一代一代往下传，便成为中国最早的会计原则。

启示:“会计当而已矣”表明会计是公正客观地记录经济业务的，其中的“当”即会计必须按照财政法规的要求办事，当收则收，既不可少，也不可超过规定的标准；当用则用，必不可少，也不能滥用。孔子对会计的定义充分说明了他不仅精通会计的基本业务 ，而且对会计理论也有所研究。会计的职能是核算和监督，古代的会计就是通过记录与计量的具体技术方法来实现会计的基本职能，而对会计业务的记录和计量最基本的要求就是客观真实，否则会计的意义就不存在了。

（五）实质重于形式

实质重于形式要求企业在进行会计确认、计量和报告时，应当按照交易或者事项的经济实质为依据，而不应仅以交易或者事项的法律形式为依据。

企业发生的交易或事项在多数情况下，其经济实质和法律形式是一致的，但在特殊情况下两者也会不一致，如企业融资租入的固定资产。这就要求会计核算不能仅仅根据法律形式进行反映，要具体问题具体分析。

（六）重要性

重要性要求企业提供的会计信息应当反映与企业财务状况、经营成果和现金流量有关的所有重要交易或者事项。

重要性的应用需要依赖职业判断，如果某项会计信息错报或漏报，会引起使用者的误解或导致决策的失误，则该信息就具有重要性。对于重要的会计信息，必须按照规定的会计方法和程序进行处理，并在财务报告中充分、准确地披露；对于次要的会计事项，在不影响会计信息真实性和不至于误导财务报告使用者作出正确判断的前提下，可适当简化处理。

（七）谨慎性

谨慎性要求企业对交易或者事项进行会计确认、计量和报告，应当保持应有的谨慎，不应高估资产或者收益，也不应低估负债或者费用。

（八）及时性

及时性要求企业对于已经发生的交易或事项，应当及时进行会计确认、计量和报告，不得提前或者延后。

会计信息具有时效性。即使是可靠、相关的会计信息，如果不及时提供，对于使用者的效用也会大大降低，甚至失去效用。会计核算坚持及时性要求有三层含义：及时收集会计信息、及时处理会计信息、及时传递会计信息。

要点提示

实质重于形式要求会计核算时，要以实际情况为根据，不盲目依照法律规定；重要性主要依赖会计人员职业判断；谨慎性围绕企业利润最大化，不高估资产或收益、不低估负债或费用；及时性要求企业不提前或者延后进行会计确认、计量和报告。

想一想：会计信息质量要求具体有哪些？各是什么意思？

二、会计规范体系

会计规范，是一套用于规定并约束会计信息系统的数据加工、处理与信息生成等行为的法律、制度、标准和惯例的总称，也是评价会计工作质量、会计信息质量的标准和依据。目前，我国的会计规范体系由四个层次构成：会计法律、行政法规、国家统一制度、地方性会计法规。具体解释如下。

（一）会计法律

会计法律是指由全国人民代表大会及其常务委员会制定、由国家主席签发的有关会计工作的法律，是会计法律制度中层次最高的法律规范，是制定其他会计法规的依据。如《中华人民共和国会计法》（以下简称《会计法》），是我国会计工作的根本大法，也是指导我国会计工作的基本依据和最高准则。

《会计法》自1985年发布实施以来，经过了1999年修订和1993年、2017年两次修正，2024年为第三次修正。2024年6月28日，十四届全国人大常委会第十次会议表决通过《关于修改〈会计法〉的决定》，自2024年7月1日起施行。

《会计法》主要规定了会计工作的基本目的、会计管理权限、会计责任主体、会计核算和会计监督的基本要求、会计人员和会计机构的职责权限，并对会计法律责任作出了详细规定。

（二）行政法规

行政法规是经国家最高行政管理机关国务院常务委员会通过，由国务院总理签发，用以调整经济生活中各方面会计关系的法律规范。行政法规以《会计法》为依据，以条例、规定、办法等形式出现。如《企业财务会计报告条例》《总会计师条例》等。

《企业财务会计报告条例》于2000年6月21日由国务院制定并颁布，2001年1月1日起执行。该条例明确了会计要素的确认计量标准，规范了财务报告的内容、编报基础、依据、原则、方法，是对《会计法》有关财务会计报告要求的具体化。

中国会计文化

廉洁自律是会计职业声誉的试金石

孟子，战国时期邹国人，中国古代伟大的思想家、政治家、教育家，儒家学派的主要代表。孟子说，“非其义也，非其道也，禄之以天下，弗顾也；系马千驷，弗视也。其义也，非其道也，一介不以与人，一介不以取诸人”。意思是说若不符合制度原则的馈赠不要接受，若不符合制度规定的收入也不要接受；“焉有君子而可以货取乎？”也就是我们常说的“君子爱财，取之有道”。从思想方法上来说，就是既坚持原则又通权达变。不仅处理经济问题如此，个人的立身处世也是如此。孟子的基本原则是：“穷则独善其身，达则兼济天下。”不拿不明不白的钱，不拿不该拿的钱。在这样的原则前提下，当受则受，当辞则辞。

启示：从古至今，金钱的诱惑是很大的，市场经济时代各种诱惑更是随处可见，金钱的受与不受等问题也时常摆在人们的面前。孟子的精辟言论给人们敲响了警钟，关键是在对“当”的理解上，这是对会计从业者思想的引导和感化。对于当下的会计人员来说，更应该廉洁奉公，杜绝腐败，防止被人利用，反受其害。

要从熟悉国家财经法律法规和会计制度开始，从严要求自己，遵守职业道德，树立良好的职业品质、严谨的工作作风；按照依法理财、勤俭节约的原则，严格审核，做好各项支出的范围和渠道把控，奉公守法，不挪用、不贪污、不坐支公司钱财；始终把“廉洁自律”作为会计职业声誉的试金石，作为会计人员的行为准则，时刻保持职业谨慎，提高工作效率和工作质量。

（三）国家统一制度

1. 国家统一制度的含义及内容

国家统一制度是由国务院财政部制定，以部长令形式签发，用以对会计核算、会计监督、会计机构、会计人员以及会计工作进行管理的制度。包括会计规章和规范性文件等。如《企业会计准则——基本准则》《会计从业资格管理办法》等属于会计规章。《企业会计准则第1号——存货》《企业会计准则——应用指南》和解释公告等属于规范性文件。

2. 企业会计准则体系

微课：
会计核算的判定标准

我国企业会计准则体系由基本准则、具体准则、应用指南和解释公告等组成。在企业会计准则体系中，基本准则、具体准则、应用指南和解释公告分别处于第一、二、三、四层次。

基本准则包括财务报告目标、会计基本假设、会计信息质量要求、会计要素、财务报告等，是制定具体准则的基础，在整个企业会计准则体系中起着统驭作用；具体准则分为一般业务准则、特殊业务准则和报告类准则，主要规范了各项具体业务事项的确认、计量和报告；应用指南是对具体准则的一些重点难点问题作出的操作性规定；解释公告是随着企业会计准则的贯彻实施，就实务中遇到的实施问题而对准则作出的具体解释。

1992年11月30日我国以财政部令形式正式发布了《企业会计准则》，并决定自1993年7月1日起在全国正式实施；2006年2月15日颁布1项基本准则、38项具体准则以及应用指南，形成企业会计准则体系，自2007年1月1日起施行；2014年《企业会计准则——基本准则》及多项具体准则进行了修订。这些具体准则的制定、颁布和实施，规范了我国会计核算，提升了上市公司会计信息质量，改善了企业财务状况的透明度，进一步推动了企业在国家市场上的经济技术交流。

（四）地方性会计法规

地方性会计法规是指由各省、自治区、直辖市人民代表大会以及常务委员会制定并发布的与宪法、会计法律、行政法规等不抵触的会计规范性文件。地方性会计法规是我国会计法律的重要组成部分。如《××市会计条例》等。

要点提示

我国的会计规范体系由四个层次构成：会计法律、行政法规、国家统一制度、地方性会计法规。《会计法》属于会计法律，是会计工作的根本大法；《企业财务会计报告条例》属于行政法规，是对《会计法》有关财务会计报告要求的具体化。国家统一制度包括会计规章和规范性文件，《企业会计准则——基本准则》属于会计规章，而企业会计准则——具体准则、应用指南和解释公告等属于规范性文件。

想一想：我国评价会计工作质量、会计信息质量的标准和依据是什么？具体有哪些？

综合案例

案例资料：李菲是上海一所著名美术学院的学生。她当时手头有800元，决定创办一个美术培训部。她支出了120元在一家餐厅请朋友坐一坐，帮她出出主意；支出了200元印制了500份广告传单，用100元购置了信封、邮票等。她向师姐借款4 000元，以备租房等使用。她购置了书籍、静物，并装修画室。她的美术培训部取名为“白鹭美术培训部”。8天后李菲已经有了17名学员，每学员每月学费1 800元，并找了一位能力较强的同学作为合伙人。她与合伙人分别担任会计和讲课教师。两个月下来，她们已经招收了50个学员，除了归还师姐的借款本金和利息计5 000元、抵销各项费用外，各获得讲课、服务等净收入30 000元和22 000元。她们用这笔钱继续租房，扩大画室面积。为了提高知名度，聘请了一位有经验的教授免费作了两次讲座，为培训部的发展奠定了基础。

4个月下来，“白鹭美术培训部”平均每月招收学员39位，获取收入24 000元。又以每小时200元的讲课报酬雇用了4位同学作兼职教师。至此，除去房租等各项费用共获利67 800元。更重要的是，她们通过4个月来的锻炼，学到了不少财务知识，掌握了许多营销技巧，也懂得了怎样与人打交道，获得了比财富更为宝贵的工作经验。

动画：学习会计知识的重要性

案例讨论：

1. 说明李菲是如何创办并发展她的企业的？
2. 会计在企业经营中起到什么作用？
3. 从这一案例中你学到了哪些有关会计方面的专业术语？

文档：走进会计知识点小结

专业能力测评

专业能力测评表（在□中打√，A掌握，B基本掌握，C未掌握）

知识点／技能点	评价指标	自测结果	要求
会计的含义	1. 会计定义 2. 会计特征 3. 会计目标	□A　□B　□C □A　□B　□C □A　□B　□C	理解会计含义、特征，明确会计目标
会计基本职能	1. 会计基本职能内容 2. 会计基本职能特点	□A　□B　□C □A　□B　□C	掌握会计核算职能与会计监督职能的含义、特点
会计核算方法	1. 会计方法体系内容 2. 会计核算方法特点	□A　□B　□C □A　□B　□C	理解会计方法，掌握七种会计核算方法含义及内容
会计基本假设	1. 会计基本假设含义 2. 会计基本假设内容 3. 会计主体假设应用 4. 持续经营假设应用 5. 会计分期假设应用 6. 货币计量假设应用	□A　□B　□C □A　□B　□C □A　□B　□C □A　□B　□C □A　□B　□C □A　□B　□C	也叫会计核算前提，掌握四种会计假设及内容，理解其应用

续表

知识点 / 技能点	评价指标	自测结果	要求
会计对象	1. 资金运动过程 2. 会计对象内容	□A □B □C □A □B □C	了解企业资金运动，理解会计对象，熟记会计基本职能
会计信息质量要求	1. 会计信息质量要求含义及内容 2. 会计信息质量要求运用	□A □B □C □A □B □C	理解八项质量要求原则含义，掌握八项质量要求原则的基本运用
会计规范体系	1. 会计规范体系构成 2. 企业会计准则内容构成	□A □B □C □A □B □C	理解会计规范，理解企业会计准则，知道企业会计准则内容构成

项目测试

一、单选题

1. 在中国“会计”一词最早出现在（　　）。

A. 宋朝　　B. 西周

C. 唐朝　　D. 明朝

2.《算术、几何、比及比例概要》一书是由卢卡·帕乔利编著的，此人是（　　）。

A. 英国人　　B. 法国人

C. 意大利人　　D. 美国人

3. “四柱清册”创建于（　　）。

A. 唐朝　　B. 宋朝

C. 明朝　　D. 清朝

4. 下列各项中，属于近代会计产生标志的是（　　）。

A. 司会的设立

B. 英国工业革命兴起

C.《证券法》颁布

D. 复式记账法产生和“簿记论”的问世

5. 现代会计以（　　）为主要计量单位。

A. 实物　　B. 货币

C. 工时　　D. 劳动耗费

6. 下列项目属于会计基本职能的是（　　）。

A. 计划与核算　　B. 核算与监督

C. 资金运动　　D. 分析与预测

7. 以下关于会计对象的说法中，不正确的是（　　）。

A. 会计核算和监督的内容　　B. 资金运动
C. 货币运动　　D. 价值运动
8. 通常说的会计主体与法律主体是（　　）。
A. 有区别的　　B. 相互一致的
C. 不相关的　　D. 相互可以替代的
9. 会计主体对会计核算范围从（　　）上进行了有效的划定。
A. 空间　　B. 内容
C. 时间　　D. 空间和时间
10.（　　）限定了会计核算的时间范围。
A. 会计主体　　B. 持续经营
C. 会计分期　　D. 货币计量
11. 下列各项中，既是会计主体又是法律主体的是（　　）。
A. 分公司　　B. 子公司
C. 子公司内设机构　　D. 分公司内设机构
12. 下列会计核算环节中处在会计核算核心地位的是（　　）。
A. 确认　　B. 计量
C. 记录　　D. 报告
13. 我国实行公历制会计年度是基于（　　）的基本会计假设。
A. 会计主体　　B. 货币计量
C. 会计分期　　D. 持续经营
14. 下列各项中，不属于会计核算方法的是（　　）。
A. 成本计算　　B. 财产清查
C. 复式记账　　D. 评价经济业绩
15. 在会计核算过程中，会计处理方法前后各期（　　）。
A. 应当一致，不得随意变更　　B. 可以变动，但须经过批准
C. 可以任意变动　　D. 应当一致，不得变动
16. 下列不属于会计信息质量要求的是（　　）。
A. 实质重于形式　　B. 可靠性
C. 权责发生制　　D. 相关性
17. 会计核算前后各期指标口径应一致，符合（　　）要求。
A. 相关性　　B. 谨慎性
C. 权责发生制　　D. 可比性
18. 会计核算应当按照交易或事项的经济实质进行，而不应当仅仅按照法律形式作为核算的依据，这个原则是（　　）。
A. 实质重于形式原则　　B. 相关性原则
C. 重要性原则　　D. 及时性原则

19. 下列各项中，要求企业合理核算可能发生的费用和损失的会计信息质量要求是（　　）。

A. 可比性　　B. 及时性

C. 会计法　　D. 谨慎性

20.（　　）是我国会计工作的根本大法，也是指导我国会计工作的基本依据和最高准则。

A. 企业财务会计报告条例　　B. 总会计师条例

C. 会计法　　D.《企业会计准则——基本准则》

二、多选题

1. 下列关于会计特征的表述中，正确的有（　　）。

A. 会计是一种经济管理活动

B. 会计是一个经济信息系统

C. 会计采用一系列专门的方法

D. 会计以货币作为主要计量单位

2. 会计的基本职能是（　　）。

A. 会计核算　　B. 会计监督

C. 会计预测　　D. 会计决策

3. 会计的计量单位有（　　）。

A. 货币计量　　B. 实物计量

C. 劳动计量　　D. 以上都是

4. 以下属于我国会计职业道德规范的有（　　）。

A. 爱岗敬业　　B. 诚实守信

C. 坚持准则　　D. 强化管理

5. 下列项目中，属于会计核算方法体系的有（　　）。

A. 设置会计科目　　B. 填制和审核会计凭证

C. 登记会计账簿　　D. 成本计算

6. 下列可以作为一个会计主体进行核算的有（　　）。

A. 总公司　　B. 生产车间

C. 分公司　　D. 学校

7. 下列项目中，属于会计中期的有（　　）。

A. 月度　　B. 季度

C. 半年度　　D. 年度

8. 谨慎性要求具体运用的办法是（　　）。

A. 不高估资产　　B. 低估费用和损失

C. 不高估收益　　D. 足额计算费用和损失

9. 以下属于会计信息质量要求的有（　　　）。

A. 真实性　　B 可比性

C. 重要性　　D. 谨慎性

10. 下列对会计的核算和监督职能的关系描述正确的有（　　　）。

A. 会计监督职能是会计最基本的职能

B. 会计核算与会计监督两大基本职能关系密切，相辅相成，辩证统一

C. 会计监督是会计核算的基础

D. 会计监督是会计核算的质量保证

11. 下列关于货币计量的表述中，正确的有（　　　）。

A. 货币计量是指会计主体在会计核算过程中采用货币作为统一的计量单位

B. 企业的会计核算只能以人民币作为记账本位币

C. 在特定情况下，企业也可以选择人民币以外的某一货币作为记账本位币

D. 在境外设立的中国企业向国内报送的财务会计报告，应当折算为人民币

12. “可理解性”会计信息质量要求，要求企业做到的是（　　　）。

A. 为不同的报告使用者提供不同的会计信息

B. 企业所提供的会计信息应当做到清晰明了

C. 便于投资者等财务报告使用者理解和使用

D. 按交易或事项的经济实质进行会计确认

13. 下列各项中，属于会计信息使用者的有（　　　）。

A. 投资者　　B. 债权人

C. 企业管理者　　D. 政府及相关部门

14. 下列各项中，属于会计信息质量的可比性要求的有（　　　）。

A. 同一个企业不同时期可比　　B. 不同企业相同会计期间可比

C. 不同企业不同会计期间可比　　D. 不同企业相同经济业务可比

15. 以下属于我国会计规范体系的有（　　　）。

A. 会计法律　　B. 行政法规

C. 国家统一制度　　D. 地方性法规

16. 我国企业会计准则体系包括的内容有（　　　）。

A. 基本准则　　B. 具体准则

C. 应用指南　　D. 解释公告

三、判断题

1. 会计就是记账、算账和报账。（　　）

2. 会计核算只能通过货币进行核算。（　　）

3. 会计核算是指经济事项的事后反映。（　　）

4. 会计最基本的职能是会计监督。（　　）

5. 根据《会计法》的规定，各单位必须设置会计机构。 ( )

6. 会计核算和会计监督是会计的两个基本职能，互为前提，缺一不可。 ( )

7. 会计主体可以是法人，也可以是不具备法人资格的实体。 ( )

8. 法人一定是会计主体，但会计主体不一定是法人。 ( )

9. 签订经济合同是企业开展的经济活动，因此属于会计对象。 ( )

10. 会计主体假设明确界定了从事会计工作和提供会计信息的空间范围。 ( )

11. 可比性是指公司应当按照规定的会计处理方式进行会计核算，核算指标应口径一致，相互可比。 ( )

12. 重要性是指会计工作在企业中具有重要作用。 ( )

13. 谨慎性要求不少计资产或收益，不多计负债或费用。 ( )

14. 会计分期不同，对利润的总额不会产生影响。 ( )

15. 我国的会计年度是公历 1 月 1 日至 12 月 31 日。 ( )

16. 我国会计核算以人民币作为记账本位币。 ( )

17. 会计以货币为主要计量单位，但不是唯一的计量单位。 ( )

18. 我国的企业会计准则体系包括基本准则和具体准则。 ( )

19. 国家统一制度是由国务院财政部制定，包括会计规章和规范性文件等。 ( )

20. 目前，我国的会计规范体系由四个层次构成：行政法规、会计法律、国家统一制度、地方性会计法规。 ( )

四、业务题

案例资料：李某是一家公司的销售部经理，有一次参加商品展销会后回公司报销，报销单中所列报销金额计 20 300 元，报销单所附内容是：乘飞机往返费用 2 000 元，一人三天住宿费 2 500 元（该公司规定部门经理每人每天住宿标准为 200 元），展台租用费 1 800 元，招待费 3 000 元，代总经理私人归还欠款 10 000 元（无凭证，李某自写说明一张），损坏他人物品赔偿 1 000 元（有白纸收条一张）。总经理张某批准全额作为业务费报销，财务部王经理在审核时发现有些费用属于个人支出，不应该由公司报销。

案例讨论：

（1）李某提供的哪些费用不能报销？财务部王经理该如何处理？

（2）如果王经理按照总经理的意见将所有费用作为业务费报销，会给公司造成什么影响？这个责任应该由谁来承担？

项目二

期初业务准备

学习目标

知识目标：

理解会计要素与会计等式

理解会计科目的设置

理解会计科目与账户的关系

理解账户的结构与基本应用

理解复式记账法基本含义

熟记借贷记账法含义及特点

理解会计分录含义及书写要领

理解试算平衡表平衡原理及编制方法

能力目标：

能将会计核算内容划分为具体的会计要素

能将不同会计要素确定为具体的会计科目

能在借贷记账法下进行账户登记

能编制简单业务的会计分录

能编制简单试算平衡表并检验账户登记正确性

素养目标：

具备基本的会计素养，提升会计理论认知能力

培养自主学习能力，提升职业判断水平

知识导图

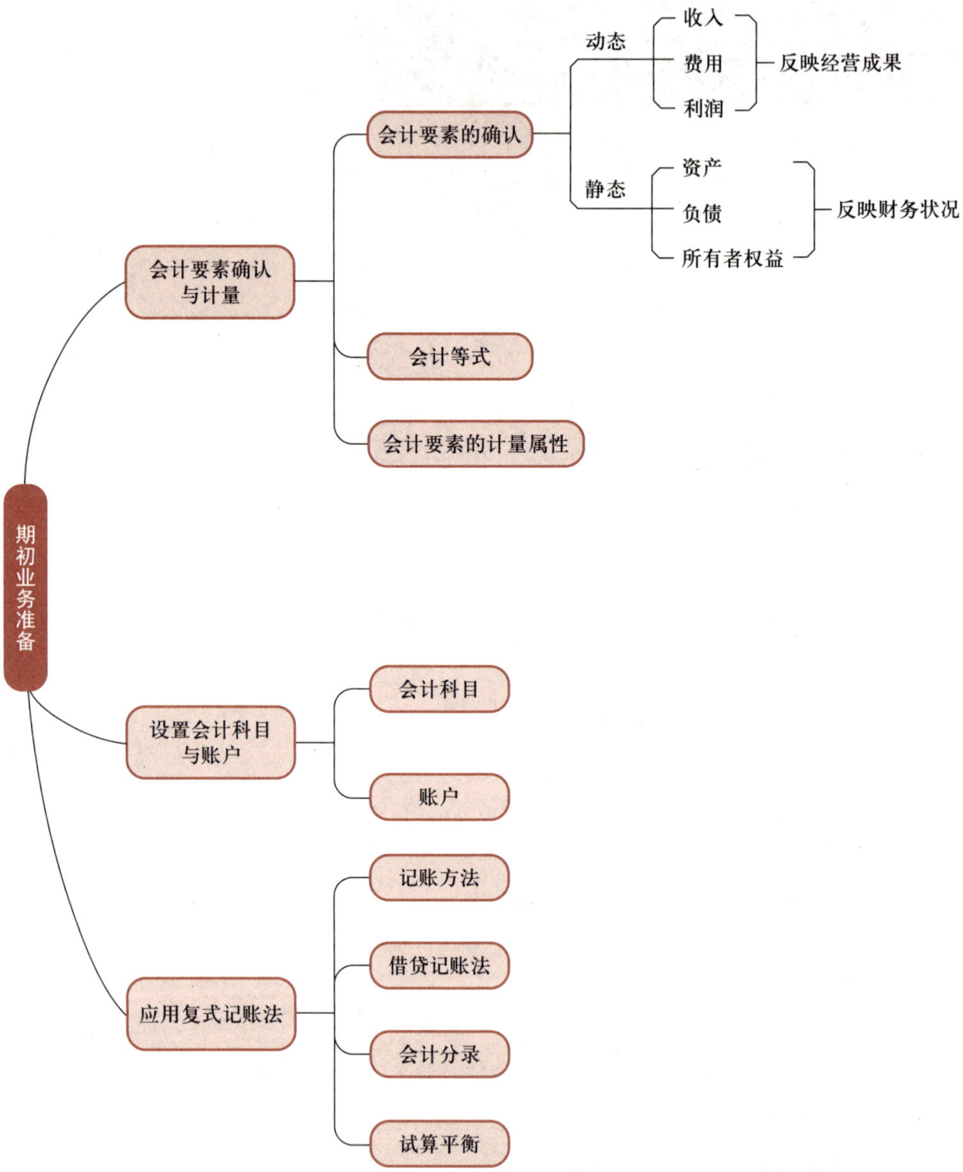
期初业务准备
会计要素确认与计量
会计要素的确认
动态
收入
费用
利润
反映经营成果
静态
资产
负债
所有者权益
反映财务状况
会计等式
会计要素的计量属性
设置会计科目与账户
会计科目
账户
应用复式记账法
记账方法
借贷记账法
会计分录
试算平衡

导入案例

做好会计该从何入手?

选报了会计专业的同学小李怀着好奇心，跟着做会计的妈妈去了单位财务科，看到那么多的单据、凭证、账、表等，小李很纳闷：这些都是干什么用的？

妈妈解释说，这些是企业发生业务时取得的原始凭证，要填制记账凭证，然后要根据凭证记账，最后根据账簿编制报表。小李越听越糊涂。妈妈告诉他：学会计不能着急，必须先从会计要素、会计科目、账户等会计基础知识学起。比如，某月某日甲单位从乙单位赊购材料5 000元。会计怎么核算呢？首先要清楚该业务涉及资产类、负债类会计要素，分别用“原材料”“应付账款”会计科目来表示；为了记账，需要设置“原材料”“应付账款”账户；同时还要知道这些账户反映的内容是增加了还是减少了，应登记在借方还是贷方，确定了这些问题之后才能进行会计核算。小李似乎明白了，但还有诸多疑问，情不自禁地说：原来会计基础知识这么重要啊。

案例思考与讨论：小李妈妈的解释，虽然没有完全让小李搞清楚，但却让小李明白了一个道理：要想做好会计必须先从会计基础知识学起，做好会计核算前的准备工作。您知道会计核算前的准备工作有哪些吗?

任务一 会计要素确认与计量

一、会计要素的确认

动画：理解会计要素

会计核算和监督的内容就是会计对象。会计对象是企业再生产过程中的资金运动。会计对象按照其经济内容的特征所做的基本分类就形成会计要素。会计要素是会计对象的具体化，是会计确认、计量、记录和报告的基础，也是设置账户、编制会计报表的基本依据。我国《企业会计准则——基本准则》将会计要素划分为：资产、负债、所有者权益、收入、费用和利润六项。其中，资产、负债、所有者权益属于静态会计要素，反映企业特定日期的财务状况；收入、费用、利润属于动态会计要素，反映企业一定时期的经营活动及其成果。

（一）资产

资产是指由过去的交易或事项形成的、由企业拥有或控制的、预期会给企业带来经济利益的资源。

1. 资产的基本特征

（1）资产是由过去的交易或事项所形成的。如果企业计划下月购买一台机器设备，并与厂家签订了合同，那么就不属于企业资产。

（2）资产是企业拥有或控制的资源。一项资源要作为企业的资产予以确认必须拥有所有权，或者被企业所控制，如融资租入的固定资产。

微课：理解会计要素——资产

（3）资产预期会给企业带来经济利益。资产具有直接或间接地增加流入企业现金或现金等价物的潜力。已经报废的资产，不能再确认为企业资产。

2. 资产的确认

资产应同时满足以下条件：一是与该资产有关的经济利益很可能流入企业；二是该资产的成本或者价值能够可靠地计量。

3. 资产的分类

资产按其流动性不同，划分为流动资产和非流动资产。

（1）流动资产是指预计在一个正常营业周期中变现、出售或耗用，或者主要为交易目的而持有，或者预计在资产负债表日起一年内（含一年）变现的资产等。流动资产主要包括货币资金、交易性金融资产、应收票据、应收账款、预付账款、应收利息、应收股利、其他应收款、存货等。

（2）非流动资产是指流动资产以外的资产。非流动资产主要包括长期股权投资、固定资产、在建工程、工程物资、无形资产等。

（二）负债

负债是指企业过去的交易或者事项形成的、预期会导致经济利益流出企业的现时义务。

1. 负债的基本特征

微课：理解会计要素——负债

（1）负债是基于过去的交易或事项而产生的。如预计下月从银行贷款10万元不属于负债。

（2）负债是过去承担的现时义务。现时义务是指企业在现行条件下已承担的义务。如企业上个月购料形成的欠款。

（3）负债的清偿预期会导致经济利益流出企业，即负债通常是在未来某一时日通过交付资产或提供劳务来清偿。

2. 负债的确认

负债的确认必须同时满足以下条件：一是与该义务有关的利益很可能流出企业；二是未来流出的经济利益的金额能够可靠地计量。

3. 负债的分类

负债按其流动性的不同，划分为流动负债和非流动负债。

（1）流动负债是指预计在一个正常营业周期中清偿，或者主要为交易目的而持有，或者自资产负债表日起一年内（含一年）到期应予以清偿的债务等。

流动负债主要包括短期借款、应付票据、应付账款及预收账款、应付职工薪酬、应交税费、应付利息、应付股利、其他应付款等。

（2）非流动负债是指流动负债以外的负债。非流动负债主要包括长期借款、应付债券、长期应付款等。

（三）所有者权益

权益是指公民受法律保护的权利和利益。所有者权益是指企业资产扣除负债后由所有者享有的剩余权益。股份公司的所有者权益也称为股东权益。

微课：
理解会计要素——
所有者权益

1. 所有者权益的来源构成

所有者权益的来源包括所有者投入资本、直接计入所有者权益的利得或损失、留存收益。其具体内容划分为四部分：实收资本、资本公积、盈余公积和未分配利润。其中，资本公积包括企业收到投资者出资额超过其在注册资本或股本中所占份额的部分，以及直接计入所有者权益的利得和损失等。盈余公积和未分配利润统称为留存收益。所有者权益的来源如图 2-1 所示。

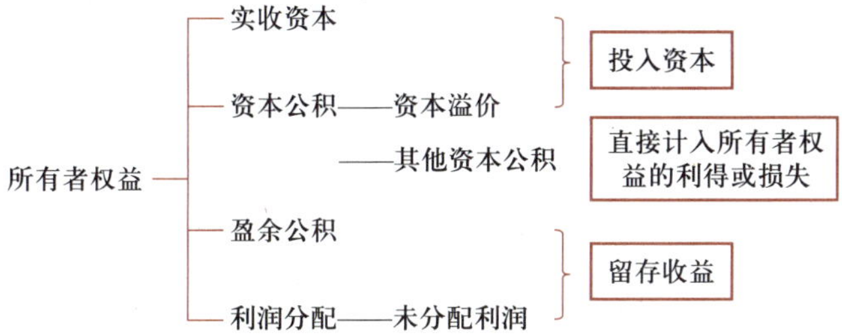

图 2-1　所有者权益的来源

知识拓展

“直接计入所有者权益的利得与损失”基本含义

直接计入所有者权益的利得，是指由企业非日常活动形成的、不应计入当期损益、会导致所有者权益增加的、与所有者投入资本无关的经济利益的流入。如资产负债表日，可供出售金融资产的公允价值高于其账面价值之间的差额。

直接计入所有者权益的损失，是指由企业非日常活动形成的、不应计入当期损益、会导致所有者权益减少的、与向所有者分配利润无关的经济利益的流出，如法定资产评估减值等。

2. 所有者权益的特征

相对于负债而言，所有者权益具有以下特征：

（1）投资期限不同。所有者权益一般不要求企业直接偿还，除非发生法定行为的减资、清算等事项，但负债到期必须偿还。

（2）投资者对公司享有的权利不同。企业的投资者可以凭借对企业的所有权，参与企业的经营管理，而债权人不可以。

（3）投资者的收益与公司的经营业绩联系程度不同。所有者通常以股利或利润的形式参与企业利润分配，而债权人只能按预先约定的条件取得利息收入。

（4）投资者对公司资产的要求权在顺序上不同。负债具有优先偿还权。例如，当企业进行清算时，资产在扣除了破产清算费用后将优先偿还债权人的债务，剩余的资产才能在所有者之间按出资比例等进行分配。

3. 所有者权益的确认

所有者权益体现的是所有者在企业中的剩余权益，因此，所有者权益的确认主要依赖于资产和负债的确认，其金额也主要取决于资产和负债的计量。

（四）收入

微课：
理解会计要素——
收入

收入是指企业在日常活动中形成的、会导致所有者权益增加的、与所有者投入资本无关的经济利益的总流入。

1. 收入的基本特征

（1）收入是从企业的日常活动中产生，而不是从偶发的交易或事项中产生。例如，出售商品、提供劳务取得的收入，属于企业日常活动产生的主要或次要收入，应计入“主营业务收入”或“其他业务收入”；出售固定资产、无形资产等收入是偶发的，不是企业日常活动产生的，应作为“资产处置损益”确认；而出租固定资产、无形资产（让渡资产使用权）收入，还有出售废旧材料收入等均属于企业日常活动产生的收入，但不是主要的，应确认为“其他业务收入”。

收入只包括本企业经济利益的流入，不包括为第三方或客户代收的款项，如增值税的销项税额、代收租金等。

（2）收入能导致企业所有者权益的增加。收入可能表现为企业资产的增加，如销售产品收取货款；也可能表现为企业负债的减少，如以商品或劳务抵偿债务；或者二者兼而有之，如商品销售的货款中部分收取、部分抵债。因此，根据“资产＝负债＋所有者权益”的公式，企业取得的收入一定能增加所有者权益。

（3）收入与所有者投入资本无关。

2. 收入的确认

收入的确认必须同时满足以下条件：一是与收入相关的经济利益很可能流入企业；二是经济利益的流入额能够可靠计量。

3. 收入的分类

（1）收入按企业从事日常活动的性质不同，分为销售商品收入、提供劳务收入和让渡资产使用权收入。其中，销售商品收入是指企业通过销售商品实现的收入；提供劳务收入是指企业通过提供各种劳务服务（如咨询、代理等）所获得的收入；让渡资产使用权收入是指企业通过让渡资产使用权实现的收入，如利息收入和使用费收入等。

（2）收入按企业经营业务主次不同，分为主营业务收入和其他业务收入。其中，主营业务收入是指企业销售商品、提供劳务等正常经营活动而取得的收入，如产品销售收入；其他业务收入是指除主营业务以外的其他销售或其他业务所取得的收入，包括材料销售、固定资产出租、包装物出租等业务取得的收入。

要点提示

收入，是指企业在日常活动中所形成的经济利益的总流入，这表明收入产生于企业的“日常活动”，主要有销售商品、提供劳务及让渡资产使用权等活动。而“营业外收入”反映的是与企业日常经营活动无直接关系的、偶发的各种经济利益的流入。可见，“营业外收入”虽然叫做“收入”，但只是一种收益，不是会计六要素所指的收入（是计入当期损益的利得）。

职业能力训练

A公司本月发生以下经济业务:（1）销售产品取得产品销售收入20 000元;（2）销售材料取得材料销售收入5 000元;（3）出租设备取得租金收入3 000元;（4）将一台闲置的固定资产出售，取得收入80 000元。

请问：这些都属于企业本月的收入吗？哪些不是？

（五）费用

费用是指企业在日常活动中发生的、会导致所有者权益减少的、与向所有者分配利润无关的经济利益的总流出。

1. 费用的基本特征

（1）费用从企业的日常活动中产生。例如，工业企业制造并销售产品、安装公司提供安装服务等活动中所发生的经济利益的总流出，是从企业的日常活动中产生的，构成企业的费用。而处置固定资产而发生的损失，虽然会导致经济利益的总流出，但不属于企业的日常活动，因此不应确认为企业的费用，而应确认为损失，计入“资产处置损益”。

（2）费用的发生会引起所有者权益的减少。费用的发生可以表现为资产的减少，如存货的耗用；也可以表现为负债的增加，如预提利息；或者两者兼而有之。根据“资产 = 负债 + 所有者权益”的平衡公式，费用一定会导致企业所有者权益的减少。

（3）费用与向所有者分配利润无关。

微课：
理解会计要素——费用

知识拓展

收益性支出与资本性支出

收益性支出是指该项支出的发生是为了取得本年度（或一个营业周期）的收益，即仅仅与本年度收益的取得有关。例如，支付本期工资和本期材料费用。资本性支出是指不仅为取得本年度（或一个营业周期）收益而发生的支出，同时该项支出的效益涉及以后几个会计年度（或几个营业周期）。例如，购建固定资产的支出，其支出的效益往往涉及多个会计年度，它的价值在收益期内逐期转为费用，陆续从收入中得到补偿。

2. 费用的确认

符合费用定义的经济利益总流出，在同时满足以下条件时，应确认为费用：①与费用相关的经济利益很可能流出企业；②经济利益的流出额能够可靠计量。

3. 费用的分类

费用按是否构成产品成本分为生产费用和期间费用。

（1）生产费用。生产费用是指为生产产品和提供劳务而发生的能够予以对象化的，构成产品成本或劳务成本的费用。主要包括为产品生产所发生的直接材料、直接人工、其他直接费用和企业为组织管理生产经营活动而发生的各项间接费用等。

文档：直接费用与间接费用的区别

（2）期间费用。期间费用是指与产品生产无直接或间接关系，不能予以对象化、应从当期收入中得到补偿的费用。如企业行政管理部门为组织管理生产经营活动而发生的管理费用，如办公费、差旅费；企业为筹集生产经营所需资金而发生的财务费用，如借款利息；为销售商品或提供劳务而发生的销售费用，如广告费等。

要点提示

费用是为取得收入而付出的代价。费用与一定的会计期间相联系，与所生产的产品无关；成本与一定种类和数量的产品相联系，和会计期间无关。

费用必须与收入配比才能确定。确认费用还应正确划分收益性支出与资本性支出，遵循权责发生制和配比原则。

职业能力训练

开发商甲为了开展本期经营活动共花费 50 万元支出，开发商乙为了建造一栋大楼共花费 500 万元支出，请问：开发商甲和乙发生的支出属于费用还是成本？

（六）利润

微课：理解会计要素——利润

利润是指企业在一定会计期间内的经营成果。

1. 利润的构成

利润包括收入减去费用后的净额（企业日常活动业绩）、直接计入当期损益的利得和损失（企业非日常活动的业绩）两部分。

根据我国《企业会计准则》的相关规定，企业利润的构成分三个层次：营业利润、利润总额和净利润。营业利润是企业日常经营活动实现的利润，利润总额称为税前利润，净利润称为税后利润。

2. 利润的确认

利润的确认主要依赖于收入和费用、直接计入当期损益的利得和损失的确认，其金额也主要取决于收入和费用、直接计入当期损益的利得和损失金额的计量。

二、会计等式

（一）会计等式的含义及类型

微课：理解会计等式

任何企业为了实现其经营目标，都需要拥有一定数量的资产，包括库存现金、银行存款、机器设备等。企业资产的最初来源有两种：一是由债权人提供；二是由投资人提供。由于企业的债权人和投资人为企业提供了全部资产，就应该对企业的资产享有要求权。这种对企业资产的要求权，在会计上称为权益。其中属于债权人的部分，称为债权人权益，会计上称为负债；属于投资人的部分，称为所有者权益（见图2-2）。

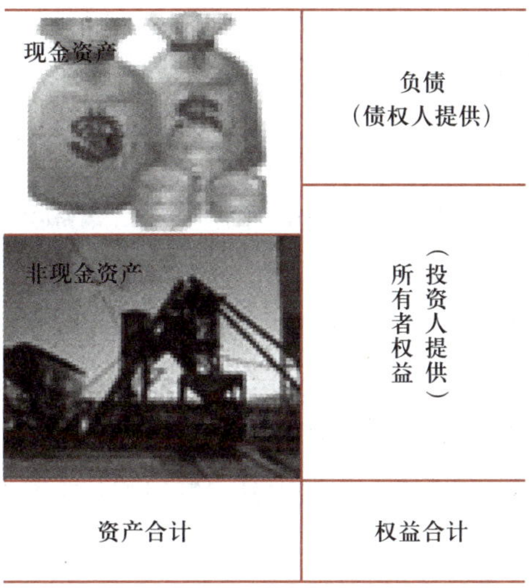

图2-2　资产与权益

1. 财务状况等式

资产表明企业拥有什么经济资源和拥有多少经济资源；权益则表明是谁提

供了这些经济资源，谁对这些资源拥有要求权。从数量上看，有一定数额的资产，必定有相应数额的权益；反之亦然。一个企业的资产总额和权益总额，从任何时点来看，两者都保持着数量上的平衡关系：资产 = 权益。

即：资产 = 债权人权益 + 所有者权益

资产 = 负债 + 所有者权益（见图 2-3）

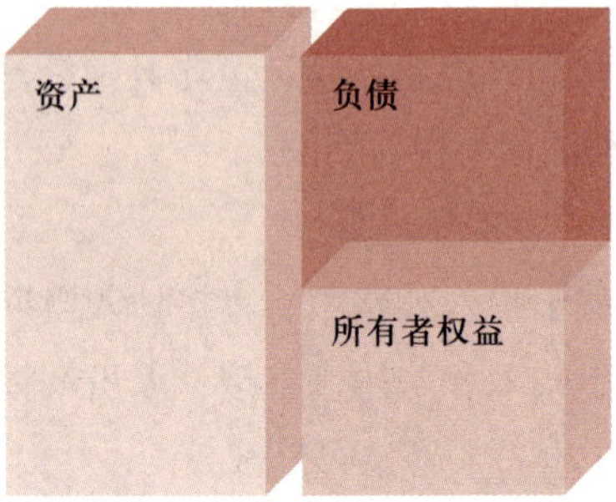

图 2-3 资产 = 负债 + 所有者权益

2. 经营成果等式

企业的经营活动不可能一直停留在某一时点上静止不动，会不断地投入费用、不断地取得收入，在不考虑利得和损失的情况下，收入与费用比较，就能确定一定时期的盈利水平，确定企业实现的利润（或亏损）。用公式表示为：

收入 − 费用 = 利润

3. 财务状况与经营成果相结合的等式——会计恒等式

随着企业经济活动不断进行，在某一会计期间内，企业一方面取得了收入，并因此增加了资产或减少了负债；另一方面要发生各种各样的费用，并因此而减少资产或增加了负债。所以，企业在会计期间结账之前的任一时刻，都存在如下等量关系：

资产 = 负债 + 所有者权益 +（收入 − 费用）

到了会计期末，企业将收入与费用相配比，计算出利润（或亏损）。

资产 = 负债 + 所有者权益 + 利润

期末，利润按规定的程序进行利润分配，减去向国家缴纳的税款和向投资者分配的部分，剩余的全部归入所有者权益。这样，在会计期末结账以后，会计等式又恢复到期初的状态，即：资产 = 负债 + 所有者权益。

该等式又称为会计恒等式，也叫会计方程或会计平衡公式。它是编制资产负债表的理论基础。

要点提示

“资产 = 负债 + 所有者权益”反映某一时点企业的财务状况。该等式被称为财务状况等式、会计恒等式，也叫静态会计等式、会计基本等式，它是复式记账的理论基础，也是编制资产负债表的依据。

“收入 - 费用 = 利润”反映了利润的实现过程，称为经营成果等式或动态会计等式。它是编制利润表的依据。

会计恒等式揭示了会计要素之间的关系。它不仅是编制资产负债表的理论依据，而且也是设置账户、复式记账、试算平衡和编制会计报表的理论依据。

（二）会计等式的恒等原理

企业在经营过程中发生的各种经济活动在会计上称为经济业务，亦称会计事项。随着经济活动的不断进行和经济业务的不断发生，必然会引起各项会计要素发生增减变动。但是无论企业的经济业务如何变动，任何时候都不会改变会计恒等式的数量平衡关系，即资产 = 权益，见图 2-4。

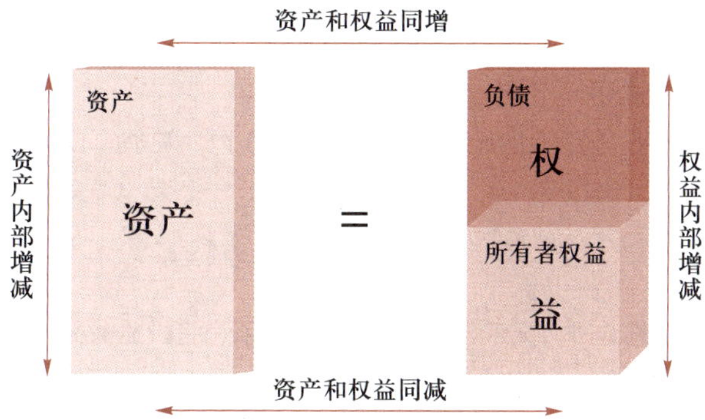

图 2-4 会计恒等原理结构分析图 1

由图 2-4 可知，经济业务发生对“资产 = 权益”等式的影响有以下四种类型：

（1）资产和权益同增，增加的金额相等。

（2）资产和权益同减，减少的金额相等。

（3）资产内部有增有减，增减的金额相等。

（4）权益内部有增有减，增减的金额相等。

微课：经济业务对会计等式的影响

将（1）、（2）、（4）种类型按“权益 = 负债 + 所有者权益”展开，企业经济业务的发生对会计恒等式“资产 = 负债 + 所有者权益”的影响见图 2-5。

一共可以归纳为九种业务类型：

（1）一项资产和一项负债同增。

（2）一项资产和一项所有者权益同增。

（3）一项资产和一项负债同减。

（4）一项资产和一项所有者权益同减。

（5）一项资产增加，另一项资产减少。

（6）一项负债增加，另一项负债减少。

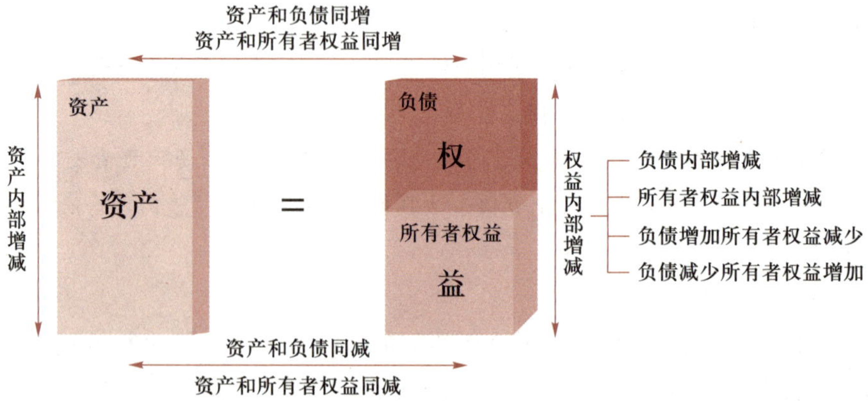

图 2-5　会计恒等原理结构分析图 2

（7）一项所有者权益增加，另一项所有者权益减少。

（8）一项负债增加，一项所有者权益减少。

（9）一项所有者权益增加，一项负债减少。

以上九种经济业务，不会破坏会计恒等式的平衡关系。

【例 2-1】

天乐公司 2020 年 3 月 1 日的资产、负债及所有者权益情况如表 2-1 所示。

表 2-1　天乐公司资产、负债及所有者权益情况

2020 年 3 月 1 日　　单位：元

资产	金额	负债及所有者权益	金额
库存现金	2 000	短期借款	95 000
银行存款	150 000	应付账款	125 000
应收账款	250 000	长期借款	402 000
原材料	400 000	实收资本	500 000
周转材料	20 000	资本公积	150 000
固定资产	500 000	盈余公积	50 000
合计	1 322 000	合计	1 322 000

假设天乐公司 3 月发生了如下经济业务：

（1）3 月 1 日，公司购买原材料 10 000 元，以银行存款支付。

分析：该笔经济业务的发生，使“原材料”增加 10 000 元、“银行存款”减少 10 000 元，该笔经济业务引起变化结果如表 2-2 所示。

分析表 2-2 可知，资产类项目发生一增一减的变化，“原材料”的金额由原来的 400 000 元增加到 410 000 元，而“银行存款”的金额由原来的 150 000 元减少到 140 000 元，该笔业务的发生没有引起资产总额变动。

（2）3 月 3 日，公司以商业汇票 6 000 元抵付应付账款。

分析：该笔经济业务的发生，使“应付票据”增加 6 000 元、“应付账款”减少 6 000 元，该笔经济业务所引起变化结果如表 2-3 所示。

表 2-2　天乐公司资产、负债及所有者权益情况

2020 年 3 月 1 日　　单位：元

资产	金额	负债及所有者权益	金额
库存现金	2 000	短期借款	95 000
银行存款	140 000	应付账款	125 000
应收账款	250 000	长期借款	402 000
原材料	410 000	实收资本	500 000
周转材料	20 000	资本公积	150 000
固定资产	500 000	盈余公积	50 000
合计	1 322 000	合计	1 322 000

表 2-3　天乐公司资产、负债及所有者权益情况

2020 年 3 月 3 日　　单位：元

资产	金额	负债及所有者权益	金额
库存现金	2 000	短期借款	95 000
银行存款	140 000	应付账款	119 000
应收账款	250 000	应付票据	6 000
原材料	410 000	长期借款	402 000
周转材料	20 000	实收资本	500 000
固定资产	500 000	资本公积	150 000
		盈余公积	50 000
合计	1 322 000	合计	1 322 000

分析表 2-3 可知，负债类项目中发生一增一减的变化，“应付票据”的金额由原来的 0 元增加到现在的 6 000 元，而“应付账款”的金额由原来的 125 000 元减少到 119 000 元，但该笔经济业务的发生不会引起负债总额变动。

（3）3 月 5 日，公司以资本公积 80 000 元转增资本金。

分析：该笔经济业务的发生，使“实收资本”增加 80 000 元、“资本公积”减少 80 000 元，该笔经济业务引起的变化结果如表 2-4 所示。

表 2-4　天乐公司资产、负债及所有者权益情况

2020 年 3 月 5 日　　单位：元

资产	金额	负债及所有者权益	金额
库存现金	2 000	短期借款	95 000
银行存款	140 000	应付账款	119 000
应收账款	250 000	应付票据	6 000
原材料	410 000	长期借款	402 000
周转材料	20 000	实收资本	580 000
固定资产	500 000	资本公积	70 000
		盈余公积	50 000
合计	1 322 000	合计	1 322 000

分析表 2-4 可知，所有者权益类项目中发生一增一减的变化，“实收资本”的金额

由原来的 500 000 元增加到 580 000 元，而“资本公积”的金额由原来的 150 000 元减少到 70 000 元，但该笔经济业务的发生不会引起所有者权益总额的变动。

（4）3 月 6 日，经协商，债权人同意将对公司的长期借款 200 000 元转为投资。

分析：该笔经济业务的发生，使“实收资本”项目增加 200 000 元、“长期借款”减少 200 000 元，该笔经济业务引起的变化结果如表 2–5 所示。

表 2–5 天乐公司资产、负债及所有者权益情况

2020 年 3 月 6 日　　单位：元

资产	金额	负债及所有者权益	金额
库存现金	2 000	短期借款	95 000
银行存款	140 000	应付账款	119 000
应收账款	250 000	应付票据	6 000
原材料	410 000	长期借款	202 000
周转材料	20 000	实收资本	780 000
固定资产	500 000	资本公积	70 000
		盈余公积	50 000
合计	1 322 000	合计	1 322 000

分析表 2–5 可知，所有者权益类和负债类项目发生一增一减的变化，“实收资本”由 580 000 元增加到 780 000 元，而“长期借款”由 402 000 元减少到 202 000 元，但该笔经济业务的发生不会引起负债和所有者权益总额的变动。

（5）3 月 8 日，公司购买包装物 5 000 元，货款尚未支付。

分析：该笔经济业务的发生，使“周转材料”增加 5 000 元、“应付账款”增加 5 000 元，这笔经济业务所引起的变化结果如表 2–6 所示。

表 2–6 天乐公司资产、负债及所有者权益情况

2020 年 3 月 8 日　　单位：元

资产	金额	负债及所有者权益	金额
库存现金	2 000	短期借款	95 000
银行存款	140 000	应付账款	124 000
应收账款	250 000	应付票据	6 000
原材料	410 000	长期借款	202 000
周转材料	25 000	实收资本	780 000
固定资产	500 000	资本公积	70 000
		盈余公积	50 000
合计	1 327 000	合计	1 327 000

分析表 2–6 可知，资产类和负债类项目发生同增的变化，“周转材料”由 20 000 元增加到 25 000 元，而“应付账款”由 119 000 元增加到 124 000 元，该笔经济业务的发生引起资产和权益总额变化，均由原来的 1 322 000 元增加到 1 327 000 元，各增加 5 000 元。

（6）3月9日，公司以银行存款70 000元，偿还应付账款。

分析：该笔经济业务的发生，使“银行存款”减少70 000元、“应付账款”减少了70 000元。该笔经济业务所引起的变化结果如表2-7所示。

表2-7　天乐公司资产、负债及所有者权益情况

2020年3月9日　　　单位：元

资产	金额	负债及所有者权益	金额
库存现金	2 000	短期借款	95 000
银行存款	70 000	应付账款	54 000
应收账款	250 000	应付票据	6 000
原材料	410 000	长期借款	202 000
周转材料	25 000	实收资本	780 000
固定资产	500 000	资本公积	70 000
		盈余公积	50 000
合计	1 257 000	合计	1 257 000

分析表2-7可知，资产类和负债类项目发生同减的变化，“银行存款”由140 000元减少到70 000元，而“应付账款”由124 000元减少到54 000元，该笔经济业务引起资产总额和权益总额变化，各减少70 000元。

（7）3月13日，收到投资人投入资金200 000元，存入银行。

分析：该笔经济业务的发生，使“银行存款”增加200 000元、“实收资本”增加了200 000元。该笔经济业务所引起的变化结果如表2-8所示。

表2-8　天乐公司资产、负债及所有者权益情况

2020年3月13日　　　单位：元

资产	金额	负债及所有者权益	金额
库存现金	2 000	短期借款	95 000
银行存款	270 000	应付账款	54 000
应收账款	250 000	应付票据	6 000
原材料	410 000	长期借款	202 000
周转材料	25 000	实收资本	980 000
固定资产	500 000	资本公积	70 000
		盈余公积	50 000
合计	1 457 000	合计	1 457 000

分析表2-8可知，资产类和所有者权益类同增，“银行存款”由原来70 000元增加到270 000元，而“实收资本”由原来780 000元增加到980 000元，该笔经济业务引起资产总额和权益总额变化，各增加200 000元。

（8）3月15日，公司以盈余公积发放现金股利50 000元，款项已用银行存款支付。

分析：该笔经济业务的发生，使“银行存款”减少50 000元，同时使“盈余公积”

减少 50 000 元。该笔经济业务所引起的变化结果如表 2–9 所示。

表 2–9　天乐公司资产、负债及所有者权益情况

2020 年 3 月 15 日　　单位：元

资产	金额	负债及所有者权益	金额
库存现金	2 000	短期借款	95 000
银行存款	220 000	应付账款	54 000
应收账款	250 000	应付票据	6 000
原材料	410 000	长期借款	202 000
周转材料	25 000	实收资本	980 000
固定资产	500 000	资本公积	70 000
合计	1 407 000	合计	1 407 000

分析表 2–9 可知，资产类和所有者权益类项目发生同减的变化，“银行存款”金额由 270 000 元减少到 220 000 元，而“盈余公积”由 50 000 元减少到 0 元，该笔经济业务引起资产总额和权益总额变化，各减少了 50 000 元。

（9）3 月 20 日，公司从银行取得短期借款 100 000 元，用于偿还 A 公司的投资。

分析：该笔经济业务的发生，使“短期借款”增加 100 000 元、“实收资本”减少 100 000 元。该笔经济业务所引起的变化结果如表 2–10 所示。

表 2–10　天乐公司资产、负债及所有者权益情况

2020 年 3 月 20 日　　单位：元

资产	金额	负债及所有者权益	金额
库存现金	2 000	短期借款	195 000
银行存款	220 000	应付账款	54 000
应收账款	250 000	应付票据	6 000
原材料	410 000	长期借款	202 000
周转材料	25 000	实收资本	880 000
固定资产	500 000	资本公积	70 000
合计	1 407 000	合计	1 407 000

分析表 2–10 可知，负债类和所有者权益类发生一增一减变化，“短期借款”由原来的 95 000 元增加到 195 000 元，而“实收资本”由原来的 980 000 元减少到 880 000 元，该笔经济业务没有引起资产总额和权益总额变化。

以上例子说明，企业每发生一笔经济业务都会引起相关会计要素发生等量的增减变动，但都不会改变“资产 = 负债 + 所有者权益”的等量关系。

动画：
创业中的资产与权益

要点提示

经济业务的发生对会计恒等式的影响不外乎两种情况：一是引起会计恒等式一边内部项目有增有减，增减金额相等，相互抵消后，其总额保持原来的不变，如以上第（1）笔～第（4）笔和第（9）笔业务。二是引起会计恒等式两边对应项目同增或同减，增或减金额相等，双方以变动后的总额保持相等关系，如第（5）笔～第（8）笔业务。因此，任何一项经济业务的发生，都不会改变会计恒等式的平衡关系。

三、会计要素的计量属性

会计要素的计量是指将符合确认条件的会计要素登记入账并列报于财务报表而确定其金额的过程。计量属性是予以计量的某一要素的基本特征，如桌子的长度、楼房的高度。会计计量属性是会计要素的数量特征或外在表现形式，反映了会计要素金额的确定基础，主要有历史成本、重置成本、可变现净值、现值和公允价值等。

微课：
会计计量属性含义及应用

（一）历史成本

历史成本，又称为实际成本，是指企业的各种资产应按其取得或购建时发生的实际成本进行核算，即资产按照购置时支付的现金或者现金等价物的金额，或者按照购置时所付出的对价的公允价值计量；负债按照因承担现时义务而实际应支付的款项或者资产的金额，或者承担现时义务的合同金额计算。例如，企业购买材料的历史成本，应根据其购买时所支付的买价、运输费、装卸费等予以确认。

要点提示

采用历史成本法计量的优点是有合法的原始凭证，具有可靠性，但非货币资产和负债会出现高估或低估，影响相关性和可比性。

（二）重置成本

重置成本又称现行成本，是指按当前市场条件，重新取得同样一项资产所需支付的现金或现金等价物金额。

在重置成本计量下，资产按现在购买相同或者相似资产所需支付的现金或者现金等价物的金额计量。负债按现在偿付该项债务所需支付的现金或者现金等价物的金额计算。在实务中，重置成本多应用于盘盈固定资产的计量等方面。

例如，企业财产清查盘盈设备一台，估计五成新，与该盘盈固定资产相同规格型号的固定资产的市场价格为 80 000 元。企业对价值评估采用重置成本法，其入账价值是 40 000 元（80 000 × 50%）。

要点提示

重置成本的优点是避免在物价上涨时虚计利润，但重置成本在计算上缺乏足够可信的证据，影响会计信息的可靠性。

（三）可变现净值

可变现净值是指在正常生产经营过程中，以预计售价减去进一步加工成本和预计销售费用以及相关税费后的净值。

在可变现净值计量下，资产按照其正常对外销售所能收到的现金或现金等价物的金额扣减该资产至完工时估计将要发生的成本、销售费用和相关税费后的金额计量。

可变现净值通常应用于存货资产减值情况下的后续计量。可变现净值是在不考虑货币的时间价值的情况下，以资产在正常使用过程中可带来的预期净现金流入的金额对资产进行计量。

例如，某家具厂的一批库存桌椅，市场售价为 100 000 元，但还需 5 000 元运费、2 000 元安装费才能交付，则这批桌椅的可变现净值就是 100 000-5 000-2 000=93 000 元。

（四）现值

现值是指对未来现金流量以恰当的折现率进行折现后的价值，是考虑货币时间价值的一种计量属性。

在现值计量下，资产按照预计从其持续使用和最终处置中所产生的未来净现金流入量的折现金额计量，负债按预计期限内需要偿还的未来净现金流出量的折现金额计量。

现值通常应用于非流动资产可收回金额和以摊余成本计量的金融资产价值等的确定方面。相对于可变现净值，现值考虑了货币时间价值因素的影响。

要点提示

现值的相对概念是终值。现值是指某项资产预计未来现金流量按折现率合理折算到今天的价值。比如 10 000 元到银行存定期一年（假设利息率 5%），一年后到期的价值是 10 000 元加上 5% 的利息 500 元，共计是 10 500 元。10 500 元叫终值，相对于一年后的 10 500 元来说现值就是 10 000 元。

（五）公允价值

公允价值是指 市场参与者在计量日发生的有序交易中，出售一项资产所能收到或者转移一项负债所需支付的价格。通俗地讲，就是某项资产在某一时点上的公认价值，是社会大众普遍认同或接受的价值，这个价值的取得必须是在有活跃的市场上，能够让市场接受的价值，就如同证券交易市场上得到的股票价、房地产交易市场上的房价等。

例如，某工厂闲置的一台机床，在某二手设备交易市场中售卖，多家买家竞价后，最终以 15 万元成交，这个 15 万元就是这台机床的公允价值。

要点提示

①可变现净值只能用于对资产的计量，不能用于对负债的计量。而其他四种都可以用于对资产和负债的计量。②通俗地说，历史成本就是购买时的价格；重置成本就是重新购买一个的价格；可变现净值就是原计划售价减去各种费用后还剩余多少；现值就是若干年后的100元相当于现在多少元；公允价值就是公平合理的价格。

中国会计文化

古代思想家、政治家管仲的诚信观

《说文解字》中说："诚，信也"，"信，诚也"。在现代汉语中，习惯将"诚信"二字连用，表示处事真诚、老实、讲信用。《荀子》中说："君子养心莫善于诚"，君子陶冶思想性情，提高道德修养，没有什么比诚更重要的了。《论语·为政》有云："人而无信，不知其可也"，孔子认为，一个人如果不讲信义，不知他该如何立足处世。

最早将诚与信二者连起来使用的，是春秋时期法家的管仲。管仲认为诚信是天下稳定、政权巩固的基础，倡导国人要言行一致，也为会计人员提出了诚信为本的职业道德思想。管仲提出，做人必须诚信，认为"大德不至仁，不可以授国柄""非信士，不得立于朝"。为了让人们讲诚信，管仲指出"信也者，民信之；仁也者，民怀之；严也者，民畏之；礼也者，民美之""罚未行而民畏恐，赏未加而民劝勉，诚信之所期也"。管仲还指出，人们具有良好的道德风尚，社会秩序就会稳定，人的工作岗位、职务应该和道德水平相对应，"德不当其位……治乱之原也"，个人的道德与其职位不对称，是社会混乱的一个重要原因。同时，管仲对道德修养有独到见解，认为道德修养应从小事做起，"谨小礼，行小义，修小廉，饰小耻，禁微邪"，做到防微杜渐。

启示：管仲在两千多年前就提出了诚信的职业道德观和从小事做起的道德教化思想。可见，从小事做起，重视社会道德和社会风尚的培育是我们中华民族长期以来的优良品格。人无信不立，国无信不兴。在当前社会主义建设新形势下，诚信不仅是中华民族的传统美德，也是社会主义核心价值观的重要内容。会计诚信是传统"诚信"理念的发展与延伸，它要求会计人员立足会计实践，力行诚实守信。会计人员要以诚待人，会计工作要实事求是，不弄虚作假；数据要真实，计算要正确；严密保守因工作关系获取的机密等。这些内容从古到今在我国传统伦理思想史上都闪耀着灿烂光辉。对于当前会计工作领域出现的秩序混乱、信息失真、法规和监管体系不完善等问题，会计人员更应该站稳立场、端正思想、讲求诚信，做知法懂法、诚实守信的财务人。

任务二　设置会计科目与账户

一、会计科目

微课：
认知会计科目

任何学科都有自己专门的语言，俗称专业术语，会计学也不例外，会计最基本的专业术语叫做会计科目。

（一）会计科目设置的意义

会计科目简称科目，是对会计要素的具体内容进行分类核算的项目，也就是按照经济内容对各个会计要素所做的进一步分类。会计对象、会计要素与会计科目层次关系如图 2-6 所示。

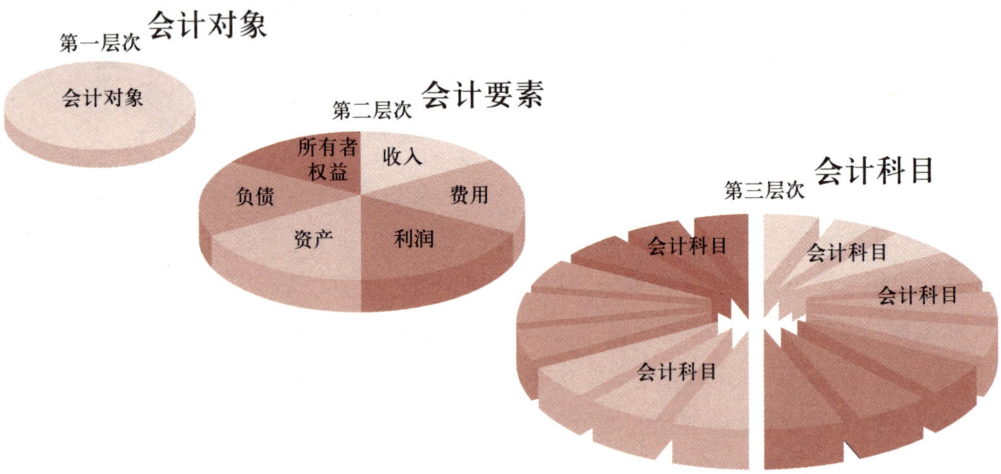

图 2-6　会计对象、会计要素与会计科目层次关系图

在会计上，人们通常把性质相同或用途一致的经济业务归集在一起，并赋予简洁的名称，即会计科目。例如，企业财务部门的资金叫“库存现金”，企业银行里的资金叫“银行存款”，既不在财务部门也不在银行的资金叫“其他货币资金”；再如，作为劳动资料的房屋、机器设备、建筑物等，不仅价值高而且可以多次使用不改变实物形态，可以归类设置“固定资产”会计科目；作为劳动对象的“原材料”涵盖了构成产品主体的主料、辅料和利于产品形成的燃料等内容。

会计科目设置的意义归纳如下：

1. 设置会计科目可以满足不同使用者的多种信息需求

会计对象的具体内容是十分复杂的，假设信息需求者想了解企业的资产、负债等总括性资料，可以通过会计要素的分类来取得。但是，信息需求者在决策时除了需要总括性资料外，还需要更详细的资料，这是会计要素提供的资料所无法满足的，需要通过会计科目来反映。

2. 会计科目是设置账户的依据

各单位在会计核算中必须根据规定的会计科目在账簿中开设账户，对各项经济业务进行分类、系统、连续的记录。由于会计科目和账户的分类对象相同，因而它们反映的经济内容是一致的。会计科目是账户的名称，没有会计科目，就无法设置账户。所以，会计科目是设置账户的依据，账户则是会计科目的具体运用。

3. 会计科目是规划会计核算和加强会计监督的重要手段

一般来说，会计科目名称的规范、会计科目的个数、会计科目的分类等，决定着企业会计核算的详略程度，决定着企业编制对外对内会计报表的需求和内容。因此，各个会计单位原则上都必须按照有关会计科目的规定处理会计业务，以加强对会计工作的宏观调控和有效监督。

（二）会计科目设置原则

设置会计科目应遵循如下原则：

1. 合法性原则

为了保证会计信息的可比性，所设置的会计科目应当符合国家有关法律法规的规定。我国现行的统一会计制度中均对企业设置的会计科目作出规定，以保证不同企业对外提供的会计信息的可比性。

2. 相关性原则

会计科目的设置，应为提供有关各方所需要的会计信息服务，满足对外报告与对内管理的要求。要充分考虑会计信息使用者的信息需求来设置会计科目，以提高会计核算所提供的会计信息的相关性，满足相关各方的信息需求。

3. 实用性原则

在合法性的基础上，企业应当根据组织形式、所处行业、经营内容、业务种类等自身特点，设置符合企业需要的会计科目。

要点提示

合法性、相关性和实用性的内在关系：企业应当在国家财政部门制定的会计制度中规定的会计科目的基础上（即合法性），再考虑会计信息的使用者对本企业会计信息的需要（即相关性）及本企业自身特点（即实用性），设置满足企业有关方面对其财务报告的要求、符合企业实际情况的会计科目。

（三）会计科目的分类

各会计科目之间既有严格的区别，又存在着内在联系，从而构成了科学的会计科目体系。为了正确地掌握和运用会计科目，有必要按照一定的标准对会计科目进行分类。

1. 按经济内容分

这种分类是根据会计要素的具体内容来划分的。按照《企业会计准则》的规定，会计科目可以分为资产类、负债类、共同类、所有者权益类、成本类和损益类六大类，基本涵盖了所有企业的各类交易或事项。会计要素与会计科目对照分类如图 2-7 所示。

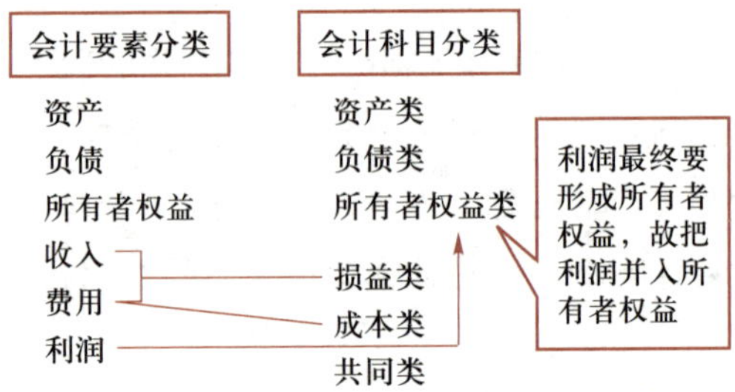

图 2-7 会计要素与会计科目对照分类图

为了便于识别会计科目的性质及分类，为了便于编制凭证、登记账簿、查阅科目，为了提高记账效率，以及开展电算化，须对会计科目进行统一编号。

要点提示

会计科目是账务核算的“分类标签”，账户是记录业务的“专属账本”，两者缺一不可。实操中要按准则选用一级科目，不随意自创，比如电商企业中的直播收入应记入“主营业务收入”科目，而非自创的“直播收入”科目。账户登记要随业务实时更新，收支凭证要留存完整，做到“有凭有据、账实相符”。

2. 按提供核算指标的详细程度分

会计科目按提供核算指标的详略程度，可以分为总分类科目和明细分类科目。

（1）总分类科目。总分类科目也称总账科目或一级科目，是对会计要素的具体内容进行总括分类核算的科目，如“原材料”“应收账款”等，根据总分类科目设置账户进行核算所提供的是总括性指标。一级科目通常由财政部统一制定，企业可根据业务需要进行选用。

（2）明细分类科目。明细分类科目又称明细科目，或称细目，是对总分类科目进一步分类的科目。企业可以在总分类科目下，根据本单位的实际情况和管理需要自行设置明细科目（见图 2-8）。企业应按明细分类科目设置明细分类账户进行明细分类核算，以便提供某类会计要素有关项目更为具体和详细的指标。

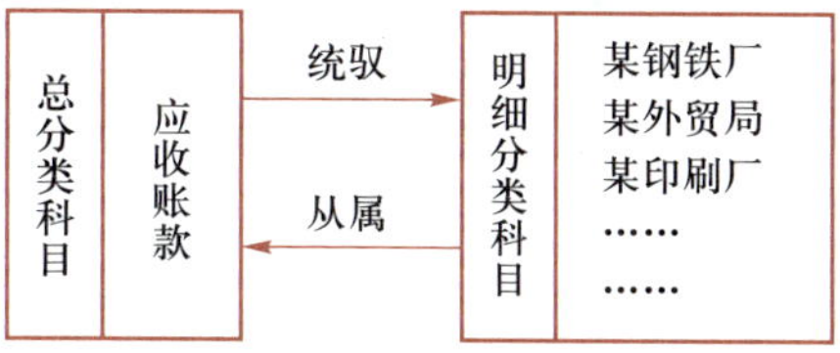

图 2-8　应收账款总分类科目与明细分类科目

要点提示

当某一总分类科目下属的明细分类科目较多时，可以在总分类科目和明细分类科目之间增设二级科目（也称子目），并设置相应的二级账户，在二级明细科目下设置三级明细科目，加强对有关经济业务的核算和监督，以满足管理的需要。

总分类科目对其所属的明细分类科目具有统驭和控制的作用，而明细分类科目是对其所属的总分类科目的补充和说明。总分类科目及其所属的明细分类科目，共同反映经济业务总括或详细的情况。

（四）会计科目表

我国《企业会计准则——应用指南》中所列的一般企业使用的会计科目列示，如表 2-11 所示。

表 2-11　企业主要会计科目参照表

顺序号	编号	会计科目名称	顺序号	编号	会计科目名称
一、资产类			15	1403	原材料
1	1001	库存现金	16	1404	材料成本差异
2	1002	银行存款	17	1405	库存商品
3	1012	其他货币资金	18	1406	发出商品
4	1101	交易性金融资产	19	1407	商品进销差价
5	1121	应收票据	20	1408	委托加工物资
6	1122	应收账款	21	1411	周转材料
7	1123	预付账款	22	1471	存货跌价准备
8	1131	应收股利	23	1501	持有至到期投资
9	1132	应收利息	24	1502	持有至到期投资减值准备
10	1221	其他应收款	25	1503	可供出售金融资产
11	1231	坏账准备	26	1511	长期股权投资
12	1321	代理业务资产	27	1512	长期股权投资减值准备
13	1401	材料采购	28	1521	投资性房地产
14	1402	在途物资	29	1531	长期应收款

续表

顺序号	编号	会计科目名称	顺序号	编号	会计科目名称
30	1532	未实现融资收益	65	3002	外汇买卖
31	1601	固定资产	66	3003	外汇结售
32	1602	累计折旧	67	3101	衍生工具
33	1603	固定资产减值准备	68	3201	套期工具
34	1604	在建工程	69	3202	被套期项目
35	1605	工程物资	四、所有者权益类		
36	1606	固定资产清理	70	4001	实收资本
37	1701	无形资产	71	4002	资本公积
38	1702	累计摊销	72	4101	盈余公积
39	1703	无形资产减值准备	73	4103	本年利润
40	1711	商誉	74	4104	利润分配
41	1801	长期待摊费用	75	4201	库存股
42	1811	递延所得税资产	五、成本类		
43	1901	待处理财产损溢	76	5001	生产成本
二、负债类			77	5101	制造费用
44	2001	短期借款	78	5201	劳务成本
45	2101	交易性金融负债	79	5301	研发支出
46	2201	应付票据	六、损益类		
47	2202	应付账款	80	6001	主营业务收入
48	2203	预收账款	81	6051	其他业务收入
49	2205	合同负债	82	6101	公允价值变动损益
50	2211	应付职工薪酬	83	6111	投资收益
51	2221	应交税费	84	6301	营业外收入
52	2231	应付利息	85	6401	主营业务成本
53	2232	应付股利	86	6402	其他业务成本
54	2241	其他应付款	87	6403	税金及附加
55	2314	代理业务负债	88	6601	销售费用
56	2401	递延收益	89	6602	管理费用
57	2501	长期借款	90	6603	财务费用
58	2502	应付债券	91	6701	资产减值损失
59	2701	长期应付款	92	6702	信用减值损失
60	2702	未确认融资费用	93	6711	营业外支出
61	2711	专项应付款	94	6801	所得税费用
62	2801	预计负债	95	6901	以前年度损益调整
63	2901	递延所得税负债			
三、共同类					
64	3001	清算资金往来			

二、账户

会计的专业术语——会计科目，为会计工作奠定了基础，但如何使用会计语言？这就需要设置表达会计语言的工具——账户。

（一）开设账户的意义

微课：
你认识账户吗?

1. 账户的含义及意义

账户是会计账户的简称。它是根据会计科目开设的，具有一定格式和结构，用于分类反映会计要素增减变动情况及其结果的载体。设置账户是会计核算的一种专门方法。

正确地设置和运用账户，可以将各种经济业务的发生以及由此而引起的资产、负债、所有者权益、收入、费用和利润各要素的变化，系统地、分门别类地进行反映和监督，进而向会计信息使用者提供各种会计信息，这对于加强宏观调控、加强微观经济管理具有重要意义。

2. 会计科目与账户的关系

在实际工作中人们常常将会计科目与账户等同起来使用，不加区别，但两者之间既有联系又有区别。

（1）账户和会计科目的联系。会计科目与账户都是对会计对象具体内容的分类，两者核算内容一致，性质相同。会计科目是账户的名称，是账户设置的依据；账户根据会计科目设置，是会计科目的运用。会计科目的性质与分类决定了账户的性质与分类。

（2）会计科目与账户的区别。会计科目仅仅是账户的名称，不存在结构；账户则不仅有名称而且有一定的格式和结构。会计科目仅反映经济内容是什么，而账户不仅如此，还反映控制其增减变化及其结余情况。会计科目的作用主要是开设账户，而账户的作用主要是提供会计资料，为编制财务报表所运用。

会计科目与账户的联系与区别如表 2-12 所示。

表 2-12　会计科目与账户的联系与区别

关系	会计科目	账户
联系	两者名称一样，反映内容一样，会计科目是设置账户的依据	
区别	理论上的规定	实用技术
	仅仅是账户的名称	不仅有名称还有结构
	是账户的单一名称	可用于归集发生在同一会计科目下的多条记录

要点提示

在实际工作中，为满足会计核算的要求，应分别按总分类科目开设总分类账户，按明细分类科目开设明细分类账户。通过总分类账户进行的核算称为总分类核算，提供的是总括核算指标，一般只用货币计量；通过明细分类账户进行的核算称为明细分类核算。明细分类核算除用货币计量外，还用实物计量或劳动计量。

（二）账户的结构

账户的结构，是指账户应设置哪些部分，各部分反映什么内容。为了全面、清晰地记录各项经济业务，每一个账户既要有明确的经济内容，又必须有一定的结构。

各项经济业务引起的资金变动，尽管是错综复杂的，但从数量上看不外乎增加和减少两种情况，因此，账户的结构也相应地划分为两个基本部分：一部分反映数额的增加；另一部分反映数额的减少。通常把账户划分为左、右两方，分别记录增加额或减少额，增减相抵后的差额，称为账户的余额。

账户的基本结构，一般应包括下列内容：

（1）账户的名称（即会计科目）；

（2）日期（记录经济业务的日期）；

（3）凭证字、号（说明账户记录的依据）；

（4）摘要（概括说明经济业务的内容）；

（5）增加和减少的金额及余额。

账户的基本结构如表 2-13 所示。

表 2-13 账户的基本格式

账户名称（会计科目）：

年		凭证		摘要	增加	减少	增或减	余额
月	日	字	号					

在账户的基本结构中，“增加”和“减少”栏登记账户的本期增加额和本期减少额，“增或减”栏登记余额的方向。余额按其表现时间不同，分为期初余额和期末余额。

为了便于说明，在教学中通常用简化了的“T”字形账户来表示账户的结构，如图 2-9 所示。

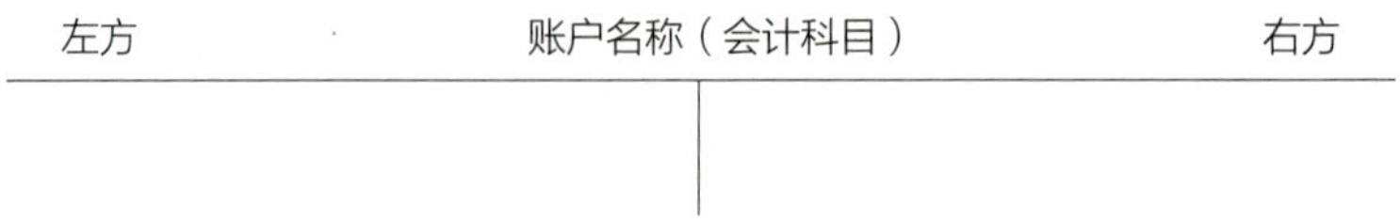

图 2-9 “T”字形账户结构

在“T”字形账户结构中，左方和右方分别登记本期增加额或本期减少额，余额的方向和增加额的方向一致，按其表现时间不同，也同样分为期初余额和期末余额。以会计科目“应收账款”为例，账户名称为“应收账款”，左方和右方分别登记应收账款的增加和减少，期初余额和期初余额也分别登记在左方，见下图 2-10。

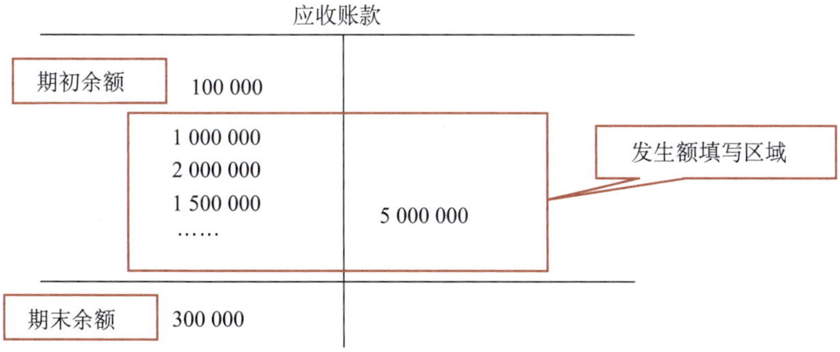

图 2-10　应收账款“T”字形账户

通过账户记录的金额可提供期初余额、本期增加额、本期减少额、期末余额四个核算指标。期初余额是上一期的期末余额；本期增加额又称本期增加发生额，是指一定时期内账户所登记的增加金额的合计；本期减少额又称本期减少发生额，是指一定时期内账户所登记的减少金额的合计；期末余额是在上期余额的基础上结合本期增减变动的结果。其中本期增加额和本期减少额属于动态指标，反映有关会计要素的增减变动情况；期初余额和期末余额属于静态指标，说明会计要素在某一时日增减变化后的结果。

上述四项指标之间的关系可以表示为：

期末余额＝期初余额＋本期增加发生额－本期减少发生额

要点提示

对于一个账户来说，本期增加发生额、本期减少发生额、期初余额和期末余额是记在该账户的左方还是右方，即左方或右方是表示增加还是表示减少，要由所采用的记账方法以及账户本身的性质而定。

（三）账户的分类

1. 账户按经济内容分

从理论上讲，账户按经济内容可分为资产、负债、所有者权益、收入、费用和利润六类。由于企业一定时期内的收入和费用最终都要体现在当期损益中，因此，将收入类和费用类账户统称为损益类。同时，由于企业一定期间内实现的利润最终都要归属于所有者权益，因此通常将利润类账户归为所有者权益类账户。另外，企业为了进行产品成本计算，需要设置专门用来核算产品成本的成本类账户。综合以上情况，企业账户按经济内容可分为资产类、负债类、所有者权益类、成本类和损益类（不考虑共同类账户），共五类。

（1）资产类账户。资产类账户是用来核算和监督企业资产的增减变动及其结存情况的账户。它是根据资产类会计科目开设的，包括反映流动资产的账户和反映非流动资产的账户两大类。

（2）负债类账户。负债类账户是用来核算和监督企业负债的增减变动及其结存情况的账户。它是根据负债类会计科目开设的包括反映流动负债的账户和反映非流动负债的账户。

知识拓展

备抵账户含义

备抵账户，又称抵减账户，是指用来抵减被调整账户余额，以确定被调整账户实有数额而设置的独立账户，如“坏账准备”是“应收账款”的备抵账户，“累计折旧”“固定资产减值准备”是“固定资产”的备抵账户。

（3）所有者权益类账户。所有者权益类账户是用来核算和监督企业所有者权益的增减变动及其结存情况的账户。它是根据所有者权益类会计科目设置的。所有者权益类账户按其形成方式不同，可分为反映所有者原始投资资本的账户和反映留存收益的账户。

（4）成本类账户。成本类账户是用来归集费用、计算成本的账户。它是根据成本类会计科目设置的。成本类账户按照成本的内容和性质不同，可分为反映制造成本的账户和反映劳务成本的账户。

要点提示

成本类账户如果有期末余额，应作为资产列入资产负债表。例如，“生产成本”账户，其发生额属于成本，其余额应作为在产品，计入资产负债表的“存货”。

（5）损益类账户。损益类账户是用来核算和监督损益的账户。它是根据损益类会计科目设置的。损益类账户按照损益的不同性质和内容，可分为反映收入类的账户和反映费用类的账户。

2. 账户按详略程度分

账户按照核算经济内容的详略程度划分，可分为总分类账户和明细分类账户。总分类账户，简称总账，又称一级账户，以货币为计量单位，提供总括核算资料。明细分类账户，以货币、实物等为计量单位，提供详细核算资料。

例如，在“固定资产”总分类账户下，设置“生产用固定资产”和“非生产用固定资产”等二级账户，并在二级账户下设置“房屋”“建筑物”“机器设备”等明细账户。

想一想：账户的分类与会计科目的分类相同吗？

要点提示

会计科目是会计要素的基本分类，是账户的名称；账户是根据会计科目开设的，并按照会计科目命名。两者名称相同、涵盖内容相同、分类相同，但会计科目没有结构而账户有结构，可以反映核算内容的增减变化。在实际工作中，会计科目与账户常常被作为同义语来理解，互相通用，不加区别。

任务三　应用复式记账法

一、记账方法

将所发生的经济业务对会计要素的影响记入相关账户的方法，就是记账方法。目前为止，会计历史上出现的记账方法有两种：单式记账法和复式记账法。

（一）单式记账法

在远古时期，我们的祖先只会通过刻木记日、结绳记事等方法单方面进行记录。例如，图 2-11 中卖酒收入 100 文，古人们只知道记录现金增加 100 文，不知道同时记录卖酒收入也增加了 100 文。这就是最初的单式记账法。后来，随着经济的发展和计算方法的进步，开始采用复式记账法，既记录资金增加 100 文，又记录收入增加 100 文。可见，复式记账法是从单式记账法发展起来的一种比较完善的记账方法。

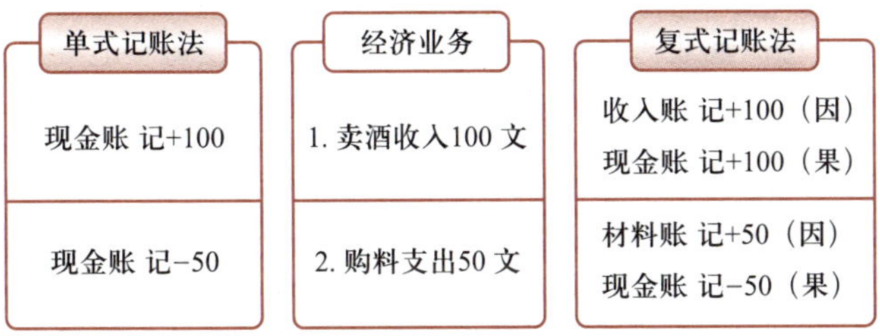

图 2-11　单式记账法与复式记账

在近代会计产生之前单式记账法在世界上普遍应用。随着工商业的发展，企业规模的扩大化和业务的复杂化，单式记账法已不能满足会计工作的需要逐渐被复式记账法所取代。15 世纪，复式记账法形成了完整的理论体系，标志着近代会计的产生。目前，世界各国普遍采用复式记账法。

（二）复式记账法

复式记账法是指对于每一笔经济业务，都要用相等的金额在两个或两个以上相互联系的账户中进行登记，全面系统地反映会计要素增减变化的一种记账方法。

“资产 = 负债 + 所有者权益”反映了资金的平衡关系，决定了复式记账的基本方法和内容，是复式记账的理论基础。例如，用银行存款 200 000 元购买原材料，按照复式记账法，既要反映“银行存款”减少 200 000 元，又要反映“原材料”增加 200 000 元。记录时应设置“银行存款”和“原材料”两个账户，分别记录“原材料”账户增加 200 000 元；“银行存款”账户减少 200 000 元。

要点提示

国际上复式记账有多种，但通用的是借贷记账法。我国历史上曾使用过多种复式记账法。增减记账法曾在我国计划经济时期为我国会计界所广泛应用；收付记账法细分为资金收付记账法、现金收付记账法和财产收付记账法，分别为我国事业单位和金融单位所全面采用。1992 年，财政部颁布的《企业会计准则》明确规定，企业会计记账采用借贷记账法。因此，本教材只介绍借贷记账法。

文档：我国历史上使用过的复式记账法

复式记账法具有以下特点：

（1）账户体系设置完整。根据复式记账法，对发生的每一笔经济业务都要详细登记，全面记录，清楚反映。

（2）双重记录每一笔业务。每一笔经济业务都要在两个或两个以上的会计账户中相互联系地做双重记录。

（3）等额记录每一笔业务。每一笔经济业务都要在两个或两个以上的会计账户中进行“等额”记录。

（4）通过试算平衡检验账户登记的正确性。由于所有经济业务都在各个账户中进行登记，每一笔业务都双重记录、等额记录，使每一笔经济业务都平衡。所以一定时期全部经济业务必然能进行全面的试算平衡。

复式记账法的优点如下：第一，能够全面反映经济业务内容和资金运动的来龙去脉；第二，可以对一定时期所发生的全部经济业务的会计记录进行试算平衡，便于查账和对账。

二、借贷记账法

（一）借贷记账法含义

借贷记账法是以“借”和“贷”作为记账符号来反映会计要素增减变动情

况的一种复式记账法。借贷记账法最早出现于中世纪的意大利沿地中海一带的城市。“借”和“贷”的字面含义是在借贷资本运动过程中产生的。借贷资本家对于吸收的存款，记在“贷主”名下，表示自身债务增加；对于付出去的放款，记在“借主”名下，表示自身债权的增加。所以“借”和“贷”两个字最初仅表示货币资金的存入和放出，表示借贷资本的债权、债务及其增减变化。

随着商品经济的发展，经济活动的内容日益丰富，记账内容逐步扩展，非借贷行业也开始使用“借”“贷”两字来说明其财产物资、成本费用和经营损益的增减变动，“借”“贷”两字逐渐失去原来的含义，转化为纯粹的记账符号，成为会计的专业术语。

（二）借贷记账法特点

借贷记账法与其他复式记账方法相比较，具有以下特点：

（1）记账符号。借贷记账法的记账符号是“借”和“贷”。

（2）记账方向。“借”和“贷”表示所记账户中会计要素的增加或减少。具体哪些账户中表示增加，哪些账户中表示减少，要根据账户的性质来确定。但在同一账户中，当“借”表示增加时，“贷”一定表示减少；反之，当“贷”表示增加时，“借”一定表示减少。

（3）记账规则。以“有借必有贷，借贷必相等”作为记账规则。根据复式记账的记账原理，对每项经济业务都要以相等金额，同时在两个或两个以上相互联系的账户中进行登记。做到：①把业务发生金额记入一个会计账户借方的同时，必须记入另一个（或多个）会计账户贷方；反之，把业务发生金额记入一个会计账户贷方的同时，必须记入另一个（或多个）会计账户借方。②记入借方账户金额与记入贷方账户金额必须相等。经济业务发生引起资金的变化如图 2-12 所示。

动画：
领会借贷记账法
之记账规则

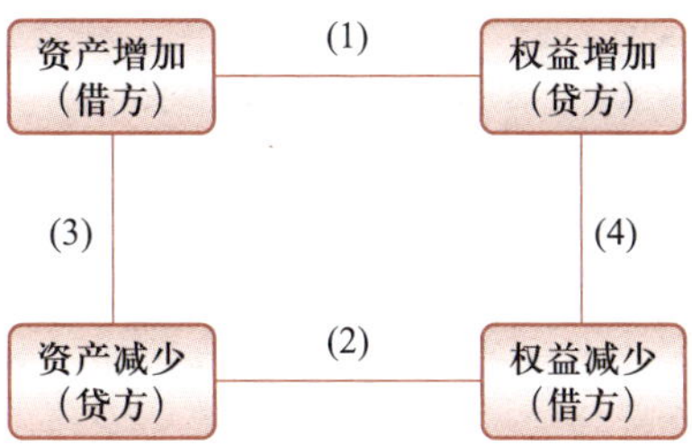

图 2-12　借贷记账法记账规则

（4）试算平衡。以“借方金额等于贷方金额”作为试算平衡公式。由于借贷记账法记录每一笔经济业务时，根据记账规则都保持借方金额等于贷方金额，那么在一定时期内（如一个月），所记录的全部经济业务的借方发生额总和应等于贷方发生额总和。所有期末有余额的账户，借方余额总和应等于贷方余额总和。

试算平衡公式如下：

全部账户本期借方发生额合计＝全部账户本期贷方发生额合计

全部账户期末（初）借方余额合计＝全部账户期末（初）贷方余额合计

（三）借贷记账法下账户结构

动画：理解借贷记账法之账户结构

借贷记账法下的账户结构是指账户的借方和贷方各登记什么内容、余额的方向及表示什么内容。

在“资产 = 负债 + 所有者权益”的会计等式中，资产与负债和所有者权益是同一资金的两个方面。因而，资产类与负债类、所有者权益类账户应用相反方向登记各自增加额；同样，对于减少额，也应用相反方向来登记。

长期以来，人们习惯在资产类账户中用借方登记增加额，贷方登记减少额；而在负债类、所有者权益类账户中，则用相反方向登记，即用贷方登记增加额，借方登记减少额。

由于企业取得的收入和发生的费用，最终会导致所有者权益发生变化。根据“资产 = 负债 + 所有者权益 + 收入 − 费用”的会计等式，收入的增加可视为所有者权益的增加，费用的增加可视为所有者权益的减少。这就决定了收入类账户的结构与所有者权益类账户的结构保持一致，成本费用支出类账户的结构与所有者权益类账户的结构相反，而与资产类账户的结构保持一致。下面按“T”字形来说明资产类、负债类和所有者权益类、成本类及损益类账户结构。

1. 资产类账户

在资产类账户中，借方登记增加，贷方登记减少，资产类账户如有期末余额，其期末余额一般在借方，表示期末资产的实有数。资产类账户的结构如图2-13所示。

资产类账户

借方			贷方
期初余额	×××		
本期增加发生额	×××	本期减少发生额	×××
本期借方发生额合计	×××	本期贷方发生额合计	×××
期末余额	×××		

图2-13 资产类账户结构

资产类账户期末余额的计算公式为：

借方期末余额＝借方期初余额＋借方本期发生额－贷方本期发生额

要点提示

并非所有资产类账户都是借方登记增加，贷方登记减少，期末余额在借方。因为资产类账户的备抵账户，如坏账准备、累计折旧、累计摊销等均和资产类账户相反方向登记，即借方登记减少，贷方登记增加。这样才符合“备抵”账户的含义。

2. 负债类账户和所有者权益类账户

这两类账户的结构完全一致。贷方登记增加，借方登记减少，期末余额一般在贷方，表示负债和所有者权益的期末实有数，有些账户可能无余额。其账户结构如图 2–14 所示。

负债类、所有制权益类账户

借方		贷方	
		期初余额	×××
本期减少发生额	×××	本期增加发生额	×××
本期借方发生额合计	×××	本期贷方发生额合计	×××
		期末余额	×××

图 2–14 负债、所有者权益类账户结构

负债和所有者权益类账户期末余额计算公式为：

贷方期末余额＝贷方期初余额＋贷方本期发生额－借方本期发生额

3. 损益类账户

损益类账户具体区分为两类：一类是收入收益类；另一类是费用支出类。

（1）收入收益类账户。由于收入收益类账户的结构与所有者权益类账户的结构保持一致，因而借方登记收入收益的减少数额和转销额，贷方登记收入收益的增加数额，平时记账时一般差额在贷方，期末会计结算时，应将其差额从相反方向全部转入“本年利润”账户，结转后收入收益类账户期末无余额。其结构如图 2–15 所示。

收入类、收益类账户

借方		贷方	
本期减少发生额或转销额	×××	本期增加发生额	×××
本期借方发生额合计	×××	本期贷方发生额合计	×××

图 2–15 收入类、收益类账户结构

（2）费用支出类账户。由于费用支出类账户结构与资产类、成本类账户结构一致，所以费用和支出类账户借方登记增加数额，贷方登记减少数额或转销额。平时记账时余额在借方，期末会计结算时，应将借方余额全部从贷方转出，转入“本年利润”账户，以计算当期财务成果，结转后该类账户无余额。其结构如图 2–16 所示。

4. 成本类账户

成本是对象化的费用，所以成本类账户与费用类账户的基本结构相一致。

借方登记增加（发生）额，贷方登记减少（转出）额。但与费用类账户不同的是，费用类账户期末无余额，但成本类账户期末可能有余额，也可能无余额。如果有余额应在借方，表示期末资产的余额。其结构如图2-17所示。

费用类、支出类账户

借方		贷方	
本期增加发生额	×××	本期减少发生额或转销额	×××
本期借方发生额合计	×××	本期贷方发生额合计	×××

图2-16 费用类、支出类账户结构

成本类账户

借方		贷方	
期初余额 本期增加发生额	×××	本期减少发生额或转销额	×××
本期借方发生额合计	×××	本期贷方发生额合计	×××
期末余额	×××		

图2-17 成本类账户结构

要点提示

成本类账户一般有两个:“制造费用”和“生产成本”。

第一，“制造费用”账户。日常生产中，生产管理部门发生的间接费用均记入“制造费用”账户借方，期末时归集借方制造费用从贷方转出，分配到不同产品“生产成本”账户。因此，“制造费用”账户期末一般无余额。

第二，“生产成本”账户。该账户期末可能无余额，即借方发生额和贷方转出额相等，表示期末产品全部完工；也可能有借方余额，即借方发生额大于贷方转出额，则表示期末未完工的在产品成本。

根据以上对各类账户结构的说明，可以将账户借方和贷方的含义以及余额的方向归纳如表2-14所示。

表2-14 账户结构方向及余额

账户类别	借方	贷方	余额方向
资产类	增加	减少	一般在借方
负债及所有者权益类	减少	增加	一般在贷方
收入收益类	减少（转销）	增加	无余额
费用支出类	增加	减少（转销）	无余额
成本类	增加	减少（转销）	借方或无余额

（四）借贷记账法的运用

运用借贷记账法对经济业务进行记录时，既要保持会计恒等式的平衡，又要遵守“有借必有贷，借贷必相等”的记账规则。一般应按以下步骤进行：

第一步，分析经济业务影响哪两个（或多个）会计账户。

第二步，分析经济业务的影响使哪些账户的数额增加，哪些账户的数额减少。

第三步，分析经济业务所影响的账户属于哪一类。

第四步，根据经济业务所涉及账户的性质以及增减变动情况确定记账方向。

第五步，核对所记“借”和“贷”的对应关系是否符合“有借必有贷，借贷必相等”的记账规则。确定无误后，再将金额记入账户。

微课：你会应用借贷记账法吗？

【例 2-2】

根据下列天乐公司 2020 年 5 月发生的 9 笔经济业务，用借贷记账法记入相关账户。

（1）5 月 1 日，收到 M 公司归还的前欠货款 300 000 元，存入银行。

分析：该项经济业务发生，影响“银行存款”和“应收账款”两个账户，分别属于资产类。其中，“银行存款”增加 300 000 元，应记入该账户借方；“应收账款”减少 300 000 元，应记入该账户的“贷方”。

账户登记如下（仅以“T”字形账户表示，下同）。

应收账款

借方	贷方
	① 300 000

银行存款

借方	贷方
① 300 000	

（2）5 月 3 日，购买原材料 1 000 000 元，用银行存款支付 800 000 元，余款 200 000 元，按合同约定以后支付。

分析：该项经济业务发生，影响“原材料”“银行存款”和“应付账款”三个账户，分别属于资产类、资产类、负债类。其中，“原材料”增加 1 000 000 元，记入该账户借方；“银行存款”减少 800 000 元，应记入该账户贷方；“应付账款”增加 200 000 元，应记入该账户贷方。账户登记如下：

原材料

借方	贷方
② 1 000 000	

银行存款

借方	贷方
	② 800 000

应付账款

借方	贷方
	② 200 000

（3）5 月 6 日，用银行存款支付上月应交税费 300 000 元。

分析：该项经济业务发生，使资产类“银行存款”减少 300 000 元，应记入该账户的贷方；同时使负债类“应交税费”减少 300 000 元，应记入该账户的“借方”。账户登记如下：

银行存款

借方	贷方
	③ 300 000

应交税费

借方	贷方
③ 300 000	

（4）5 月 9 日，生产部门领用原材料 600 000 元，用于生产甲产品。

分析：该项经济业务发生，使资产类“原材料”账户减少 600 000 元，应记入该账户的贷方；同时使成本类“生产成本”账户增加 600 000 元，应记入该账户的借方。账户登记如下：

借方	生产成本	贷方
④ 600 000		

借方	原材料	贷方
		④ 600 000

（5）5 月 10 日，用银行存款支付水电费 200 000 元。其中，150 000 元用于车间生产，50 000 元用于管理部门。

分析：该项经济业务发生，使成本类“制造费用”账户增加 150 000 元，应记入该账户的借方，又使损益类账户“管理费用”增加 50 000 元，应记入该账户的借方；同时使资产类“银行存款”账户减少 200 000 元，应记入该账户的贷方。账户登记如下：

借方	银行存款	贷方
		⑤ 200 000

借方	制造费用	贷方
⑤ 150 000		

借方	管理费用	贷方
⑤ 50 000		

（6）5 月 16 日，用银行存款支付前欠货款 90 000 元。

分析：该项经济业务发生，使负债类“应付账款”账户减少 90 000 元，应记入该账户的借方；同时，使资产类“银行存款”账户减少 90 000 元，应记入该账户的贷方。账户登记如下：

借方	银行存款	贷方
		⑥ 90 000

借方	应付账款	贷方
⑥ 90 000		

（7）5 月 20 日，销售甲产品取得业务收入 1 000 000 元，货款存入银行。

分析：该项经济业务发生，使资产类账户“银行存款”增加 1 000 000 元，应记入该账户借方；同时使收入类账户“主营业务收入”增加 1 000 000 元，应记入该账户贷方。账户登记如下：

借方	银行存款	贷方
⑦ 1 000 000		

借方	主营业务收入	贷方
		⑦ 1 000 000

（8）5 月 26 日，用资本公积转增资本 200 000 元。

分析：该项经济业务发生，使所有者权益类的账户“资本公积”减少 200 000 元，应记入该账户的借方；同时所有者权益类的“实收资本”账户增加 200 000 元，应记入该账户的贷方。账户登记如下：

借方	实收资本	贷方
		⑧ 200 000

借方	资本公积	贷方
⑧ 200 000		

（9）5 月 31 日，结转本月已销售甲产品的成本 600 000 元。

分析：该项经济业务发生，一方面使损益类“主营业务成本”账户增加 600 000 元，应记入该账户借方；另一方面使资产类“库存商品”账户减少 600 000 元，应记入该账户“贷方”。账户登记如下：

借方	主营业务成本	贷方
⑨ 600 000		

借方	库存商品	贷方
		⑨ 600 000

通过以上业务的账户登记，可以看出：不管是简单的还是复杂的不同类型的经济业务，在运用借贷记账法进行账户登记时，都符合“有借必有贷，借贷必相等”的记账规则。因此，在借贷记账法下，应以“有借必有贷，借贷必相等”为记账规则进行账户登记。

三、会计分录

前述 9 笔经济业务，直接将其金额记入了有关“T”字形账户，这主要是用于说明借贷记账法的记账规则。但在实际工作中，为了确保各账户记录的正确性，在经济业务发生时，先编制记账凭证（用“会计分录”代替），再根据会计分录记入有关账户的借方或贷方。

（一）会计分录及账户对应关系

1. 会计分录含义及分类

（1）会计分录含义。会计分录简称分录，是指根据复式记账原理，对每项经济业务列示出应借、应贷账户名称（科目）及其金额的一种记录。

会计分录的格式简要概括：上借下贷，借贷错开，左借右贷，借贷平衡。

（2）会计分录分类。会计分录可分为简单分录和复合分录。简单分录就是“一借一贷”的会计分录；复合分录有“一借多贷”“多借一贷”和“多借多贷”几种。一般不宜编制“多借多贷”的会计分录，以免因账户对应关系不清楚，影响审核。

2. 账户对应关系与对应账户

会计分录使有关账户之间形成一定的关系，这种账户之间的相互关系称为账户的对应关系，存在对应关系的账户叫做对应账户。例如，将现金 5 000 元存入银行，该笔业务使“库存现金”减少 5 000 元、“银行存款”增加 5 000 元，“库存现金”账户和“银行存款”账户存在着对应关系，相互成为对应账户。

要点提示

会计分录由应借应贷方向、账户名称、账户金额三个要素构成。在我国，会计分录记载于记账凭证中，会计分录是记账凭证的简要写法。关于什么是记账凭证在项目四具体讲解。

动画：
编制会计分录
三步法

（二）会计分录的编制

【例 2-3】

对例 2-2 中天乐公司发生的 9 笔经济业务用会计分录表示：

（1）5 月 1 日，收到 M 公司归还的前欠货款 300 000 元，存入银行。

借：银行存款　　300 000
　　贷：应收账款　　300 000

（2）5 月 3 日，购买原材料 1 000 000 元，用银行存款支付 800 000 元，余款 200 000 元，按合同约定以后支付。

借：原材料　　1 000 000
　　贷：银行存款　　800 000
　　　　应付账款　　200 000

（3）5 月 6 日，用银行存款支付上月应交税费 300 000 元。

借：应交税费　　300 000
　　贷：银行存款　　300 000

（4）5 月 9 日，生产部门领用原材料 600 000 元，用于生产甲产品。

借：生产成本　　600 000
　　贷：原材料　　600 000

（5）5 月 10 日，用银行存款支付水电费 200 000 元。其中，150 000 元用于车间生产，50 000 元用于管理部门用电。

借：制造费用　　150 000
　　管理费用　　50 000
　　贷：银行存款　　200 000

（6）5 月 16 日，用银行存款支付前欠货款 90 000 元。

借：应付账款　　90 000
　　贷：银行存款　　90 000

（7）5 月 20 日销售甲产品取得业务收入 1 000 000 元，货款存入银行。

借：银行存款　　1 000 000
　　贷：主营业务收入　　1 000 000

（8）5 月 26 日，用资本公积转增资本 200 000 元。

借：资本公积　　200 000
　　贷：实收资本　　200 000

（9）5 月 31 日，结转本月销售的甲产品的生产成本 600 000 元。

借：主营业务成本　600 000

　　贷：库存商品　600 000

名人故事

会计学家徐永祚爱岗敬业的故事

徐永祚是我国著名的会计学家，会计实务专家，会计教育学家，现金收付记账法的创立者，中式簿记改良的主要代表人物，中国注册会计师执业第一人。其最突出的贡献是对中式簿记进行了改良。为了推进中式会计改良，徐永祚采取了一系列的方法：出版论著，理论指导改良；兴办刊物，宣传讨论改良；举办讨论，宣讲改良方案；指导实践，推广改良活动等。

青春寄语：先辈徐永祚数十载坚持中式簿记的改良，我们可以感知他身上承载的民族自信心、爱岗敬业的职业精神与使命。自信让工作更加出色，敬业让职业更有温度、更有责任感和使命感。作为现代会计人的我们，传承和发扬先辈的自信心、使命感、敬业精神是永恒不变的话题。

四、试算平衡

（一）试算平衡含义及分类

试算平衡，是指根据借贷记账法的记账规则和资产与权益的恒等关系，通过对所有账户的发生额和余额的汇总计算和比较，来检查记录是否正确的一种方法。日常工作中，可以对全部会计账户的本期发生额和期末余额进行试算平衡。

微课：应用借贷记账法之试算平衡

1. 发生额试算平衡

发生额试算平衡法是指以借贷记账法记账规则“有借必有贷，借贷必相等”为理论依据，对一定时期会计记录进行检查和验证的方法。由于应用借贷记账法记录每一笔经济业务，均遵守“有借必有贷、借贷必相等”的记账规则，这样某一时期内，全部账户的借方发生额合计数，必然和贷方发生额合计数相等。即：

全部账户的本期借方发生额合计＝全部账户的本期贷方发生额合计

2. 余额试算平衡

余额试算平衡是指以会计等式“资产＝负债＋所有者权益”为理论依据，对某一特定日期资产、负债和所有者权益类账户余额进行检查和验证的方法。

根据借贷记账法的账户结构，会计期末资产类账户和成本类账户余额一般在借方，负债类和所有者权益类账户余额一般均在贷方，损益类账户期末没有余额。根据会计等式“资产 = 负债 + 所有者权益”，每一会计期初、期末，所有账户的借方余额合计数与所有账户的贷方余额合计数必然相等。即：

全部账户的期初借方余额合计＝全部账户的期初贷方余额合计

全部账户的期末借方余额合计＝全部账户的期末贷方余额合计

发生额和余额试算平衡法公式的应用步骤如下：

第一步，在将全部业务记入有关账户的基础上计算出每个账户的本期借、贷方发生额；

第二步，计算出每个账户的期末余额；

第三步，将各账户的本期借、贷方发生额和期末余额分别填入试算平衡表。

想一想：发生额试算平衡和余额试算平衡的直接依据分别是什么？

要点提示

应用试算平衡检验账户登记是否正确时：如果试算平衡，则说明记录时遵守了借贷记账法的记账法则，有可能记录是正确的，但并不能确保记录一定是完全正确的，因为漏记、重记、应借应贷账户写错、借贷方向写反、借贷金额同时写错以及期末账户没有结转等均不影响平衡关系；如果试算不平衡，则一定是有错误的，须查找并更正错误，重新编制。

（二）试算平衡表的编制

【例 2-4】

接例 2-3，对天乐公司 2020 年 5 月所作的记录进行试算平衡，以验证账户记录的正确性。假设天乐公司 2020 年 5 月各账户的期初余额如表 2-15 所示。

表 2-15　天乐公司期初余额表

日期：2020 年 5 月 1 日　　　　单位：元

资产	借方余额	负债及所有者权益	贷方余额
库存现金	500 000	短期借款	800 000
银行存款	1 100 000	长期借款	1 200 000
应收账款	800 000	应付账款	500 000
原材料	900 000	应交税费	300 000
库存商品	2 000 000	实收资本	3 700 000
固定资产	2 700 000	资本公积	900 000
		盈余公积	600 000
资产合计	8 000 000	负债及所有者权益合计	8 000 000

账户登记过程汇总如下：

库存现金	
期初余额 500 000	
期末余额 500 000	

应收账款	
期初余额 800 000	
	① 300 000
期末余额 500 000	

银行存款	
期初余额 1 100 000	
① 300 000	② 800 000
⑦ 1 000 000	③ 300 000
	⑤ 200 000
	⑥ 90 000
本期发生额 1 300 000	本期发生额 1 390 000
期末余额 1 010 000	

主营业务成本	
⑨ 600 000	
期末金额 600 000	

其他账户登记过程由读者自己完成。

将以上汇总数据在期初余额、本期发生额和期末余额栏内分别按借方、贷方登记，并分别合计其借、贷总额。如表 2-16 所示。

表 2-16　天乐公司 2020 年 5 月账务记录试算平衡表

单位：元

账户名称	期初余额		本期发生额		期末余额	
	借方	贷方	借方	贷方	借方	贷方
库存现金	500 000		0	0	500 000	
银行存款	1 100 000		1 300 000	1 390 000	1 010 000	
应收账款	800 000			300 000	500 000	
原材料	900 000		1 000 000	600 000	1 300 000	
库存商品	2 000 000		0	600 000	1 400 000	
固定资产	2 700 000		0	0	2 700 000	
生产成本	0		600 000	0	600 000	
制造费用	0		150 000	0	150 000	
管理费用	0		50 000	0	50 000	
主营业务成本	0		600 000	0	600 000	
主营业务收入		0		1 000 000		1 000 000
短期借款		800 000	0	0		800 000
长期借款		1 200 000	0	0		1 200 000
应付账款		500 000	90 000	200 000		610 000
应交税费		300 000	300 000	0		0
实收资本		3 700 000	0	200 000		3 900 000
资本公积		900 000	200 000	0		700 000
盈余公积		600 000	0	0		600 000
合计	8 000 000	8 000 000	4 290 000	4 290 000	8 810 000	8 810 000

通过表2-16可以看出，期初借方余额合计等于期初贷方余额合计；本期全部账户的借方发生额合计等于全部账户的本期贷方发生额合计；期末借方余额合计等于期末贷方余额合计，满足试算平衡公式。

职业能力训练

会计毕业生晓兰今年刚从学院毕业，就被X公司聘任为会计员。今天是她来公司上班的第一天。正巧碰上月末结账，大家忙得不可开交。“我能做些什么？”会计科长看她那急于投入工作的样子，也想检验一下她的工作能力，就说：“试算平衡表的编制方法在学校学过了吧？”“学过。”晓兰很自信地回答。

“那好，你先编一下公司这个月的试算平衡表。”科长拿给她账簿等资料，晓兰在自己的新办公桌上开始了工作。不到1个小时，“试算平衡表”就编好了。看到表上那相互平衡的三组数字，晓兰兴冲冲地向科长交了差。

“呀，前几天车间领材料的单据还没记到账上呢。”会计员李媚说。还没等晓兰缓过神来，会计员小张拿着一些会计凭证又凑了过来，对科长说：“这笔账我核对过了，应当记入‘原材料’和‘生产成本’的是10 000元，而不是9 000元。已经入账的那部分数字还得改一下。”

“试算平衡表已经平衡编好了呀，怎么还有错账呢？”晓兰不解地问。科长看她疑惑的神情，就给晓兰解释，只见晓兰不停点头，并露出了不好意思的神情。

请问：科长给晓兰解释了什么？晓兰为什么露出不好意思的神情？此案例告诉我们什么道理？

要点提示

不影响借贷双方平衡的几种情况：

（1）漏记某项经济业务，使本期借、贷双方发生额等额减少，借、贷仍然平衡；

（2）重记某项经济业务，使本期借、贷双方发生额等额虚增，借、贷仍平衡；

（3）某项经济业务记录的应借、应贷科目正确，但借贷双方金额同时多记或少记，且金额一致，借、贷仍然平衡；

（4）某项经济业务记错有关账户，借、贷仍然平衡；

（5）某项经济业务记账时颠倒了记账方向，借、贷仍然平衡；

（6）某借方或贷方发生额中，偶然发生多记或少记并相互抵消，借贷仍然平衡。

综合案例

案例资料：黄海公司2020年年初拥有库存现金1万元，银行存款250万元，办公楼、车间、厂房共计价值200万元，汽车5辆，小轿车2辆，共计价值100万元，库存的商品与材料物资价值90万元，赊销货物未收回货款59万元。投资者投入350万元，未分配利润有100万元，银行借款200万元，欠职工工资20万元，欠材料款18万元，欠交税金12万元。

案例讨论：

1. 指明黄海公司所提供的资料中会计要素的归属类别，说明数字之间的关系。

2. 若黄海公司用银行存款100万元偿还借银行的借款，该业务会引起会计要素和会计等式如何变化？

3. 如果赊销的货款30万元收到后存入银行，又会引起会计要素和会计等式怎样变化？

文档：期初业务准备知识点小结

专业能力测评

专业能力测评表（在□中打√，A掌握，B基本掌握，C未掌握）

知识点／技能点	评价指标	自测结果	要求
会计要素	1. 会计要素含义、构成 2. 资产含义、特点及分类 3. 负债含义、特点及分类 4. 所有者权益含义、特点及内容构成 5. 收入含义、特点及分类 6. 费用含义、特点及分类 7. 利润含义、特点及分类	□A □B □C □A □B □C □A □B □C □A □B □C □A □B □C □A □B □C □A □B □C	理解会计要素含义、构成，理解资产、负债等六大类会计要素的含义、特点、内容及其确认，能适当掌握其构成内容
会计等式	1. 会计等式 2. 静态会计等式 3. 动态会计等式 4. 会计恒等式	□A □B □C □A □B □C □A □B □C □A □B □C	理解会计等式等相关概念，理解会计要素与会计等式之间的关系，理解会计恒等式恒等原理及会计恒等式下经济业务类型
计量属性	1. 历史成本 2. 重置成本 3. 可变现净值 4. 现值 5. 公允价值	□A □B □C □A □B □C □A □B □C □A □B □C □A □B □C	理解不同计量属性的基本含义，熟知不同计量属性的使用范围
会计科目	1. 会计科目含义 2. 会计科目表 3. 会计科目分类	□A □B □C □A □B □C □A □B □C	理解会计科目含义，掌握主要会计科目及其分类
账户	1. 账户含义 2. 账户分类 3. 账户与会计科目关系 4. 账户结构	□A □B □C □A □B □C □A □B □C □A □B □C	理解账户含义，掌握主要账户及分类，掌握账户的基本结构

续表

知识点 / 技能点	评价指标	自测结果	要求
借贷记账法	1. 复式记账法含义及特点 2. 借贷记账法含义及特点 3. 借贷记账法下账户结构	□A □B □C □A □B □C □A □B □C	理解复式记账法含义及特点，熟记借贷记账法含义及特点，掌握借贷记账法下的账户结构
会计分录	1. 会计分录含义 2. 会计分录类型 3. 会计分录三要素	□A □B □C □A □B □C □A □B □C	理解会计分录含义、分类及书写要求，能书写简单会计分录
试算平衡	1. 试算平衡含义 2. 试算平衡类别 3. 试算平衡公式 4. 试算平衡原理 5. 试算平衡表编制	□A □B □C □A □B □C □A □B □C □A □B □C □A □B □C	理解试算平衡含义、类型、平衡公式、基本原理，掌握简单试算平衡表的编制

项目测试

一、单选题

1. 下列各项中，属于表现企业资金运动状态的会计要素是（　　）。

A. 收入　　B. 资产
C. 负债　　D. 所有者权益

2. 以下不能作为资产的是（　　）。

A. 房屋　　B. 汽车
C. 库存已损毁的存货　　D. 盘盈的设备

3. 会计科目是（　　）。

A. 会计要素的名称　　B. 账簿的名称
C. 报表的项目　　D. 账户的名称

4. 下列科目中，不具有对应关系的是（　　）。

A. “库存现金”与“银行存款”　　B. “固定资产”与“销售费用”
C. “固定资产”与“银行存款”　　D. “原材料”与“应付账款”

5. 下列关于会计科目与会计账户关系表述中，正确的是（　　）。

A. 两者结构相同　　B. 两者格式相同
C. 两者内容相同　　D. 两者互不相关

6. 账户结构一般分为（　　）。

A. 上下两方　　B. 左右两方
C. 前后两部分　　D. 发生额、余额两部分

7. 账户是根据（　　）开设的。

A. 核算需要　　B. 会计科目
C. 单位需要　　D. 经济业务

8. 下列账户属于负债类的是（　　）。

A. 长期待摊费用　　B. 预收账款

C. 预付账款　　D. 应收账款

9. 以下不属于流动资产的账户是（　　）。

A. 应收账款　　B. 预付账款

C. 长期待摊费用　　D. 银行存款

10. “应付账款”账户的结构与（　　）账户相似。

A. 盈余公积　　B. 其他业务收入

C. 银行存款　　D. 生产成本

11. 从银行取得借款偿还应付账款，属于（　　）。

A. 资产类之间此增彼减　　B. 负债类之间此增彼减

C. 资产和权益同增　　D. 资产和权益同减

12. 企业的资产总额与权益总额（　　）。

A. 不会相等　　B. 只有期末相等

C. 有时相等　　D. 必然相等

13. 下列业务属于权益类项目之间此增彼减的是（　　）。

A. 以银行存款偿还应付账款　　B. 销售收入存入银行

C. 借入短期借款　　D. 从银行取得借款直接偿还应付账款

14. 下列账户类别中“借”表示会计要素数额增加的是（　　）。

A. 成本类　　B. 负债类

C. 损益类中的收入类　　D. 所有者权益类

15. 下列账户类别中，一般情况下都会有期末余额的账户是（　　）。

A. 损益类中的收入类　　B. 损益类中的支出类

C. 资产类　　D. 成本类

16. 下列账户类别中，可能有借方余额的账户类别是（　　）。

A. 负债类　　B. 成本类

C. 所有者权益类　　D. 损益类中的收入类

17. 收入类账户的结构与所有者权益类账户的结构（　　）。

A. 一致　　B. 无关

C. 相反　　D. 基本相同

18. 下列各项中，属于我国目前采用的记账方法是（　　）。

A. 收付记账法　　B. 增减记账法

C. 借贷记账法　　D. 单式记账法

19. 下列关于所有者权益类账户结构的表述中，正确的是（　　）。

A. 增加记贷方　　B. 增加记借方

C. 减少记贷方　　D. 期末无余额

20. 复式记账法，是对每一笔经济业务都要以相等的金额在（　　）相互联系的账户中进行登记。

A. 一个　　B. 两个

C. 三个　　D. 两个或两个以上

21. 借贷记账法的理论依据是（　　）。

A. 复式记账法　　B. 资产 = 负债 + 所有者权益

C. 有借必有贷，借贷必相等　　D. 借贷平衡

22. 在借贷记账法下，为了保持账户之间的对应关系，不宜编制（　　）的会计分录。

A. 一借一贷　　B. 多借一贷

C. 一借多贷　　D. 多借多贷

23. 存在对应关系的账户称为（　　）。

A. 对应账户　　B. 平衡账户

C. 总分类账户　　D. 联系账户

24. 下列各项中，会导致会计等式左右两边同时增加的经济业务是（　　）。

A. 从银行提取现金　　B. 从银行借入短期借款

C. 用资本公积转增资本　　D. 签发商业汇票支付前欠货款

25. 企业“库存现金”账户期初余额为 5 000 元，本期增加发生额为 3 000 元，期末余额为 2 000 元，则本期减少发生额为（　　）元。

A. 3 000　　B. 4 000

C. 5 000　　D. 6 000

二、多选题

1. 下列可以确认为企业资产的是（　　）。

A. 购入的无形资产

B. 已霉烂变质无使用价值的存货

C. 融资租入的固定资产

D. 计划下个月购入的材料

2. 下列关于负债要素，说法正确的是（　　）。

A. 负债是由企业过去交易或事项形成、预计会导致经济利益流出企业的现时义务

B. 未来发生的交易或事项形成的义务也应当确认为负债

C. 清偿负债时，可以用现金清偿也可以提供劳务或者将负债转为所有者权益

D. 流动负债是指预计一年（含一年）或超过一年的一个营业周期偿还的负债

3. 下列各项中，反映企业经营成果的会计要素的有（　　）。

A. 利润　B. 费用

C. 收入　D. 所有者权益

4. 复式记账法的优点包括（　　）。

A. 能够全面反映经济业务内容和资金运动的来龙去脉

B. 能够进行试算平衡，检查账户记录是否正确

C. 能够直观展示资金的增减变化

D. 能够防止会计舞弊

5. 下列各项中，属于费用的有（　　）。

A. 支付的罚款支出　B. 销售废旧材料成本

C. 销售商品的成本　D. 退还包装物押金

6. 下列属于收入的有（　　）。

A. 销售商品的收入　B. 提供加工劳务的收入

C. 出租机器设备的收入　D. 出租包装物的押金收入

7. 下列会计科目属于负债类的有（　　）。

A. 应付职工薪酬　B. 应付账款

C. 应收账款　D. 应交税费

8. 下列会计科目属于所有者权益类的有（　　）。

A. 实收资本　B. 固定资产

C. 原材料　D. 本年利润

9. 下列观点中，正确的有（　　）。

A.“预收账款”属于资产类　B.“预付账款”属于负债类

C.“累计折旧”属于资产类　D.“固定资产”属于资产类

10. 账户一般应包括（　　）要素。

A. 账户名称　B. 日期和摘要

C. 会计分录　D. 增加或减少的金额

11. 账户与会计科目的区别表现在（　　）。

A. 账户与会计科目的经济内容是不一致的

B. 账户有结构，会计科目则无

C. 账户是依据会计科目开设的，两者名称一致

D. 账户设置构成了会计核算的方法之一，而会计科目则不能

12. 在会计工作中，账户的格式设计一般包括（　　）。

A. 账户的名称　B. 日期

C. 凭证字号　D. 增加和减少的金额及余额

13. 对于负债类账户来讲，（　　）。

A. 借方登记负债金额增加　B. 贷方登记负债金额增加

C. 期末余额一般在贷方　　D. 借方登记负债金额减少

14. 下列说法错误的是（　　）。

A. 账户不一定分为左右两方

B. 会计科目与账户并存有点重复

C. 会计科目的编号作用不大

D. 我国会计科目及核算内容由经贸委制定

15. 下列账户类别中，“贷”表示账户中会计要素数额减少的账户类别有（　　）。

A. 负债类　　B. 损益中的支出类

C. 资产类　　D. 成本类

16. 下列账户类别中，“借”表示账户中会计要素数额减少的类别有（　　）。

A. 成本类　　B. 负债类

C. 损益类中的收入类　　D. 所有者权益类

17. 在借贷记账法下，属于资产类账户的有（　　）。

A. 库存现金　　B. 实收资本

C. 管理费用　　D. 累计折旧

18. 在借贷记账法下，期末结账后，一般有余额的账户有（　　）。

A. 资产类账户　　B. 收入类账户

C. 负债类账户　　D. 费用类账户

E. 所有者权益类账户

19. 会计等式“资产＝负债＋所有者权益”是（　　）的理论基础。

A. 设置账户　　B. 复式记账

C. 资产负债表　　D. 计算利润

20. 下列会引起资产和权益同时减少的业务有（　　）。

A. 以银行存款偿还应付账款　　B. 以现金支付职工工资

C. 将现金存入银行　　D. 购买原材料货款未付

21. 下列会引起会计等式左右两边要素变动的业务有（　　）。

A. 收到某单位前欠货款　　B. 以银行存款偿还应付账款

C. 向银行借款直接偿还应付账款　　D. 接受投入设备

22. 企业从银行借入短期借款 15 000 元，归还前欠货款，正确的说法有（　　）。

A. 借记“银行存款”15 000 元　　B. 贷记“短期借款”15 000 元

C. 借记“应付账款”15 000 元　　D. 贷记“应付账款”15 000 元

23. 企业从银行提取现金 1 000 元备用，下列说法正确的是（　　）。

A. 在“银行存款”账户的借方登记 1 000 元

B. 这项经济业务引起负债减少

C. 在“库存现金”账户的借方登记 1 000 元

D. 这项经济业务涉及资产类账户

24. 编制会计分录应当包括以下步骤（ ）。

A. 确定经济业务的正确与否 B. 确定经济业务所涉及的账户

C. 确定账户借贷的对应关系 D. 确定各账户应入账的金额

25. 试算平衡无法发现的错误有（ ）。

A. 漏记某笔经济业务 B. 重记某笔经济业务

C. 颠倒记账方向 D. 漏记一个借方余额

三、判断题

1. 会计科目是用来连续系统地核算和监督会计要素内容增减变化的一种工具。（ ）

2. 会计科目与账户是两个不同的概念，但它们之间有一定的联系。（ ）

3. 总账账户所属的明细账户较多，为便于控制，不应设置二级账户。（ ）

4. 所有账户的左边均记录增加额，右边均记录减少额。（ ）

5. 账户就是按照规定的会计科目设置的，会计科目就是账户的名称。（ ）

6. 债权人权益和所有者权益同属于权益。（ ）

7. 账户的本期期初余额，等于上期的期末余额。（ ）

8. 负债类账户与所有者权益类账户的结构相同。（ ）

9. 设置会计科目非常重要，是编制会计报表的基础。（ ）

10. 企业代第三方收取的款项，应当确认为收入。（ ）

11. 一般情况下，账户期末余额方向与本期增加额登记方向是一致的。（ ）

12. 复式记账法是在单式记账的基础上演变而来的。（ ）

13. 为了保持账户对应关系清楚，一般不宜把不同经济业务合并在一起编制多借多贷的会计分录。（ ）

14. 账户发生额试算平衡法是根据借贷记账法的记账规则来确定的。（ ）

15. 试算平衡可以检查出全部的记账错误。（ ）

16. 收入的取得会导致经济利益流入企业，表现为资产的增加或负债的减少。（ ）

17. 费用能够导致企业所有者权益减少，但导致所有者权益减少的不一定都是费用。（ ）

18. 在借贷记账法下，所有者权益类账户与损益类账户的结构相反。（ ）

19. 试算平衡时可以肯定账户记录或计算一定正确。 （　　）

20. 在会计要素中，实收资本、资本公积均属于投资者投入企业的资本。 （　　）

四、业务题

习题一

1. 目的：练习会计科目的确定。
2. 资料：N 公司 2020 年 1 月发生的部分经济业务涉及内容如表 2–17 所示。
3. 要求：根据表 2–17 中经济业务内容，确定会计科目并填入表 2–17 内。

表 2–17　N 公司 2020 年 1 月发生经济业务涉及内容表

序号	项　　目	会计科目
（1）	出纳人员保管的现金	
（2）	库存完工产成品	
（3）	库存燃料	
（4）	运输用汽车	
（5）	生产用机器	
（6）	应收某单位货款	
（7）	应付某单位材料款	
（8）	房屋及建筑物	
（9）	应交未交税金	
（10）	从银行借入的短期借款	
（11）	销售产品收入	
（12）	购买办公用品款	
（13）	投资者投入的资本	
（14）	采购人员预借的差旅费	
（15）	产品广告费用	

习题二

1. 目的：练习会计科目与账户的应用。
2. 资料：N 公司 2020 年 3 月发生部分经济业务见表 2–18。

表 2–18　N 公司 2020 年 3 月发生经济业务表

项　目	涉及账户	经济业务类型
（1）向银行借入短期借款 10 000 元		
（2）购进材料 20 000 元，用银行存款支付，材料已入库		
（3）以银行存款 30 000 元偿还应付账款		
（4）收到投资者投入货币资金 50 000 元，原材料一批，价值 10 000 元		
（5）将现金 50 000 元存银行		
（6）生产领用原材料 1 000 元		
（7）经批准，用盈余公积 10 000 元转增实收资本		

续表

项　目	涉及账户	经济业务类型
（8）销售产品一批价值 50 000 元，已收到货款 30 000 元，余款暂欠 （9）用银行存款 8 000 元上交上月税金 （10）用库存现金 300 元购买办公用品		

3. 要求：请根据表 2-18 中的内容，指明并填写业务涉及账户名称及引起会计要素增减变化的业务类型。

习题三

1. 目的：熟练掌握借贷记账法的应用。

2. 资料：M 公司 2020 年 5 月 1 日的资产负债表资料如表 2-19 所示。

表 2-19　M 公司 2020 年 5 月期初余额表

资产	借方余额	负债及所有者权益	贷方余额
库存现金	300 000	短期借款	500 000
银行存款	2 000 000	长期借款	1 600 000
应收账款	800 000	应付账款	400 000
原材料	600 000	应付职工薪酬	350 000
库存商品	1 500 000	应交税费	200 000
固定资产	3 000 000	负债合计	3 050 000
无形资产	350 000	实收资本	4 500 000
生产成本	500 000	资本公积	700 000
		盈余公积	800 000
		所有者权益合计	6 000 000
资产合计	9 050 000	负债及所有者权益合计	9 050 000

M 公司 5 月发生如下经济业务：

（1）1 日，用银行存款偿还短期借款 500 000 元。

（2）3 日，收到 Q 公司归还的前欠货款 400 000 元，存入银行。

（3）5 日，用银行存款交纳应交税费 200 000 元。

（4）6 日，销售产品取得收入 1 500 000 元。其中 1 000 000 元已收存银行，余款暂欠。

（5）9 日，购买一批原材料，买价 900 000 元，货款未付（不考虑相关税费）。

（6）10 日，收到股东追加投资 2 000 000 元，其中货币投资 1 000 000 元，已存入银行，另 1 000 000 元机器设备也已安装验收。

（7）12 日，用银行存款偿还前欠购买材料款 900 000 元。

（8）13 日，采购员王明阳出差借款 3 000 元，用现金垫支。

（9）15 日，经理办公室主任黄超报销办公费用 6 000 元，用现金支票支付。

（10）20 日，完工产品入库 1 600 000 元。

（11）22 日，生产车间领用原材料 600 000 元，其中用于甲产品生产 500 000 元，另 100 000 元用于车间消耗。管理部门领用原材料 10 000 元。

（12）29 日，从银行提取现金 350 000 元，备发工资。

（13）30 日，发放职工工资 350 000 元。

（14）31 日，结转本月已销产品的生产成本 800 000 元。

3. 要求：

（1）对上述各经济业务，编制会计分录；

（2）对上述业务设置并登记“T”字形账户；

（3）对上述经济业务编制试算平衡表。

项目三

日常业务处理——借贷记账法下经济业务核算

学习目标

知识目标：

理解企业、利益相关者基本含义

了解企业资金运动、会计岗位设置

理解企业经济业务核算有关账户设置

掌握企业日常经济业务会计核算方法

能力目标：

能够对资金筹集业务进行账务处理

能够对固定资产购置、提取折旧进行账务处理

能够对材料采购业务进行账务处理

能够归集分配制造费用并进行账务处理

能够核算产品生产成本并进行账务处理

能够确认产品销售收入、结转销售成本并进行账务处理

能够对期间费用、利得与损失进行账务处理

素养目标：

增强企业认知，提升职业判断能力

培养自主学习能力，拓展继续学习和可持续发展能力

培养客观公正、坚持原则、不做假账的职业态度

知识导图

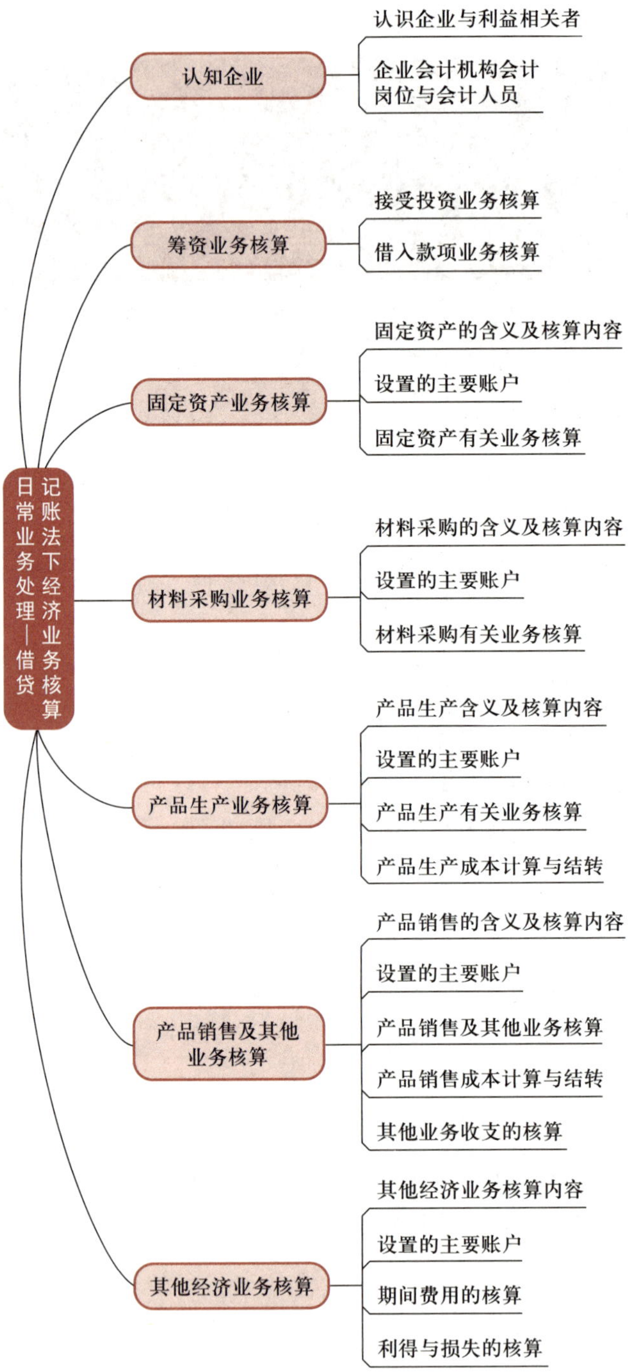
记账法下经济业务核算
日常业务处理——借贷
认知企业
认识企业与利益相关者
企业会计机构会计岗位与会计人员
筹资业务核算
接受投资业务核算
借入款项业务核算
固定资产业务核算
固定资产的含义及核算内容
设置的主要账户
固定资产有关业务核算
材料采购业务核算
材料采购的含义及核算内容
设置的主要账户
材料采购有关业务核算
产品生产业务核算
产品生产含义及核算内容
设置的主要账户
产品生产有关业务核算
产品生产成本计算与结转
产品销售及其他业务核算
产品销售的含义及核算内容
设置的主要账户
产品销售及其他业务核算
产品销售成本计算与结转
其他业务收支的核算
其他经济业务核算
其他经济业务核算内容
设置的主要账户
期间费用的核算
利得与损失的核算

导入案例

会计挪用公款被处罚引深思

张敬宜2014年大学毕业后被聘任为某市残疾人联合会出纳会计兼市残疾人劳动服务所出纳会计。当时，她发现单位财务管理松散，主办会计是外聘，且不常点检保险柜里的现金。因个人经济困难且又爱慕虚荣，张敬宜产生了挪用单位保险柜里现金的念头。她多次擅自开具现金支票，将公款转移到个人账户，并通过刷卡、微信、支付宝等方式进行个人消费：打瘦脸针、买奢侈品包、高档服饰和昂贵护肤品等，同时在朋友圈展示自己的“白富美”形象。

后来，张敬宜挪用公款的行为最终被发现，她的家人变卖房产，东拼西凑才还上了欠款。

2020年6月，市纪委监委在监督检查过程中发现了张敬宜的问题线索，并立案调查。2020年12月4日，张敬宜受到责令辞职、解除劳动关系处理，并因涉嫌挪用公款罪被移送检察机关审查起诉，最终受到了法律的严厉处罚。

此外，时任该市残联党组书记、理事长袁某因履行主体责任不力，也受到了严重警告及政务撤职处分。

案例思考与讨论： 此案例给我们以下警示和反思：① 职业道德：财务人员应具备良好的职业道德，抵制诱惑，保持职业操守。② 个人自律：个人应有清晰的自我认知，不因虚荣心而迷失方向，避免走上违法犯罪的道路。③ 财务管理：单位需建立严格的财务管理制度，避免因管理松散给不法分子可乘之机。④ 监督机制：强化内部监督，确保财务流程透明，及时发现并纠正不当行为。⑤ 法律后果：违法行为最终会受到法律的制裁，个人需意识到犯罪的严重后果。⑥ 责任追究：不仅追究直接责任人，还追究管理失职的责任，强化责任意识。⑦ 制度完善：完善相关制度，防止类似事件再次发生，提升组织的整体治理水平。⑧ 价值观教育：社会和组织应加强正确的价值观教育，引导年轻人树立健康的生活和消费观念。

任务一　认知企业

微课：认知企业及其主要经济业务

一、认识企业与利益相关者

（一）认识企业

企业是指运用劳动力、资本、技术和土地等各种生产要素，从事生产、流通

文档：企业的分类

和服务等经济活动，实行自主经营、自负盈亏、独立核算的营利性社会经济组织。

企业通常具有以下五个特征：① 企业是经济组织；② 企业在经营上是独立的；③ 企业是以营 利为目的的；④ 企业具有法人资格，可以独立承担民事责任；⑤ 企业具有完整的组织架构。

（二）企业的利益相关者

文档：企业的利益相关者

利益相关者是指与组织有一定利益关系的个人或其他群体，他们能够被另一些群体组织影响，同时也能对群体组织产生影响。企业通常有七个利益相关者：①投资者（股东）；②雇员；③政府；④债权人；⑤顾客；⑥社会主体；⑦竞争者。

二、企业会计机构、会计岗位与会计人员

（一）会计机构

不同的企业，其组织结构是不同的，常见的企业组织结构如图 3-1 所示。

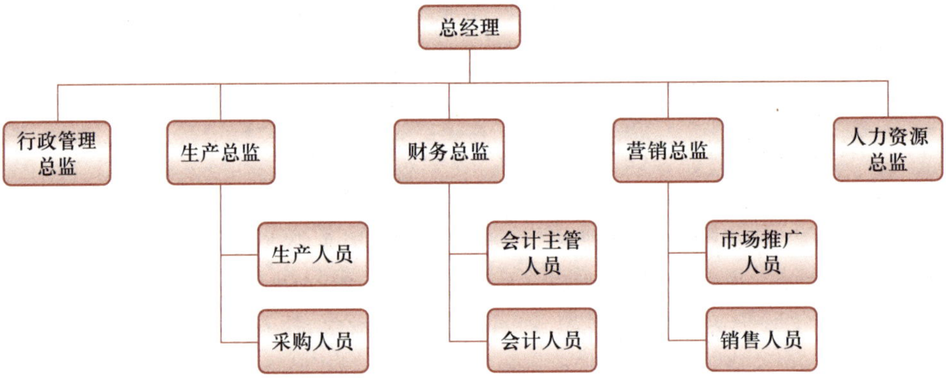

图 3-1 企业组织结构

会计机构是直接从事和组织会计工作的职能部门。会计机构通常叫财务（会计）处、财务（会计）部、财务（会计）科、财务（会计）股、财务（会计）组等。不同的企业、事业单位，可以根据自身管理的需要、业务的内容以及会计人员配备情况，确定各自的岗位分布。

知识拓展

会计机构和会计岗位的设置

我国《会计法》规定，各单位应根据会计业务的需要设置会计机构。会计机构的设置可取决于企业规模的大小和会计工作的繁简程度，规模较大的企业，在会计机构内会计岗位设置较细、较多。同时，也可以根据需要，再设置二级会计核算单位或三级会计核算单位。规模较小的企业，可以设置一个简单的会计机构，比如一个机构内只有一个会计和一个出纳。不具备条件设置会计机构的企业，应当在有关机构中配备专职的会计人员或委托经批准设立从事会计代

理记账业务的中介机构代理记账。

（二）会计岗位

企业会计岗位一般分为以下五个：财务会计、成本和管理会计、财务管理、内部审计及其他会计工作。

1. 财务会计

财务会计岗位一般包括：记账人员；会计员；主办会计（或主管会计）；会计主管；总会计师等。其工作内容有登记凭证账簿、编制对外公布的会计报表等。

2. 成本和管理会计

成本和管理会计岗位一般包括：车间记账员、预算编制员、预算监督主管、资本预算会计等。其工作内容有：成本和费用计算、预算编制与执行、部门业绩考核等。

3. 财务管理

财务管理岗位一般包括：现金出纳和银行出纳、财务分析员、信用分析经理、风险控制经理、财务部主管、税务会计主管、财务总监。其工作内容有：企业经营资金的筹措、资金运用分析和决策、企业并购和资本运作等。

4. 内部审计

内部审计的岗位一般包括：审计员、审计项目经理、审计总监等。其工作内容有：监督企业资金运用的状况、制定和监督内部控制系统、评估企业资本等。

5. 其他会计工作

略。

（三）会计人员

设置会计机构的单位，应当配备会计机构负责人和一定数量的专职会计人员。大中型企业应当根据法律和国家有关规定设置总会计师（或财务总监）。

1. 会计人员专业技术资格

会计专业技术职务是会计人员从事会计业务工作的技术等级。我国会计专业技术职务包括初级会计师、中级会计师、高级会计师。在以上各专业技术职务相应的资格管理中，初级、中级资格实行考试制度，高级资格实行考试与评审相结合的管理制度。初级、中级会计专业技术资格实行全国统一组织、统一考试时间、统一考试大纲、统一考试命题、统一合格标准的考试制度。

知识拓展

关于初、中、高资格考试

初级会计师考试科目为“初级会计实务”“经济法基础”两个科目。参加初级资格考试的人员必须在一个考试年度内通过全部科目的考试。

中级会计师考试科目为“中级会计实务”“中级财务管理”“中级经济法”三个科目。会计专业技术中级资格考试以两年为一个周期，参加考试的人员必须在连续两个考试年度内通过全部科目的考试。

高级会计师考试科目为：高级会计实务。主要考核应试者运用会计、财务、税收等相关的理论知识、政策法规，分析、判断、处理会计业务的能力和解决会计工作实际问题的综合能力。

2. 会计人员职业道德

会计职业道德规范是指在一定的社会经济条件下，对会计职业行为及职业活动的系统要求和明文规定。它是社会道德体系的一个重要组成部分，是职业道德在会计职业行为和会计职业活动中的具体体现。尽管不同的国家因经济发展程度不同，社会制度和经济体制各异，其会计职业道德有一定的差异，但也有许多共同点，只是实施和管理方式不同而已。

根据我国会计工作和会计人员的实际情况，结合国际上对会计职业道德的一般要求，我国会计人员职业道德的内容可以概括为：爱岗敬业，诚实守信，廉洁自律，客观公正，坚持准则，提高技能，参与管理和强化服务。

要点提示

企业利益相关者包括投资者、雇员、政府、债权人、顾客、社会主体、竞争者。企业会计岗位有财务会计、成本和管理会计、财务管理、内部审计及其他会计工作。会计人员专业技术资格分初级会计师、中级会计师、高级会计师三个级别。会计人员职业道德是：爱岗敬业，诚实守信，廉洁自律，客观公正，坚持准则，提高技能，参与管理和强化服务。

德技并修

从海底捞和华为的强大看“财务人”和“企业财务”

海底捞的副总裁袁华强是一个典型的会计人。他中专毕业后来到海底捞，从传菜员到门童做起，再到会计、领班、大堂经理、片区经理，一步步做到副总裁。正是因为自己是会计人，更知道财务管理的重要性，其强大的财务体系使其高调上市。由于海底捞有严格的财务体系，再加上海底捞把员工当自己人，把顾客当上帝，把服务做到了极致！所以，在众多火锅店中“海底捞”脱颖而出。

2018 年 12 月 1 日，华为公司首席财务官孟晚舟被捕，在这场美国对华为的没有硝烟的“绞杀战”中，华为公司赢了，为中国人赢得了正气！我们不得不感慨，中国的华为已经走在了世界尖端，凭借自己的实力，为中国人赢得了世界的敬畏和尊重！但华为的成功离不开强大的财务体系。1987 年 9 月，任正非、纪平等人凑钱成立了华为，当时的华为找不到发展的方向，处在倒闭的边缘。纪平、郭平、孟晚舟等女将组成了华为最早的财务团队，最紧要的事情就是融资，靠财务经验，华为渡过一次又一次难关。

处在风口浪尖的华为底气十足。因为华为不仅拥有强大的现金流，而且背后有一支优秀的财务团队在规划合理的经营分布，在为华为保驾护航。华为董事长任正非对华为公司财务体系的描述准确而形象："全球统一的会计核算和审计监控是长江的两道堤坝，只有这两道堤坝足够坚固，财经管理职能才能从容有效的开展。"可见，华为的财务体系对华为公司今天的成就是非同一般的。

启示：海底捞的副总裁袁华强起点并不高，却通过自己的努力取得成功。可见，不论起点高低，财务人只要想干成一番事业，从学好会计做起、认识到财务管理的重要性并加强财务管理，就相当于向成功迈进了一大步！

华为的财务体系是一个独立的部门集中管理公司所有财务人员，打破了一般法人架构"报表自下而上层层上报"的局限。整个财务职能被分为三块：会计核算、财经管理和审计监控，同时保障财务和内审的财务数据足够准确的情况下，财经管理的决策才值得信任。华为的财务体系对华为公司的最后成功起到了关键性作用，也为中国企业在国际上立足奠定了基础。可见，财务在一个企业的崛起中起着至关重要的作用，华为强大的财务系统使华为底气十足，同时也引起世界震惊。首席财务官孟晚舟被捕事件发生后，华为本身表现出了全球大企业应有的大格局，始终保持冷静、理性。作为中国在国际上最有影响力的民族企业，强调公司遵守业务所在国的所有适用法律法规，在某种程度上承担起了中国人民的民族自豪感，展示了华为财务人伟大的爱国情怀！

任务二　核算筹资业务

制造业企业的生产经营过程包括材料供应过程、产品生产过程、产品销售和款项结算过程等。然而，企业为了进行生产经营活动，必须拥有一定数量的资金。资金筹集是企业整个经营过程的起点。我国企业筹集资金的主要渠道包括投资者投入和向银行借入。

一、接受投资业务核算

所有者投入的资本主要包括实收资本（或股本）和资本公积。

实收资本是指投资者按照企业章程或合同、协议的约定实际投入企业的资本，以及按照有关规定由资本公积、盈余公积等转增的资本。

资本公积是企业收到投资者投入的超出其在企业注册资本中所占份额的投资，以及其他资本公积。资本公积主要用于转增资本。

微课：
接受投资的核算

要点提示

资本金是指企业在工商行政管理部门登记的注册资金。资本金按投资主体可分为国家资本金、法人资本金、个人资本金和外商资本金。投资者可以用现金、银行存款、实物、无形资产等形式向企业投资。投资者投入企业的资本在企业经营期内，除法律、法规另有规定外，投资者不得随意收回。

（一）设置的主要账户

为了核算企业投资者投入资本的增减变动及其结余情况，企业应设置“实收资本”账户（股份有限公司应设置“股本”账户），另外还应设置“资本公积”账户来反映超出注册资本份额的投入资本。

1.“实收资本”账户

该账户属于所有者权益类，贷方登记企业接受投资者投入的资本，借方登记企业按规定程序报经批准减少的注册资本，期末余额在贷方，反映企业实收资本（或股本）总额。该账户应按投资人设明细账进行明细核算。账户结构表如图3-2所示。

实收资本

按法定程序报经批准减少的注册资本	收到投资人投入资本（注册资本中所占份额）
	余：接受投资的实有数额

图3-2 实收资本账户

2.“资本公积”账户

“资本公积”属于所有者权益类账户，贷方登记企业收到投资者出资额超过其在注册资本或股本中所占份额的部分，以及其他资本公积的增加，借方登记企业以资本公积转增资本，以及其他资本公积的减少。期末余额在贷方，反映企业的资本公积实有数额。该账户按“资本（股本）溢价”“其他资本公积”等设置明细账，进行明细核算。其账户的结构如图3-3所示。

资本公积

资本公积转增资本	资本或股本溢价（超过注册资本或股本中所占份额）
	余：资本公积实有数额

图3-3 “资本公积”账户

（二）接受投资的账务处理

下面以天乐公司（一般纳税人）2020 年制造小型设备业务为例，说明有关接受投资经济业务核算。材料采用实际成本法。

【例 3-1】

7 月 1 日收到美多公司投入货币资金 500 000 元，款项已存入银行。

分析：该业务一方面使企业资产增加（资产类账户增加应记入借方），另一方面使所有者权益增加（所有者权益类账户增加应记入贷方）。应分别记入“银行存款”账户借方和“实收资本”账户贷方。会计分录为：

借：银行存款　　500 000

　　贷：实收资本——美多公司　　500 000

【例 3-2】

9 月 1 日天乐公司为了扩大生产规模，接受美多公司投入不需要安装的机器设备一台，评估确认该设备价值为 400 000 元（不考虑税费）。

分析：该业务一方面使企业资产增加（应记入借方），另一方面使所有者权益增加（应记入贷方）。应分别记入“固定资产”账户借方和“实收资本”账户贷方。会计分录为：

借：固定资产　　400 000

　　贷：实收资本——美多公司　　400 000

【例 3-3】

天乐公司去年成立时由 A、B 二人各出资 150 万元创建，注册资本 300 万元。本年 7 月 1 日，新投资者 C 加入，希望拥有公司三分之一的股权，已收到 C 投入资金 200 万元，其中，作为注册资本的份额为 150 万元。

分析：该项经济业务，一方面使企业银行存款增加，应记入“银行存款”账户的借方，另一方面新投资者 C 享有的资本份额相应增加，应记入“实收资本”账户的贷方，投资者 C 出资额超过其在注册资本中所占份额的部分作为资本溢价，应记入“资本公积”账户的贷方。会计分录为：

借：银行存款　　2 000 000

　　贷：实收资本——C　　1 500 000

　　　　资本公积——资本溢价　　500 000

知识拓展

注册资本、实收资本与投入资本

通俗地说，资本就是开办企业的本钱。注册资本是在工商行政管理部门登记的资本，是一种名义资本；实收资本是指企业实际筹集到的资本；投入资本是对投资者而言的，是投资者实际投入企业的资本数额。在我国要求实收资本与注册资本相一致。当实收资本比原注册资本增加或减少的幅度超过 20% 时，应持资金信用证明或者验资证明，向原登记主管机关申请变更登记。如擅自改变注册资本或抽逃资金，将受到工商行政管理部门的处罚。

二、借入款项业务核算

企业在生产经营过程中由于种种原因，经常需要向银行或其他非银行金融机构借入款项。借款按归还期限长短不同可分为长期借款和短期借款。短期借款是指归还期限在一年以内（含一年）的借款；长期借款是指归还期限在一年以上的借款。

（一）设置的主要账户

微课：
借入款项的核算

1.“短期借款”账户

该账户用来核算和监督企业借入期限在一年以内的各种借款。其贷方登记企业借入的短期借款的数额，借方登记归还数额，期末余额在贷方，表示企业尚未偿还的借款。该账户按债权人和借款种类设置明细账，进行明细分类核算。“短期借款”账户的结构如图 3–4 所示。

短期借款（负债类）

到期偿还短期借款本金的数额	借入短期借款本金的数额
	余：企业尚未偿还短期借款本金的数额

图 3–4 “短期借款”账户

2.“财务费用”账户

该账户用来核算企业为筹集生产经营所需资金等而发生的各种筹资费用，包括利息支出（减利息收入）、相关手续费以及汇兑损益等。借方登记发生的财务费用，贷方登记应冲减财务费用的利息收入以及期末转入“本年利润”账户的财务费用净额，结转后期末无余额。该账户的结构如图 3–5 所示。

财务费用（损益类）

因借款而发生的利息支出 为结算资金支付的手续费等	利息收入、汇兑收益、期末结转利润
结转后期末无余额	

图 3–5 “财务费用”账户

3.“应付利息”账户

该账户用来核算企业按照合同约定应支付的利息。贷方登记按合同利率计算确定的应付未付利息，借方登记实际支付的利息，期末余额在贷方，反映企业应付未付的利息。该账户应按债权人设明细账进行明细核算。账户结构如图 3–6 所示。

应付利息（负债类）

实际支付的利息	计算的应付利息
	余：应付未付的利息

图 3-6 “应付利息”账户

4.“长期借款”账户

该账户用来核算企业向银行或其他金融机构借入的期限在一年以上的各种借款。贷方登记借入的长期借款，借方登记归还的长期借款，期末余额在贷方，表示企业尚未偿还的长期借款。该账户应按照贷款单位和贷款种类，区别“本金”“利息调整”等进行明细核算。该账户的结构如图 3-7 所示。

长期借款（负债类）

归还的长期借款	借入的一年以上的借款
	余：尚未归还的长期借款

图 3-7 “长期借款”账户

（二）借入款项的账务处理

下面仍以天乐公司（一般纳税人）2020 年业务为例进行说明。

【例 3-4】

7 月 1 日，天乐公司因生产经营需要，向工商银行借入期限 3 个月的短期借款 300 000 元，合同规定借款期限为 3 个月，月末计息，按季支付利息，月利率 1%。所得款项已存入企业银行账户。该公司 7 月 1 日如何进行账务处理？

分析：该项经济业务，一方面使企业银行存款增加，“银行存款”增加记借方，另一方面使企业短期负债增加，应记入“短期借款”贷方。会计分录为：

借：银行存款　　300 000

　　贷：短期借款　　300 000

【例 3-5】

接例 3-4，天乐公司 7 月、8 月、9 月月末计息时如何进行账务处理？

分析：7 月 31 日天乐公司应计提利息但并没有支付，一方面财务费用增加，另一方面负债增加，财务费用增加记入借方，应付利息增加记入贷方。会计分录为：

借：财务费用　　3 000

　　贷：应付利息　　3 000

8 月月末、9 月月末计提利息时的会计分录同上。

【例 3-6】

接例 3-5，天乐公司 9 月月末如何进行账务处理？

分析：由于利息按季度支付，9 月月末应该偿还 3 个月的利息，同时借款期限为三个月，应该偿还借款本金。一方面使企业负债减少，另一方面使企业资产减少。涉及

“应付利息”“短期借款”“银行存款”三个账户（如果9月月末没有计提利息，还应涉及“财务费用”账户）。会计分录为：

借：应付利息　　9 000
　　短期借款　　300 000
　　贷：银行存款　　309 000

思考：如果此项短期借款7月月末、8月月末计提利息，9月月末的利息没有计提，该如何进行账务处理呢？

资金筹集业务会计分录要点见表3-1。

表3-1　资金筹集业务会计分录要点提示

经济业务	会计分录	备注
接受投资或追加投资时	借：银行存款/固定资产/无形资产等 贷：实收资本（或股本） 资本公积	投入资本超过注册资本股本中所占份额记入“资本公积”
取得借款时	借：银行存款 贷：短期借款	
每月月末分摊利息时	借：财务费用 贷：银行存款	当月利息当月支付
	借：财务费用 贷：应付利息	当月利息当月未支付，月末计提，定期支付
定期归还利息时	借：应付利息（各月计提利息之和） 贷：银行存款	归还当月利息不计提时，还应借“财务费用”
归还本金时	借：短期借款 贷：银行存款	

任务三　核算固定资产业务

一、固定资产的含义及核算内容

固定资产是指为生产产品、提供劳务、出租或经营管理而持有、使用寿命超过一个会计年度的有形资产。具有以下特征：是一种有形资产；持有的目的是为生产产品、提供劳务、出租或经营管理等；使用寿命超过一个会计年度等。

固定资产的核算内容包括：固定资产的取得；固定资产计提折旧；固定资产出售、损毁和报废等。

本教材只介绍固定资产取得和固定资产计提折旧的核算。

二、设置的主要账户

为了核算固定资产取得和固定资产折旧，应设置以下主要账户。

（一）“在建工程”账户

该账户用来核算企业基建、更新改造等在建工程发生的支出。该账户借方登记企业各项在建工程的实际支出，贷方登记工程达到预定可使用状态时转出的成本，期末借方余额表示已购入但尚未达到预定使用状态的在建工程实际成本。其账户结构如图 3–8 所示。

在建工程（资产类）

在建工程的实际支出	工程达到预定可使用状态时转出的成本等
余：未达到预定使用状态的在建工程成本	

图 3–8　“在建工程”账户

（二）“固定资产”账户

该账户用来核算企业持有的固定资产原价。该账户借方登记固定资产原价的增加，贷方登记固定资产原价的减少。期末余额在借方，反映企业期末固定资产的原价。该账户可按固定资产类别和项目进行明细核算。“固定资产”账户的结构如图 3–9 所示。

固定资产（资产类）

取得固定资产的原价	固定资产原价的减少
余：期末固定资产原价	

图 3–9　“固定资产”账户

（三）“累计折旧”账户

该账户是“固定资产”账户的备抵账户。它用来核算和监督固定资产因磨损等原因而减小的价值。该账户结构与“固定资产”账户的结构相反，其贷方登记固定资产因使用而造成的增加折旧的价值，借方登记固定资产折旧的减少额或转销额，期末余额在贷方，表示企业现有固定资产已计提累计折旧数额。该账户结构如图 3–10 所示。

累计折旧（资产类）

累计折旧的减少额或转销额	当期因使用而提取的折旧额
	余：已提取的累计折旧额

图 3–10　“累计折旧”账户

要点提示

固定资产在使用过程中虽然其实物形态保持不变，但其价值会因磨损、技术进步等原因而不断减少。由于管理的需要，“固定资产”账户只反映固定资产的原始价值，固定资产价值的减少需要通过设置“累计折旧”账户来反映。

三、固定资产有关业务核算

（一）取得固定资产的核算

微课：
固定资产取得业务的核算

固定资产的成本是指企业构建某项固定资产达到预定可使用状态前所发生的一切合理、必要的支出。企业可以通过外购、自行建造、接受投资等方式取得固定资产。不同取得方式下，固定资产成本的构成内容和确定方法也不尽相同。

外购固定资产的成本包括：购买价款、相关税费、使固定资产达到预定可使用状态前所发生的可归属于该项资产的运输费、装卸费、安装费和专业人员服务费等。外购固定资产分为购入不需要安装和购入需要安装的固定资产两类。

1. 购入不需要安装的固定资产

企业购入不需要安装的固定资产，按应计入固定资产成本的金额，借记“固定资产”“应交税费——应交增值税（进项税额）”科目，贷记“银行存款”等科目。

【例3-7】

2020年7月3日，天乐公司从美多公司（一般纳税人）购入生产设备一套，购入后即投入使用。取得增值税专用发票注明价款6 000 000元，增值税税额为780 000元，全部价款转账支付。

分析：本业务涉及“固定资产”“应交税费——应交增值税（进项税额）”“银行存款”三个账户。固定资产成本增加，应记入“固定资产”账户借方，同时记入“应交税费——应交增值税（进项税额）”账户借方；银行存款减少，应记入“银行存款”的贷方。会计分录如下：

借：固定资产　　6 000 000
　　应交税费——应交增值税（进项税额）　　780 000
　　贷：银行存款　　6 780 000

【例3-8】

2020年7月4日，天乐公司从美多公司（小规模纳税人）购入电脑一台，购入后即投入使用。取得增值税普通发票注明含税价为4 500元，全部价款使用银行存款支付。

分析：本业务销货方是小规模纳税人，只能开普通发票（征收率为3%），不可以抵扣进项税，只能将价款税款一起计入成本。所以，本业务涉及“固定资产”和“银行存款”两个账户，应记入“固定资产”账户借方和“银行存款”账户贷方。会计分录如下：

借：固定资产　　4 500
　　贷：银行存款　　4 500

2. 购入需要安装的固定资产

企业购入需要安装的固定资产，应先通过“在建工程”账户进行核算，待固定资产达到预定可使用状态后再计入固定资产成本。

【例 3-9】

2020 年 7 月 10 日，天乐公司从美多公司购入需要安装的大型生产设备一套，所取得增值税专用发票上注明价款 5 000 000 元，增值税税额为 650 000 元，全部价款已支付。

分析：7 月 10 日的业务中固定资产购入后需要安装，应先记入“在建工程”账户的借方，同时记入“应交税费——应交增值税（进项税额）”账户的借方。此外还涉及“银行存款”账户，应记入“银行存款”账户贷方。此时会计分录如下：

借：在建工程　　5 000 000
　　应交税费——应交增值税（进项税额）　　650 000
　　贷：银行存款　　5 650 000

【例 3-10】

接例 3-9，2020 年 7 月 12 日，天乐公司聘请专业人员对设备进行调试安装，发生调制安装费 5 000 元，用银行存款支付。

分析：7 月 12 日，对例 3-9 的在建工程进行安装，本业务涉及“在建工程”和“银行存款”两个账户，应记入“在建工程”账户借方和“银行存款”账户贷方。会计分录如下：

借：在建工程　　5 000
　　贷：银行存款　　5 000

【例 3-11】

接例 3-10，2020 年 7 月 15 日，天乐公司购进的生产设备达到预定可使用状态。

分析：7 月 15 日，在建工程达到预定可使用状态，此时需要将原记入“在建工程”账户的金额共 5 005 000（5 000 000+5 000）元转入“固定资产”账户。会计分录如下：

借：固定资产　　5 005 000
　　贷：在建工程　　5 005 000

（二）固定资产折旧的核算

1. 固定资产折旧的含义

固定资产折旧是指在固定资产使用寿命内，按照确定的方法对应计折旧额进行的系统分摊。其中，应计折旧额是指应当计提折旧的固定资产的原价扣除其预计净残值后的金额。已计提减值准备的固定资产，还应当扣除已计提的固定资产减值准备累计金额。

微课：固定资产折旧业务的核算

2. 固定资产折旧方法

固定资产计提折旧的方法主要包括平均年限法、工作量法、双倍余额递减法和年数总和法。本教材只介绍平均年限法和工作量法。

（1）平均年限法。平均年限法又称直线法，是指将固定资产的应计折旧额均衡地分摊到固定资产预计使用寿命内的一种方法。采用这种方法计算的每期折旧额均相等。计算公式如下：

预计净残值 = 固定资产原值 × 预计净残值率

年折旧额=（固定资产原值–预计净残值）÷ 预计使用年限

月折旧额=年折旧额 ÷12

【例 3-12】

天乐公司企业购入固定资产一套，总价值 205 万元，预计使用寿命 20 年，预计净残值 5 万元，则：

该固定资产的年折旧额 =（205-5）÷20 = 10（万元）

月折旧额 = 10÷12 = 0.83（万元）

（2）工作量法。工作量法是指根据实际工作量（如汽车的行驶里程、机器设备的工作小时等）计算每期应计提折旧额的一种方法。它是平均年限法的补充和延伸。其计算公式如下：

预计净残值 = 固定资产原值 × 预计净残值率

单位工作量折旧额=（固定资产原值–预计净残值）÷ 总工作量

月折旧额=当月工作量 × 单位工作量折旧额

【例 3-13】

天乐公司有运输车辆一辆，账面原值 35.8 万元，预计总行驶里程 50 万千米，净残值 0.8 万元，本月该车辆行驶 0.6 万千米，则本月该车辆的折旧按工作量法计算为：

单位里程折旧额 =（35.8-0.8）÷50 = 0.7（元）

本月折旧额 = 0.7×0.6 = 0.42（万元）

3. 固定资产折旧的核算

固定资产折旧费应根据固定资产的消耗部门，计入相应的产品成本或当期费用中。

【例 3-14】

7 月 31 日，计提当月固定资产折旧 20 000 元，其中生产车间固定资产折旧 18 000 元，企业管理部门固定资产折旧 2 000 元。

分析：计提折旧一方面表明生产费用或期间费用的增加，固定资产折旧费应按固定资产使用部门分配。生产车间、企业管理部门使用固定资产计提折旧，分别应记入“制造费用”“管理费用”账户借方；另一方面，固定资产计提折旧使累计折旧增加，应记入“累计折旧”账户贷方。会计分录为：

借：制造费用	18 000	
管理费用	2 000	
贷：累计折旧		20 000

固定资产业务的会计分录要点见表 3-2。

表 3-2　固定资产业务会计分录要点提示

经济业务	会计分录	备注
购入不需要安装的固定资产	借：固定资产 　　应交税费——应交增值税（进项税额） 　　贷：银行存款等	
购入需要安装的固定资产	借：在建工程 　　应交税费——应交增值税（进项税额） 　　贷：银行存款等	购入时
	借：在建工程 　　贷：银行存款	支付安装费
	借：固定资产 　　贷：在建工程	安装完工，固定资产达到预定可使用状态
计提固定资产折旧费	借：制造费用 　　管理费用 　　销售费用 　　贷：累计折旧	根据固定资产消耗部门，借记相关账户

任务四　核算材料采购业务

一、材料采购的含义及核算内容

材料采购就是采购企业生产所需的原材料。企业在材料采购过程中，一方面要从购货单位取得材料；另一方面要向材料供应商支付材料的买价和增值税，还会发生其他费用。材料采购业务核算内容概括如下：

（1）购买价款。购买价款是指企业购入材料的发票、账单上列明的价款，但不包括按规定可以抵扣的增值税税额。

（2）相关税费。相关税费是指企业购买材料发生的进口关税和不能抵扣的增值税进项税额等应计入材料采购成本的税费。

（3）采购费用。采购费用是指在材料采购过程中发生的，除上述各项以外的可归属于材料采购成本的费用。包括：①运杂费，包括运输费和装卸费、搬运费、保险费等其他杂费；②运输途中合理损耗；③入库前挑选整理费；④其他费用。

二、设置的主要账户

为了核算供应过程中材料采购的发生、货款的结算以及库存材料储备的形成情况，应设置下列账户：

（一）“在途物资”账户

该账户用来核算企业购入的各种材料的价款和采购费用，并据以计算材料的实际采购成本。借方登记购入材料的价款和采购费用，贷方登记入库材料的实际采购成本，期末借方余额表示已购入但尚未到达或尚未验收入库的在途材料实际成本。该账户按照材料品种或类别设置明细账。账户结构如图 3-11 所示。

在途物资（资产类）

购入材料或商品的实际成本	验收入库材料或商品的实际成本
余：在途材料或商品的实际成本	

图 3-11 “在途物资”账户

（二）“原材料”账户

该账户用来核算企业库存材料的增减变动及其结存情况。其借方登记验收入库材料的成本，贷方登记发出材料的成本，期末余额在借方，表示期末库存材料的成本。该账户可按材料的保管地点（仓库）、材料的类别、品种和规格等进行明细核算。账户的结构如图 3-12 所示。

原材料（资产类）

验收入库的材料成本	发出材料的成本
余：期末库存材料的成本	

图 3-12 “原材料”账户

（三）“应付账款”账户

该账户用来核算企业因采购材料物资、接受劳务供应等而与供应商发生的结算债务的增减变动及其结存情况。其贷方登记应付给供应商的货款，借方登记已偿还供应商的款项，期末余额一般在贷方，表示尚未偿还的应付账款的结余额。该账户按照供应商的名称设置明细账，进行明细分类核算。账户结构如图 3-13 所示。

应付账款（负债类）

企业偿还的应付款项	应付供应单位的款项
	余：尚未偿还的应付款项

图 3-13 “应付账款”账户

（四）“应付票据”账户

该账户用来核算企业购买材料开出并承兑商业汇票增减变动及其结余情况的账户。贷方登记企业因购买材料、商品等而开出承兑的商业汇票，借方登记已支付的商业汇票，期末余额在贷方，表示企业尚未到期的商业汇票。该账户结构如图 3–14 所示。

应付票据（负债类）

到期已支付或退回的商业汇票	企业开出并承兑的商业汇票
	余：期末尚未到期的商业汇票

图 3–14　“应付票据”账户

（五）“预付账款”账户

该账户用来核算企业按合同规定预付供应单位的货款的增减变动及其结余情况的账户。其借方登记预付供货单位的货款，贷方登记收到订购材料物资结算的价款，期末余额一般在借方，反映企业向供货单位预付的尚未结算的货款。该账户可按供应商进行明细核算。账户结构如图 3–15 所示。

预付账款（资产类）

预付供应单位款项的增加	收到供应单位提供的材料而减少的预付款项
余：尚未结算的预付款	

图 3–15　“预付账款”账户

（六）“应交税费”账户

该账户用来核算企业按照税法规定应缴纳的各种税费。“应交税费”账户贷方登记按税法规定计提的应交未交的各种税费，借方登记实际缴纳的各种税费，期末贷方余额表示期末应交而未交的税费，期末借方余额表示多交或尚未抵扣的税费。该账户应按税种设置明细账，进行明细分类核算。账户结构如图 3–16 所示。

应交税费（负债类）

实际缴纳的各种税费	计算出应交而未交的税费
余：多交或尚未抵扣的税费	余：应交而未交的税费

图 3–16　“应交税费”账户

（七）“应交税费——应交增值税”账户

“应交税费——应交增值税”账户下又设多个明细账户，即“进项税额”“销项税额”“已交税金”等。其借方登记企业购进货物或接受劳务支付的“进项税额”和当月上交的“已交税金”等，贷方登记企业销售货物或提供劳务应向购货方收取的“销项税额”和“进项税额转出”等，期末借方余额反映本期尚未抵扣的增值税，期末贷方余额反映本期尚未交纳的增值税。该账户结构如图 3–17 所示。

应交税费——应交增值税（负债类）

进项税额、已交税金等	销项税额、进项税额转出、出口退税等
余：期末尚未抵扣的增值税	余：期末尚未交纳的增值税

图 3-17 “应交税费——应交增值税”账户

三、材料采购有关业务核算

微课：
材料采购有关业务的核算

实际工作中，材料的日常收、发、结存可以根据企业实际情况采用实际成本法或计划成本法进行核算，本书仅以实际成本法为例进行讲解。

（一）材料已经验收入库、款项已经支付

【例 3-15】

2020 年 7 月 5 日，天乐公司从美多公司购入钢化玻璃 10 吨，根据增值税专用发票标明的材料价款每吨 3 000 元，计 30 000 元，增值税税率为 13%，税款 3 900 元，材料已经验收入库，货款以银行存款支付。

分析：这项经济业务涉及“原材料”“应交税费”和“银行存款”三个账户。一方面增加了库存材料、增值税进项税额，应记入“原材料”账户和“应交税费——应交增值税（进项税额）”账户的借方；另一方面，银行存款减少，应记入“银行存款”账户的贷方。会计分录如下：

借：原材料——钢化玻璃 30 000
　　应交税费——应交增值税（进项税额） 3 900
　　贷：银行存款 33 900

（二）材料已经验收入库、款项尚未支付

【例 3-16】

2020 年 7 月 10 日，天乐公司从美多公司购入钢材 15 吨，根据增值税专用发票标明的材料价款每吨 2 000 元，计 30 000 元；增值税税率为 13%，税款 3 900 元，材料已经验收入库，款项尚未支付。

分析：该项经济业务的发生，使企业材料采购成本增加了 30 000 元，增值税进项税额增加了 3 900 元，应分别记入“原材料”和“应交税费——应交增值税（进项税额）”账户借方，同时款项未付表明企业负债增加 33 900 元，应记入“应付账款”贷方。

借：原材料——钢材 30 000
　　应交税费——应交增值税（进项税额） 3 900
　　贷：应付账款——美多公司 33 900

【例 3-17】

接例 3-16，7 月 20 日，以银行存款偿还前欠美多公司购买钢材的货款、税款等 33 900 元。

分析：该项经济业务的发生，使银行存款和应付账款都减少了 33 900 元，应分别记入“应付账款”账户的借方和“银行存款”账户的贷方。

借：应付账款——美多公司　　33 900
　　贷：银行存款　　33 900

（三）材料尚未验收入库

【例 3-18】

2020 年 7 月 15 日，天乐公司从美多公司购入木材 5 吨，根据增值税专用发票标明的材料价款每吨 3 000 元，计 15 000 元；增值税税率为 13%，税款 1 950 元，货款已支付，材料尚未到达。

分析：该项经济业务发生，使企业材料采购成本增加了 15 000 元，但材料未到达，增值税进项税额增加了 1 950 元，应分别记入“在途物资”借方、“应交税费——应交增值税（进项税额）”借方，同时款项已支付表明企业银行存款减少了 16 950 元，应记入“银行存款”贷方。会计分录如下：

借：在途物资——木材　　15 000
　　应交税费——应交增值税（进项税额）　　1 950
　　贷：银行存款　　16 950

【例 3-19】

接例 3-18，7 月 18 日，从美多公司购入的木材到达企业，用现金支付搬运费 1 000 元后材料入库。

分析：该笔业务涉及两部分。第一，用现金支付搬运费。搬运费属于材料采购成本的一部分，应记入“在途物资”账户借方表示成本增加，用现金支付记入“库存现金”账户贷方。第二，材料到达入库表示在途材料减少，仓库材料增加，应从“在途物资”账户贷方转入“原材料”账户借方。会计分录如下：

借：在途物资——木材　　1 000
　　贷：库存现金　　1 000

同时，

借：原材料——木材　　16 000
　　贷：在途物资——木材　　16 000

（四）以预付款方式购买原材料

【例 3-20】

7 月 25 日，按与美多公司签订的合同规定，天乐公司通过银行预付给美多公司货款 3 000 元。

分析：该项经济业务中预付的货款一方面使企业的资产增加，另一方面使银行存款减少，属于资产内部一增一减，分别应记入“预付账款”账户的借方和“银行存款”账户的贷方。

借：预付账款——美多公司　　3 000
　　贷：银行存款　　3 000

【例 3-21】

接例 3-20，7 月 29 日，天乐公司从美多公司购入原材料 10 吨，根据增值税专用发票标明的材料价款每吨 1 000 元，计 10 000 元；增值税税率为 13%，税款 1 300 元，材料验收入库。根据合同约定，补付货款 8 300 元。

分析：该项经济业务的发生，使企业材料采购成本增加 10 000 元，增值税进项税额增加 1 300 元，应分别记入“原材料”和“应交税费——应交增值税（进项税额）”账户借方，同时预付款项增加表明企业资产减少 11 300 元。随后，又补付货款 8 300 元，分别记入“预付账款”账户借方和“银行存款”账户贷方。

借：原材料　　10 000
　　应交税费——应交增值税（进项税额）　　1 300
　　贷：预付账款　　11 300

同时，

借：预付账款　　8 300
　　贷：银行存款　　8 300

思考：例 3-20 中若预付给美多公司的货款为 20 000 元，后期采购材料 11 300 元时，该如何进行账务处理呢？

材料采购业务会计分录要点见表 3-3。

微课：材料采购成本计算与账务处理

表 3-3　材料采购业务会计分录要点提示

经济业务	会计分录	备注
购买材料，材料已入库	借：原材料 　　应交税费——应交增值税（进项税额） 　　贷：银行存款	货款已付
赊购材料，材料已入库	借：原材料 　　应交税费——应交增值税（进项税额） 　　贷：应付账款 / 应付票据等	材料价款，运杂费均记入“原材料”账户
	借：应付账款 / 应付票据 　　贷：银行存款	支付欠款 / 票据到期付款
购买材料，材料未入库	借：在途物资 　　应交税费——应交增值税（进项税额） 　　贷：银行存款 / 应付账款等	材料价款，运杂费等均记入“在途物资”账户
	借：原材料 　　贷：在途物资	入库时
预付款购买材料	借：预付账款 　　贷：银行存款	预付款时
	借：原材料 / 在途物资 　　应交税费——应交增值税（进项税额） 　　贷：预付账款	预付账款方式下
	借：预付账款 　　贷：银行存款	补付货款
	借：银行存款 　　贷：预付账款	收回多预付款

任务五　核算产品生产业务

一、产品生产含义及核算内容

生产费用是指与企业日常生产经营活动有关的费用，按其经济用途可分为直接材料、直接人工和制造费用。直接材料是为了生产某种产品而使用的材料费；直接人工是为了生产某种产品而应支付的工资和福利费等；制造费用是生产车间为生产产品和提供劳务而发生的费用。由此，可将产品生产业务的核算内容概括为以下方面：

（1）计算分配材料费用；

（2）计算分配工资及福利费用；

（3）计提固定资产折旧费；

（4）支付其他各种费用；

（5）计算分配制造费用；

（6）计算结转完工产品成本。

二、设置的主要账户

（一）“生产成本”账户

微课：产品生产有关费用的核算

该账户用来核算和监督为制造产品而发生的各种费用。借方登记本期发生的各种直接材料、直接人工以及期末按照一定的方法分配计入产品成本的制造费用；贷方登记结转完工入库产品的实际生产成本。期末如有借方余额，表示尚未完工的在产品成本。该账户按产品品种或类别设置明细账，进行明细核算。账户结构如图 3–18 所示。

生产成本（成本类）

发生的直接材料、直接人工、其他直接费用、结转制造费用	结转完工入库产品的实际成本
余：尚未完工的在产品成本	

图 3–18　“生产成本”账户

（二）“制造费用”账户

该账户用来归集和分配企业生产车间、部门为生产产品和提供劳务而发生的各项间接费用，包括车间管理人员的工资及福利费、折旧费、修理费、办公费、水电费等。其借方登记月份内发生的各种制造费用；贷方登记分配结转应由各种产品成本负担的制造费用；期末结转后一般无余额。该账户可按不同车间设置明细分类账户，进行明细核算。账户结构如图 3–19 所示。

制造费用（成本类）

归集车间发生的各项间接费用	期末分配转入“生产成本”账户数额
期末结转后该账户无余额	

图 3-19 “制造费用”账户

（三）“应付职工薪酬”账户

该账户用来核算企业根据有关规定应付给职工的各种薪酬。其贷方登记计算应付职工的薪酬；借方登记实际支付的薪酬；期末贷方余额，反映企业应付未付的职工薪酬。该账户可按“工资”“职工福利”等进行明细分类核算。账户结构如图 3-20 所示。

应付职工薪酬（负债类）

支付的职工工资	月末分配的职工工资
	余：应付未付的职工薪酬

图 3-20 “应付职工薪酬”账户

（四）“库存商品”账户

该账户用来核算企业库存的各种商品的增减变动及其结存情况。借方登记完工入库产品成本的增加；贷方登记库存商品成本的减少。期末余额在借方，反映企业库存商品的结存金额。该账户应按库存商品的品种或类别设置明细分类账户，进行明细分类核算。账户结构如图 3-21 所示。

库存商品（资产类）

本期结转入库产成品成本	本期发出产成品成本
余：期末库存产成品成本	

图 3-21 “库存商品”账户

（五）“管理费用”账户

该账户用来核算企业行政管理部门为组织和管理生产经营活动发生的各项费用。其借方登记企业发生的各项管理费用，贷方登记期末结转至“本年利润”账户的管理费用数额，结转后该账户无余额。可按费用种类设置明细账，进行明细分类核算。账户结构如图 3-22 所示。

管理费用（损益类）

企业管理部门发生的各项费用	期末结转至“本年利润”的数额
期末结转后无余额	

图 3-22 “管理费用”账户

三、产品生产有关业务核算

（一）发出材料业务核算

微课：
发出材料计价方法

1. 发出材料成本的计算

企业购进原材料是为了生产时领用，由于企业在不同时间购入的材料价格是不相等的，所以在领用材料时应选用一定的计价方法，以确定其实际成本。发出材料计价方法主要有如下几种：

（1）先进先出法。先进先出法是假定“先购进的材料先发出”，确认与计量发出存货和结存存货成本的一种方法。采用该方法对存货进行计价时，每一次购入、发出或结存存货的数量、单价和金额必须记录清楚，并按照“先进先出”原则，对本期发出存货和期末存货进行计价。

【例 3-22】

假定天乐公司 2020 年 7 月 A 材料收发及结存情况如下，根据所给材料，按照先进先出法，确定发出材料和结存材料的成本如表 3-4 所示。

表 3-4　原材料明细账

材料名称：A 材料　　　　单位：元 / 千克

2020 年		摘要	收入			发出			结存		
月	日		数量	单价	金额	数量	单价	金额	数量	单价	金额
7	1	结存							300	1.00	300.00
	5	购入	300	1.1	330.00				300 300	1.00 1.10	300.00 330.00
	11	发出				300 100	1.00 1.10	300.00 110.00	200	1.10	220.00
	16	购入	300	1.15	345.00				200 300	1.10 1.15	220.00 345.00
	20	发出				200 100	1.10 1.15	220.00 115.00	200	1.15	230.00
	25	购入	100	1.20	120.00				200 100	1.15 1.20	230.00 120.00
	31	合计	700		795.00	700		745.00	300		350.00

（2）月末一次加权平均法。月末一次加权平均法是以期初结存存货数量和本期增加的各批存货数量为权数，对各批存货的单位成本进行加权平均，计算出加权平均单位成本，据以对存货进行计价的方法。计算公式如下：

$$\text{加权平均单位成本}=\frac{\text{期初结存存货的实际成本}+\text{本期收入存货的实际成本}}{\text{期初结存存货的数量}+\text{本期收入存货的数量}}$$

$$\text{本期发出存货成本}=\text{本期发出存货数量}\times\text{加权平均单位成本}$$

$$\text{期末结存存货成本}=\text{期末结存存货数量}\times\text{加权平均单位成本}$$

【例 3-23】

如例 3-22，如果发出材料采用一次加权平均法，计算方法如下：

$$加权平均单位成本=\frac{300+330+345+120}{300+300+300+100}=1.095（元/千克）$$

本期发出材料成本 =（400+300）×1.095=766.5（元）

期末结存材料成本 =300×1.095=328.5（元）

按月末一次加权平均法确定发出材料和结存材料的成本如表 3-5 所示。

表 3-5 原材料明细账

材料名称：A 材料　　　　单位：元 / 千克

2020 年		摘要	收入			发出			结存		
月	日		数量	单价	金额	数量	单价	金额	数量	单价	金额
7	1	结存							300	1.00	300.00
	5	购入	300	1.1	330.00				600		
	11	发出				400			200		
	16	购入	300	1.15	345.00				500		
	20	发出				300			200		
	25	购入	100	1.20	120.00				300		
	31	合计	700		795.00	700	1.095	766.50	300	1.095	328.50

微课：费用与成本你分得清吗？

2. 发出材料业务的核算

企业在生产过程中，为生产产品以及组织和管理企业的经营活动，必然会耗用企业的库存材料。生产或管理领用材料，一方面使企业的库存材料减少，另一方面使企业的各项生产费用增加。企业发生的材料费用一般应按领用部门和用途进行归集，并按其用途分配计入产品成本或期间费用。

要点提示

对生产车间直接用于某种产品生产的原材料，可直接计入该产品“生产成本”；对几种产品共同耗用的原材料，应采用适当方法分配后分别计入不同产品生产成本；生产车间公共消耗的原材料，应记入“制造费用”账户；对企业行政管理部门消耗的材料，应记入“管理费用”账户。

【例 3-24】

7 月 30 日，天乐公司仓库根据发料单编制的发出材料汇总表如表 3-6 所示。

表 3-6 发出材料汇总表

项 目	A 材料		B 材料		合计／元
	数量／kg	金额／元	数量／kg	金额／元	
生产甲产品耗用	2 000	30 000.00	1 500	15 000.00	45 000.00
生产乙产品耗用	1 000	15 000.00	2 000	20 000.00	35 000.00
车间一般耗用	100	1 500.00	110	1 100.00	2 600.00
管理部门耗用	50	750.00	30	300.00	1 050.00
合计	3 150	47 250.00	3 640	36 400.00	83 650.00

分析：生产甲、乙产品耗用材料，使得产品生产成本增加，应记入“生产成本”账户的借方。车间耗用材料，使得间接费用增加，应记入“制造费用”账户借方。管理部门耗用材料，使得期间费用增加，应记入“管理费用”账户的借方；同时，仓库发出原材料，使得资产减少，应记入“原材料”账户的贷方。

借：生产成本——甲产品　　45 000

　　　　　　——乙产品　　35 000

　　制造费用　　2 600

　　管理费用　　1 050

　　贷：原材料——A 材料　　47 250

　　　　　　　——B 材料　　36 400

（二）人工费用核算

人工费用主要是指应付职工的各种薪酬，包括各种工资、奖金、津贴和补贴，职工福利费，医疗、失业、工伤、生育等社会保险费，住房公积金，工会经费，职工教育经费等。人工费用应按发生地点进行归集，并按其用途分配计入产品成本和期间费用。

要点提示

直接从事产品生产人员的人工费用，直接记入“生产成本”账户。几种产品共同发生的人工费用，应采用适当的标准和方法，将人工费用在各种产品之间进行分配，分别记入各产品生产成本明细账中。生产部门管理人员的人工费用，应记入“制造费用”账户；企业管理人员的人工费用，应记入“管理费用”账户；销售机构人员的人工费用，应记入“销售费用”账户。

【例 3-25】

7 月 30 日，计提本月应付职工工资 57 000 元。其中：甲产品生产工人工资 20 000 元，乙产品生产工人工资 10 000 元；共同生产甲、乙产品生产工人的工资 18 000 元（共同工资按生产工时进行分配，甲产品生产工时 2 000 工时，乙产品生产工时 1 000 工时）；车间管理人员工资 4 000 元；企业管理人员工资 5 000 元。

根据上述资料，按产品生产工人工时，对 A、B 产品共同发生的人员工资费用分配如下：

分配率 =18 000÷（2 000+1 000）=6（元 / 工时）

甲产品应负担的共同工资费用 =2 000×6=12 000（元）

乙产品应负担的共同工资费用 =1 000×6=6 000（元）

甲产品应负担的总工资费用 =20 000+12 000=32 000（元）

乙产品应负担的总工资费用 =10 000+6 000=16 000（元）

分析：计提当期人工费用，一方面使人工费增加 57 000 元，其中：计提生产工人工资使“生产成本”增加 32 000 元 +16 000 元；计提车间管理人员工资使“制造费用”增加 4 000 元；计提行政管理人员工资，使“管理费用”增加 5 000 元，分别记入成本费用账户借方；另一方面应付未付的工资，使企业负债增加 57 000 元，应记入“应付职工薪酬——工资”账户贷方。

借：生产成本——甲产品　　32 000

　　　　　　——乙产品　　16 000

　　制造费用　　4 000

　　管理费用　　5 000

　　贷：应付职工薪酬——工资　　57 000

知识拓展

制造费用是怎么计入产品成本的？

制造费用是产品生产成本的重要组成部分，正确地归集、分配制造费用，关系到产品生产成本计算的准确性。制造费用在发生时，一般无法直接判定其应归属的成本核算对象，不能直接计入产品生产成本，而应先在“制造费用”账户进行归集汇总，期末再采用一定的分配标准和方法，分配计入相关产品的生产成本。

（三）其他消耗业务核算

企业在生产过程中，除了领用材料、发放工资，还会发生折旧费、水电费、办公费、差旅费、财产保险费等费用，这是产品生产过程中必不可少的。

【例 3-26】

7 月 30 日，计提当月固定资产折旧 7 600 元，其中生产车间固定资产折旧 5 600 元，企业管理部门固定资产折旧 2 000 元。

分析：生产车间使用的固定资产计提的折旧，应记入“制造费用”账户借方；企业管理部门使用的固定资产计提的折旧，应记入“管理费用”账户借方；同时，固定资产计提折旧使累计折旧增加，应记入“累计折旧”账户贷方。会计分录如下：

借：制造费用 5 600

  管理费用 2 000

  贷：累计折旧 7 600

【例 3-27】

7 月 31 日，通过银行支付本月水电费 3 000 元，其中车间水电费 2 000 元，管理部门 1 000 元，会计分录如下。

分析：车间、厂部水电费的耗用使得费用增加，应记入“制造费用”和“管理费用”账户的借方；同时，企业用银行存款支付水电费使得资产减少，应记入“银行存款”账户的贷方。

借：制造费用 2 000

  管理费用 1 000

  贷：银行存款 3 000

【例 3-28】

7 月 20 日，支付前半月办公费 3 460 元，其中车间 2060 元，管理部门 1 400 元。

分析：企业支付办公费按车间和管理部门应分别记入“制造费用”和“管理费用”账户；同时，也使企业的银行存款减少了 3 460 元。会计分录如下：

借：制造费用 2 060

  管理费用 1 400

  贷：银行存款 3 460

四、产品生产成本计算与结转

说明：此部分属于期末业务，应在项目七“期末业务处理——期末账务核算”中讲授，但为了核算数据连贯、核算思路不被其他业务所中断，故把供产销所有业务放在一起。

期末完工产品生产成本的核算分为以下两个步骤进行：

（一）归集、分配与结转制造费用核算

根据“制造费用”账户归集本月发生的制造费用金额，归集完成后将制造费用以生产工时、机器工时、生产工人工资、耗用直接材料成本等标准在不同的产品间进行分配。

下面根据例 3-24 ～例 3-28 的业务资料，说明制造费用的归集与分配。

1. 归集制造费用（用“T”字形账户表示）

【例 3-29】

对天乐公司 2020 年 7 月制造费用进行归集。

微课：

产品生产成本计算与会计处理

分析：结合“T”字形账户，将发出材料业务核算、人工费用核算、其他消耗业务核算生产过程、直接人工计算过程中牵扯到制造费用账户的金额在此归集如图 3-23 所示。

借方	制造费用 贷方
① 2 600（例 3-24） ② 4 000（例 3-25） ③ 5 600（例 3-26） ④ 2 000（例 3-27） ⑤ 2 060（例 3-28）	
发生额合计 16 260	

图 3-23 “制造费用”账户归集

2. 分配制造费用

【例 3-30】

接例 3-29，7 月 31 日，天乐公司将本月发生的制造费用按生产工人工时比例分配计入甲、乙产品的生产成本。甲产品生产工时为 2 000 小时，乙产品生产工时为 1 000 小时。

分析：对于这项经济业务，首先计算制造费用总额，根据前例“T”字形账户归集的材料费用、人工费用和固定资产折旧等其他间接费用，计算出本期的制造费用总额为 16 260 元；其次按生产工人的工时比例进行分配并计算制造费用分配率；最后确定每种产品应负担的制造费用数额。

制造费用分配率 = 制造费用总额 ÷ 生产工人工时之和

= 16 260 ÷（2 000+1 000）

= 5.42（元 / 小时）

甲产品负担的制造费用 =2 000×5.42=10 840（元）

乙产品负担的制造费用 =16 260−10 840=5 420（元）

编制制造费用分配表，如表 3-7 所示。

表 3-7 制造费用分配表

项目	生产工时 / 小时	制造费用	
		分配率	金额 / 元
甲产品	2 000		10 840
乙产品	1 000	5.42	5 420
合计	3 000		16 260

3. 结转制造费用

将分配结果计入不同产品的成本，使得不同产品的成本增加，应记入“生产成本”账户的借方；同时，制造费用分配额结转至产品生产成本后，制造费用减少，应记入“制造费用”账户的贷方，结转后“制造费用”账户应无余额。

天乐公司2020年7月结转制造费用会计分录如下：

借：生产成本——甲产品　　10 840

——乙产品　　5 420

贷：制造费用　　16 260

（二）计算并结转本月完工产品成本

产品成本计算是指在产品完工之后，根据生产成本明细账及完工产品入库单，编制产品成本计算单，计算验收入库的完工产品总成本和单位成本，为确定库存商品入账价值和计算产品销售成本提供计价依据。

产品成本结转是指将完工产品成本转入库存商品的过程编制成记账凭证并据以登记入账。

【例3-31】

接例3-24～例3-30资料，7月31日，天乐公司生产的甲、乙两种产品完工情况如下：甲产品200件全部完工验收入库；乙产品150件，其中完工入库产品100件，在产品50件，在产品成本为10 058元（直接材料74 30元，直接人工1 628元，制造费用1 000元）。计算甲、乙两种产品的生产成本，并结转完工产品生产成本（假定甲、乙产品均在本月投入生产）。

根据前述资料分别计算甲、乙产品的生产成本如表3-6、表3-7所示。

1. 计算产品生产成本

分析：甲、乙产品的生产成本均由直接材料、直接人工和制造费用三部分组成。根据例3-24～例3-30的资料，本月甲产品生产的全部完工，那么组成甲产品的料、工、费全部计算为生产成本，甲产品生产成本=直接材料45 000+直接人工32 000+制造费用10 480元如表3-8所示。

表3-8　甲产品成本计算单

完工数量：200件，　在产品数量：0件　　单位：元

成本项目	甲产品	
	总成本	单位成本
直接材料	45 000	225.00
直接人工	32 000	160.00
制造费用	10 840	54.20
生产成本	87 840	439.20

而乙产品本月生产150件，完工100件，在产品50件，完工乙产品成本=乙产品生产成本－在产乙产品成本，在产品中包含的料工费由题目条件可知，完工乙产品的生产成本=直接材料（35 000−7 430）+直接人工（16 000−1 628）+制造费用（5 420−1 000）。甲、乙产品的完工产品生产成本可以通过编制甲、乙产品的成本计算单来表示，如表3-9所示。

表 3-9 乙产品完工产品成本计算单

完工数量：100 件， 在产品数量：50 件 单位：元

成本项目	乙产品	
	总成本	单位成本
直接材料	27 570	275.70
直接人工	14 372	143.72
制造费用	4 420	44.20
生产成本	46 362	463.62

2. 结转产品的生产成本

产品生产完工验收入库时，一方面使仓库中的产成品增加，另一方面使产品在生产过程中占用的资金减少，所以，例 3-31 中结转甲、乙产品的生产成本应记入“库存商品”账户的借方和“生产成本”账户的贷方。会计分录如下：

借：库存商品——甲产品 87 840

——乙产品 46 362

贷：生产成本——甲产品 87 840

——乙产品 46 362

期末完工产品成本的计算与结转可用图 3-24 直观地进行描述。

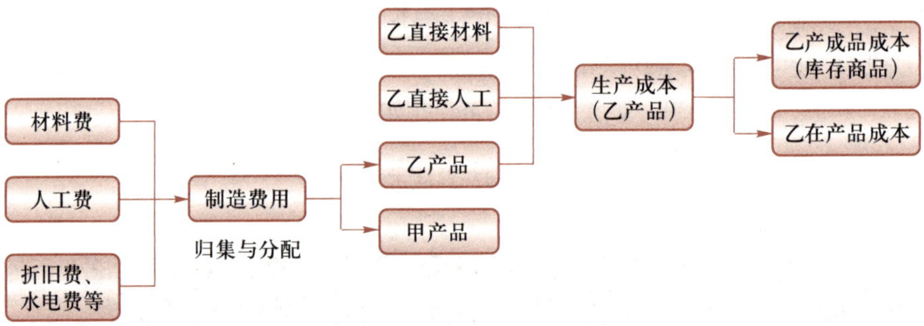

图 3-24 期末完工产品成本的计算结转

产品生产业务会计分录要点提示见表 3-10。

表 3-10 产品生产业务会计分录要点提示

经济业务	会计分录	备注
核算材料费用	借：生产成本（某产品生产领用） 制造费用（车间领用材料）（P1） 管理费用（管理部门领用） 销售费用（销售部门领用） 贷：原材料	制造费用中车间领用材料，“原材料”可按材料类别开设明细账

续表

经济业务	会计分录	备注
核算人工费用	借：生产成本（某产品生产工人工资） 　　制造费用（车间管理人员工资）（P2） 　　管理费用（行政管理人员工资） 　　销售费用（销售人员工资） 　　贷：应付职工薪酬	制造费用中车间管理人员工资
计提固定资产折旧	借：制造费用（P3） 　　管理费用 　　销售费用 　　贷：累计折旧	车间固定资产折旧费
支付其他各种费用	借：制造费用（车间办公费、水电费…）（P4） 　　管理费用（行政管理部门办公费、水电费…） 　　销售费用（销售部门办公费、水电费…） 　　贷：库存现金	车间办公费、水电费
归集并分配制造费用	借：生产成本——X 产品 　　　　　　——Y 产品 　　贷：制造费用（P1+P2+P3+P4+…）	1. 制造费用分配率 = 本月的制造费用总额 ÷ 各种产品分配标准之和 2. 某产品应分配制造费用 = 该产品分配标准 × 制造费用分配率
计算并结转完工产品成本	借：库存商品——X 产品 　　　　　　——Y 产品 　　贷：生产成本——X 产品 　　　　　　　　——Y 产品	某产品生产成本 = 直接材料 + 直接人工 + 该产品应分配的制造费用

任务六　核算产品销售及其他业务

一、产品销售的含义及核算内容

销售过程是企业以一定方式将产品销售给购货单位，并按销售价格取得销售收入的过程，也是企业产品价值实现的过程。通过这一过程可使成品资金转化为货币资金。销售过程核算的主要内容包括：销售收入的核算；销售成本的结转；销售费用的核算。

微课：
领会产品销售含义及内容

二、设置的主要账户

（一）“主营业务收入”账户

该账户用来核算企业销售商品、提供劳务等主营业务所取得的收入。其贷方登记企业实现的收入，即收入的增加，借方登记期末转入“本年利润”账户的收入，结转后“主营业务收入”账户期末应无余额。该账户可按主营业务种类设置明细账，进行明细核算。账户结构如图 3–25 所示。

主营业务收入（损益类）

期末结转至“本年利润”的数额	本期发生的产品销售收入
	期末结转后无余额

图 3–25 “主营业务收入”账户

（二）“主营业务成本”账户

该账户用来核算企业确认销售商品、提供劳务等主营业务收入时应结转的成本。其借方登记本期销售成本的增加；贷方登记期末转入“本年利润”账户的主营业务成本；期末结转后无余额。该账户可按主营业务的种类设置明细账，进行明细核算。账户结构如图 3–26 所示。

主营业务成本（损益类）

计算应结转的销售成本	期末结转至“本年利润”的数额
期末结转后无余额	

图 3–26 “主营业务成本”账户

（三）“应收账款”账户

该账户用核算企业因销售商品或提供劳务等，而向购货单位或接受劳务单位收取货款的结算情况，为购货单位垫付的各种款项也在该账户核算。其借方登记企业应向购货单位或接受劳务单位收取的款项和代购货单位垫付的包装费、运杂费；贷方登记已收回的各种应收款项；期末余额一般在借方，反映企业尚未收回的各种应收款项。该账户应按不同购货单位或接受劳务单位设置明细账，进行明细核算。账户结构如图 3–27 所示。

应收账款（资产类）

销售产品尚未收取的价款、税金和代垫运费等	已经收回的应收款项
余：尚未收回的应收账款	

图 3–27 “应收账款”账户

德技并修

衡量会计人员的道德标准“不做假账”

2015 年，风华高科公司在开展贸易业务时，形成约 6 319 万元的应收账款，公司对应收债权并没有抵押物等担保，几次向债务人催款未果。为了解决应收账款账目挂账问题，将本该计提的坏账准备，通过眼花缭乱的方式来延期计提，使得利润表相对好看，变相地虚增了利润。风华高科 2016 年半年度报告和年度报告均虚增利润超过 6 000 万元，分别占当期利润总额的 60.21% 和 33.05%。对此，证监会对公司处以 40 万元罚款，并对涉案的 26 名公司人员加以处罚。而这 26 人名单中，三任董事长就赫然在列。这三人都是这起违法违规事件的始作俑者，被处罚金都是 20 万元，也是涉案人员中被处罚力度最大的。

启示:《会计法》第四十五条规定，授意、指使、强令会计机构、会计人员及其他人员伪造、变造会计凭证、会计账簿，编制虚假财务会计报告或者隐匿、故意销毁依法应当保存的会计凭证、会计账簿、财务会计报告，构成犯罪的，依法追究刑事责任；尚不构成犯罪的，可以处五千元以上五万元以下的罚款；属于国家工作人员的，还应当由其所在单位或者有关单位依法给予降级、撤职、开除的行政处分。该案例中风华高科通过操纵“应收账款”来虚增利润，三任董事长是始作俑者，风华高科三位董事长对会计人员会计造假问题不予以纠正，这种行为严重损害会计行业信誉和会计从业人员的形象，最终难逃法律惩罚。

2001 年 10 月 29 日朱镕基在视察北京国家会计学院后，题词“诚信为本，操守为重，坚持准则，不做假账”，明确提出会计人员要做老实人，说老实话，办老实事，不搞虚假。同时会计职业道德将诚实守信定义为会计人员职业素养的最高境界，是职业道德的根本和精髓，本案中证监会对公司处以 40 万元罚款，并对涉案的 26 名公司人员加以处罚。此处 26 名会计人员将会计职业道德抛之脑后，为了一己私利，弄虚作假，这是整个社会严重唾弃的，最终受到处罚也是理所当然。

总之，诚信是我国社会主义市场经济发展的基石，不做假账是每一名会计人员的基本道德规范，是衡量会计人员的重要标准，更是每一名会计人员对社会的责任与承诺。从高层主管到会计人员，都要秉持诚实守信的职业道德，守护做人之本。

（四）“应收票据”账户

该账户用来核算企业因销售商品或提供劳务等，收到购货单位的商业承兑汇票或银行承兑汇票增减变动及其结余情况的账户。借方登记企业因销售商品收到的商业汇票；贷方登记企业收回款项或贴现减少的商业汇票；期末借方余额，反映企业尚未到期收回的商业汇票。该账户可按开出承兑商业汇票的单位进行明细核算。账户结构如图 3-28 所示。

应收票据（资产类）

企业收到承兑的商业汇票	到期收回及贴现的商业汇票
余：尚未到期的商业汇票	

图 3-28 “应付票据”账户

为了了解每一应收票据的具体结算情况，企业应设置“应收票据备查簿”，逐笔登记每一应收票据的详细资料。

（五）“合同负债”账户

该账户为负债类账户，核算企业已收或应收客户对价而应向客户转让商品或服务的义务。借方登记企业履行履约义务时，冲减的合同负债的金额，贷方登记企业收到客户对价但未履行义务时，确认的合同负债金额，期末余额一般在贷方，反映企业尚未履行义务的合同负债总额，该账户按客户名称或合同编号设置明细账，进行明细核算。账户结构如图 3–29 所示。

合同负债（负债类）

企业履行履约义务时，冲减的合同负债的金额	企业收到客户对价但未履行义务时，确认的合同负债金额
	余：企业尚未履行义务的合同负债总额

图 3–29 “合同负债”账户

（六）“销售费用”账户

该账户用来核算企业销售商品和材料、提供劳务的过程中发生的各种费用，包括包装费、运输费、装卸费、展览费、广告费以及为销售本企业产品而专设的销售机构的职工工资、福利费、业务费等经营费用。其借方登记发生的各种销售费用，贷方登记期末转入“本年利润”账户的数额，结转后应无余额。该账户按照费用项目设置多栏式明细分类账户，进行明细分类核算。账户结构如图 3–30 所示。

销售费用（损益类）

销售产品发生的展览费、广告费、运输费以及专设销售机构人员的工资等	借方归集的费用期末转入本年利润的数额
期末结转后无余额	

图 3–30 “销售费用”账户

（七）“其他业务收入”账户

该账户用来核算企业除主营业务收入以外的其他销售或其他业务的收入。其贷方登记企业本期其他业务发生的、按收入确定原则应确认为本期的各项收入，借方登记期末转入“本年利润”账户贷方的数额，结转后该账户无余额。该账户应按其他业务种类设置明细账，进行明细分类核算。账户结构如图 3–31 所示。

其他业务收入（损益类）

期末转入“本年利润”的数额	本期发生的各项其他业务收入
	期末结转后无余额

图 3–31 “其他业务收入”账户

（八）“其他业务成本”账户

该账户用来核算企业其他业务成本的发生及其结转情况。该账户的借方登记各种其他业务发生的成本、费用和税金支出数额，贷方登记期末转入“本年利润”账户的其他业务成本数额，期末结转后该账户无余额。账户结构如图3-32所示。

其他业务成本（损益类）

本期发生的各项其他业务成本、费用等	期末转入“本年利润”账户的数额
期末结转后无余额	

图3-32　“其他业务成本”账户

其他业务收入包括材料销售、代购代销、固定资产出租、包装物出租等所取得的收入。企业在获得其他业务收入的同时，相应会发生有关的成本、费用和税金支出，如售出原材料的成本，其他业务应负担的税金、折旧、修理费等。由于其他业务相对主营业务发生较少，按重要性原则的要求，将与其他业务有关的成本、费用和税金支出等，统称为其他业务成本，不再分类核算。

三、产品销售及其他业务核算

（一）现销业务账务处理

【例3-32】

7月3日，天乐公司向美多公司销售甲产品20件，每件600元，价款为12 000元，增值税税额为1 560元，款项已收存银行。

分析：该项业务收到的款项使得企业的资产增加，销售商品使得实现的收入增加，应记入“银行存款”账户的借方和“主营业务收入”的贷方，销售货物收取的增值税，在一般纳税人企业，应记入“应交税费——应交增值税”账户贷方的销项税专栏。

借：银行存款　　13 560

　　贷：主营业务收入——甲产品　　12 000

　　　　应交税费——应交增值税（销项税额）　　1 560

微课：销售收入有关业务的核算

（二）赊销业务账务处理

【例3-33】

7月8日，天乐公司向美多公司销售甲产品50件，每件800元，价款为40 000元，增值税税额为5 200元，款项均未收到。销售乙产品100件，每件1 000元，增值税税额13 000元。

分析：企业应收美多公司的债权增加，同时商品已销售并取得收款权利，表明收入增加，应分别记入“应收账款”账户的借方和“主营业务收入”的贷方。收取的增值税在一般纳税企业，应记入“应交税费——应交增值税”账户贷方的销项税额专栏。

借：应收账款——美多公司 158 200

贷：主营业务收入——甲产品 40 000

——乙产品 100 000

应交税费——应交增值税（销项税额） 18 200

【例 3-34】

接例 3-33，7 月 20 日，天乐公司收回美多公司应收款项 101 700 元。

分析：该项经济业务，“银行存款”账户增加 33 900 元，“应收账款”账户减少 33 900 元，分别记入“银行存款”账户借方和“应收账款”账户贷方。

借：银行存款 33 900

贷：应收账款——美多公司 33 900

（三）预收货款账务处理

【例 3-35】

7 月 10 日，天乐公司根据与美多公司签订的合同，预收美多公司订货款 60 000 元。

分析：根据权责发生制原则，在货物发出前，企业预收的货款，不能确认为本期收入，而应在确认资产增加的同时确认负债的增加。资产增加应记入“银行存款”账户借方，同时应将收到的款项作为一项负债记入“合同负债”账户贷方。

借：银行存款 60 000

贷：合同负债——美多公司 60 000

【例 3-36】

接例 3-35，7 月 15 日，天乐公司根据合同规定，向美多公司发出甲产品 100 件，每件 600 元，货款为 60 000 元，增值税税额为 7 800 元。

分析：该项经济业务，一方面使企业的合同负债减少，另一方面销售商品实现的收入使得企业收入增加。在冲减“合同负债”记入借方的同时，应记入“主营业务收入”账户的贷方。另外，销售货物收取的增值税，在增值税一般纳税人企业，应记入“应交税费——应交增值税”账户贷方的销项税额专栏。

借：合同负债——甲产品公司 67 800

贷：主营业务收入——甲产品 60 000

应交税费——应交增值税（销项税额） 7 800

【例 3-37】

接例 3-36，收到美多公司的差价款 7 800 元，存入银行。

借：银行存款 7 800

贷：合同负债——美多公司 7 800

微课：
销售成本与销售费用的日常核算

（四）销售费用账务处理

【例 3-38】

7 月 25 日，天乐公司以银行存款支付广告费 5 000 元。

分析：该项经济业务的发生，银行存款减少了 5 000 元，同时产品销售费用增加了 5 000 元，应分别记入“银行存款”账户贷方和“销售费用”账户借方。

借：销售费用　　5 000

　　贷：银行存款　　5 000

四、产品销售成本计算与结转

说明：此部分属于期末业务，应在项目七“期末业务处理”中讲授，但为了核算数据连贯、核算思路不被其他业务所中断，故把供产销有关业务放在一起核算。

核算产品销售成本是指根据本期销售产品的出库单以及库存商品明细分类账，计算本期销售产品的实际生产成本，并将其结转入“主营业务成本”的过程。

微课：
期末产品销售成本计算与结转

【例 3-39】

接例 3-32 ~ 例 3-38，7 月 31 日，天乐公司计算并结转 7 月已售产品生产成本。甲产品共销售 170 件，单位生产成本 439.20 元；乙产品共销售 100 件，单位生产成本 463.62 元。（假定销售的甲、乙产品均为当期生产的产品，单位成本数据来源参考例 3-31）

分析：结转已售产品成本，一方面使企业的费用增加，应记入“主营业务成本”账户的借方，另一方面使库存商品减少，应记入“库存商品”账户的贷方。

借：主营业务成本　　121 026

　　贷：库存商品——甲产品　　74 664

　　　　　　　　——乙产品　　46 362

思考：销售量、销售成本怎么计算？

五、其他业务收支的核算

其他业务收入用来核算企业确认除主营业务活动以外的其他经营活动实现的收入，包括销售材料的收入、出租收入等。其他业务成本用来核算企业确认除主营业务活动以外的其他经营活动所发生的支出，包括销售材料的成本、出租固定资产的折旧额、出租无形资产的摊销额、出租包装物的成本或摊销额等。

微课：
其他业务收支及其核算

【例 3-40】

7 月 16 日，天乐公司以 20 000 元的价格出售一批材料，该批材料的成本为 15 000 元，增值税税率为 13%，款项已收存银行。

分析：出售材料属于企业主营业务以外的经济活动，该收入应作为其他业务收入核算，其材料成本作为其他业务成本核算。该项经济业务引起资产增加，应记入“银行存款”账户借方；同时其他业务收入和应交纳的增值税增加，应记入“其他业务收入”和“应交税费——应交增值税”账户的贷方。

借：银行存款　　22 600

贷：其他业务收入 20 000

应交税费——应交增值税（销项税额） 2 600

同时，结转材料成本：

借：其他业务成本 15 000

贷：原材料 15 000

产品销售业务会计分录要点见表 3-11。

表 3-11 产品销售业务会计分录要点提示

经济业务	会计分录	备注
现销和赊销	借：银行存款（现销） 应收账款（赊销） 贷：主营业务收入 应交税费——应交增值税（销项税额）	
预收款销售	借：银行存款 贷：合同负债	收到预收款
	借：合同负债（预收款） 应收账款（差额） 贷：主营业务收入 应交税费——应交增值税（销项税额）	销售实现时
	借：银行存款 贷：应收账款（差额）	补付货款
发生销售费用	借：销售费用 贷：银行存款等	
结转销售成本	借：主营业务成本 贷：库存商品	
取得其他业务收入	借：银行存款（现销） 应收账款（赊销） 贷：其他业务收入 应交税费——应交增值税（销项税额）	
结转其他业务成本	借：其他业务成本 贷：原材料（出售原材料成本） 累计折旧（出租固定资产的折旧）	

任务七 核算其他经济业务

一、其他经济业务核算内容

企业除了生产、销售、出租等业务外，还会发生期间费用及利得与损失等其他经济业务。

二、设置的主要账户

（一）期间费用账户

期间费用账户包括管理费用、财务费用和销售费用三部分内容，其核算需要设置“管理费用”“财务费用”和“销售费用”等账户，这些账户在以前内容中已经讲述，这里不再赘述。

文档：
电商平台有关
业务核算

（二）利得与损失类账户

利得与损失账户核算的内容划分为两类：第一类直接计入所有者权益，第二类计入当期损益。期末业务核算只涉及第二类。计入当期损益的利得或损失用“营业外收入”“营业外支出”科目来核算。

要点提示

营业外收入是指企业发生的与其日常活动无直接关系的各项利得。它不是企业经营资金耗费所产生的，不需要企业付出代价，不需要与有关的费用进行配比。主要包括处置非流动资产报废毁损处置利得、非货币性资产交换利得、罚没利得、盘盈利得、捐赠利得、确实无法支付而按规定程序经批准后转作营业外收入的应付款项等。

营业外支出是指企业发生的与其日常活动无直接关系的各项损失，主要包括非流动资产报废毁损处置损失、非货币性资产交换损失、罚款支出、捐赠支出、盘亏损失、非常损失等。

1.“营业外收入”账户

该账户用来核算和监督企业发生的与生产经营无直接关系的各项营业外收入的实现及其结转情况。其贷方登记企业实现的各项营业外收入数额，借方登记期末转入“本年利润”账户的营业外收入数额，期末结转后该账户无余额。该账户结构如图 3-33 所示。

营业外收入（损益类）

贷方归集的营业外收入期末转入“本年利润”的数额	非流动资产处置利得、债务重组利得、盘盈利得和受赠利得等
	期末结转后无余额

图 3-33　“营业外收入”账户

2.“营业外支出”账户

该账户用来核算和监督企业发生的与生产经营无直接关系的各项营业外支出的发生和结转情况。其借方登记企业发生的各项营业外支出数额，贷方登记期末转入“本年利润”账户的营业外支出数额，结转后该账户无余额。账户结构如图 3-34 所示。

营业外支出（损益类）

非流动资产处置损失、债务重组损失、捐赠损失、非常损失等	借方归集的营业外支出期末转入“本年利润”的数额
期末结转后无余额	

图 3-34 “营业外支出”账户

微课：差旅费报销有关知识及核算

三、期间费用的核算

期间费用是企业日常活动形成的直接计入当期损益的各项费用，期间费用是利润的抵减项目。

【例 3-41】

7 月 5 日，销售部门王波出差，财务部用现金预支差旅费 3 000 元。

分析：预支的差旅费应记入“其他应收款”的借方，该笔业务会导致公司现金减少 3 000 元，记入库存现金的贷方。

借：其他应收款 3 000

　　贷：库存现金 3 000

【例 3-42】

接例 3-41，7 月 20 日，销售部门王波报销差旅费 3 200 元，现金补付 200 元。

分析：销售部门人员差旅费应计入销售费用。该项业务，一方面使公司的费用增加，记入“销售费用”的借方；另一方面，使公司的现金减少 200 元，记入“库存现金”的贷方。例 3-41 中的其他应收款减少 3 000 元，记入其他应收款的贷方。

借：销售费用 3 200

　　贷：其他应收款 3 000

　　　　库存现金 200

【例 3-43】

7 月 26 日，预提当月的短期借款利息 7 400 元。

分析：因借款而发生的利息费用应记入“财务费用”。该业务中，预提当月的借款利息，一方面记入“财务费用”的借方；另一方面，导致企业应付利息增加，记入“应付利息”的贷方。

借：财务费用 7 400

　　贷：应付利息 7 400

微课：利得与损失的核算

四、利得与损失的核算

利得和损失是非日常活动形成的经济利益的流入和流出。

【例 3-44】

7 月 23 日，因大发工厂逾期未执行双方订立的购销合同，预收大发工厂的定金 10 000 元不再返还（预收定金时，已记入“预收账款”）。

分析：没收的定金属于营业外收入中的罚款收入。这项经济业务，一方面使企业利润增加，应记入“营业外收入”账户的贷方；另一方面使企业负债减少 10 000 元，应记入“预收账款”账户的借方。

借：预收账款　　10 000
　　贷：营业外收入　　10 000

【例 3-45】

7 月 26 日，本公司向希望工程捐款 10 000 元。

分析：公益性捐赠支出不是企业为完成其经营目标所从事的经常性业务，也不属于与经常性业务相关的活动。因此，该笔支出计入“营业外支出”账户的借方，同时减少银行存款，资产减少记贷方。

借：营业外支出　　10 000
　　贷：银行存款　　10 000

其他经济业务会计分录要点见表 3-12。

表 3-12　其他经济业务会计分录要点提示

经济业务	会计分录	备注
取得利得时	借：库存现金 / 银行存款 　贷：营业外收入	
发生损失时	借：营业外支出 　贷：库存现金 / 银行存款	

想一想：本项目导入案例中，李会编制的会计分录你现在知道存在的问题了吧。通过本项目的学习，正确的会计分录应该怎么编制？

文档：导入案例中正确的会计分录

综合案例

案例资料：2019 年 3 月 15 日，国家税务总局江苏省税务局一次性公布了 256 家重大税收违法企业，依照《中华人民共和国税收征收管理法》等相关法律法规的有关规定，依法将这 256 家企业全部移送司法机关并受到相应的处罚。处罚原因是虚开增值税专用发票或者虚开用于骗取出口退税、抵扣税款的其他发票。

2019 年 4 月 19 日，北京税务、公安等四部门联手打击虚开骗税“两年专项行动”会议召开。会上明确指出：四部门要深化协作，推进信息共享，强化分析研判，统筹打击骗税虚开发票，加大打击力度。

文档：借贷记账法下日常业务会计核算知识点小结

案例讨论：

1. 以上案例给企业老板和会计人员留下的启示是什么？
2. 从会计人员职业道德规范角度，谈谈如何做好一名会计人员。

专业能力测评

专业能力测评表（在□中打√，A 掌握，B 基本掌握，C 未掌握）

知识点 / 技能点	评价指标	自测结果	要求
企业基础知识	1. 企业含义及类别 2. 会计资金运动 3. 企业利益相关者 4. 会计岗位与会计人员	□A □B □C □A □B □C □A □B □C □A □B □C	理解企业含义及利益相关者，掌握企业资金运动，理解会计岗位设置
筹资业务核算	1. 投入资本业务核算 2. 借入款项核算	□A □B □C □A □B □C	掌握投入资本、借入款项两种筹资业务的账务处理
固定资产业务核算	1. 取得固定资产核算 2. 固定资产计提折旧核算	□A □B □C □A □B □C	掌握固定资产取得与折旧账务处理
材料采购业务核算	1. 账户设置 2. 采购材料核算	□A □B □C □A □B □C	掌握不同形式采购材料的账务处理
产品生产业务核算	1. 归集分配制造费用 2. 计算产品生产成本 3. 产品生产成本核算 4. 完工产品成本计算与结转核算	□A □B □C □A □B □C □A □B □C □A □B □C	掌握生产成本中料工费的构成、计算及账务处理，掌握完工产品成本计算与结转账务处理
产品销售业务核算	1. 销售收入确认核算 2. 结转销售成本账务处理 3. 其他业务收入确认 4. 其他业务成本结转	□A □B □C □A □B □C □A □B □C □A □B □C	掌握产品销售收入、销售成本结转核算，掌握其他业务收入与其他业务成本结转账务处理
期间费用及利得与损失	1. 期间费用核算 2 营业外收入核算 3. 营业外支出核算	□A □B □C □A □B □C □A □B □C	掌握期间费用及利得与损失账务处理

项目测试

一、单选题

1. “实收资本”或“股本”账户，属于企业的（　　）账户。

A. 资产类　　　　B. 负债类

C. 所有者权益类　　　　D. 损益类

2. 当企业收到投资者投入的存货时，应按其公允价值，借记有关存货账户，贷记（　　）账户。

A. “实收资本”　　　　B. “资本公积”

C.“盈余公积”　　D.“营业外收入”

3. 投资者实际出资额超过其认缴的资本数额部分，应记入（　　）账户。

A.“实收资本”　　B.“资本公积”

C.“盈余公积”　　D.“营业外收入”

4. 企业按季计提短期借款利息时，使企业费用与负债同时增加，应贷记（　　）科目。

A. 应付利息　　B. 预提利息

C. 财务费用　　D. 短期借款

5. 为了核算企业购入材料采购成本应设置（　　）账户。

A.“在途物资”　　B.“应付账款”

C.“应交税费”　　D.“银行存款”

6. 企业因采购材料而发生的装卸费用，支付时应记入（　　）账户。

A.“原材料”　　B.“应付账款”

C.“在途物资”　　D.“销售费用”

7. 某企业为一般纳税人，购入材料一批，增值税专用发票注明价款为200 000元，税额为26 000元，运输费10 000元，则该批材料的采购成本为（　　）元。

A. 200 000　　B. 226 000

C. 210 000　　D. 236 000

8. 为组织某种产品生产而领用材料的实际成本，应记入（　　）账户的借方。

A.“生产成本”　　B.“制造费用”

C.“管理费用”　　D. 某期间费用

9. 生产车间发生的间接费用，应记入（　　）账户。

A.“管理费用”　　B.“制造费用”

C.“生产成本”　　D.“销售费用”

10.“累计折旧”账户，属于（　　）账户。

A. 资产类　　B. 负债类

C. 成本类　　D. 损益类

11. 下列费用中属于期间费用的是（　　）。

A. 直接材料费用　　B. 制造费用

C. 银行借款手续费　　D. 直接人工费用

12. 应计入产品成本，但不能分清应由何种产品负担的费用，应（　　）。

A. 作为管理费用处理

B. 直接计入当期损益

C. 作为制造费用处理，期末再分配计入产品成本

D. 直接计入产品成本

13. 企业计提固定资产折旧时，应（　　）。

A. 借“累计折旧”　　B. 贷“累计折旧”

C. 借“固定资产”　　D. 贷“固定资产”

14. 某企业本月制造费用归集共50 000元，按照生产工时分配到甲、乙两种产品中去，本月甲产品生产工时为3 000小时，乙产品生产工时为2 000小时，则乙产品应承担的制造费用金额为（　　）元。

A. 2 000　　B. 3 000

C. 20 000　　D. 30 000

15. 某企业10月销售A产品一批，价款20 000元，款未收；销售B产品一批，取得转账支票一张，价款8 000元；收到9月所欠货款5 000元。按权责发生制确定该企业10月销售收入应为（　　）元。

A. 25 000　　B. 28 000

C. 8 000　　D. 5 000

二、多选题

1. 下列各项经济业务中，属于资金筹集业务的是（　　）。

A. 赊购原材料　　B. 接受投资者投资

C. 向金融机构借款　　D. 收回应收账款

2. 外购存货的采购成本，包括（　　）。

A. 买价　　B. 采购费用

C. 增值税进项税额　　D. 入库后的保管费

3. 生产成本的构成包括（　　）。

A. 直接材料　　B. 直接人工

C. 制造费用　　D. 管理费用

4. 计提工资核算时，可能涉及（　　）账户。

A.“生产成本”　　B.“制造费用”

C.“管理费用”　　D.“应付职工薪酬”

5. 下列费用中，属于生产过程中发生的费用的有（　　）。

A. 车间机器设备的折旧费

B. 产品生产领用材料费用

C. 生产工人工资

D. 车间照明用电费

6. 结转销售商品成本时，应（　　）。

A. 借：主营业务成本

B. 借：库存商品

C. 贷：主营业务成本

D. 贷：库存商品

7. 下列项目中，属于其他业务收入的是（　　　）。

A. 取得违约款收入　　B. 出租固定资产收入

C. 销售商品收入　　D. 销售材料收入

8. 下列项目中，属于营业外收入的是（　　　）。

A. 接受捐赠收入

B. 销售材料收入

C. 销售商品收入

D. 因对方原因无法支付的应付账款

9. 销售费用的内容包括（　　　）。

A. 销售广告费　　B. 销售场地使用费

C. 展销费　　D. 管理人员工资

10. 外购固定资产的实际成本包括（　　　）。

A. 买价　　B. 进口关税

C. 安装费　　D. 装卸费

11. 下列科目属于期间费用的有（　　　）。

A. 管理费用　　B. 销售费用

C. 财务费用　　D. 制造费用

12. 下列各项中，可以作为期间费用核算的有（　　　）。

A. 交纳的税收滞纳金

B. 购入办公用品

C. 支付司机因公出车违章罚款

D. 支付的商品广告费

三、判断题

1. 企业的资金筹集业务按其资金来源通常分为所有者权益筹资和负债筹资。（　　）

2. 一般来说，股份有限公司设置“股本”账户，非股份有限公司设置“实收资本”账户，核算企业实际收到的投资者投入的资本金。（　　）

3. 企业收到投资者投入的资本，超过其占注册资本份额的部分，也应确认为企业的实收资本或股本。（　　）

4. 企业在一定时期内为生产一定种类、数量产品所支出的各种费用总和称为制造费用。（　　）

5. “应付账款”账户的期末余额，若在借方，反映的是企业的预付账款金

额；若在贷方，则为企业的应付账款余额。（ ）

6. 企业生产部门领用的存货，应按该存货的实际成本计入相应的生产成本账户。（ ）

7. 成本计算就是将企业发生的生产费用，按照一定的对象进行归集、分配，进而计算该对象的总成本和单位成本的过程。（ ）

8. 车间厂房、机器设备的折旧费，发生时计入制造费用。（ ）

9.“生产成本”账户的期末借方余额，表现为期末在产品的实际成本。（ ）

10. 期末应将“制造费用”账户所归集的制造费用分配计入有关的成本计算对象。（ ）

11. 企业发生的人工费，应根据人员的性质分别计入各有关的成本费用账户。（ ）

12. 各期间费用账户在期末结转后均无余额。（ ）

13.“固定资产”账户的期末借方余额表示现有固定资产的净值。（ ）

14.“累计折旧”科目期末余额通常在借方，反映企业固定资产的累计折旧额。（ ）

15.“制造费用”和“管理费用”都应当期末转入“本年利润”账户。（ ）

四、业务题

习题一

1. 目的：熟悉和掌握资金筹集业务的核算。

2. 资料：某公司 2020 年 8 月发生下列经济业务。

（1）8 月 1 日，收到投资人投资设备一批，投资各方协议价值 525 000 元。

（2）8 月 2 日，向工商银行取得期限为 3 个月的借款 150 000 元，该笔借款年利率 6%。每月月末计提利息，到期支付本息，款项已存入银行。借款当天、8 月月底分别进行账务处理。

（3）8 月 22 日，收到某单位投入资金 25 000 元，该单位应享有的资本份额为 20 000 元，款项已存入银行。

3. 要求：根据上述资料编制会计分录。

习题二

1. 目的：熟悉和掌握固定资产业务的核算。

2. 资料：某公司 2020 年 8 月发生下列经济业务。

（1）8 月 1 日，用银行存款购入一台不需要安装的机器设备，买价 100 000 元，增值税 13 000 元，已投入使用。

（2）8 月 5 日，购买一台需要安装的机床，买价为 120 000 元，增值税税额

15 600 元。

（3）接上题（2），8 月 7 日，为安装机床，发生工人安装费 5 000 元，用银行存款支付。

（4）接上题（3），8 月 10 日，机床调试达到预定可使用状态。

（5）8 月 31 日，计提本月固定资产折旧费 20 000 元，其中车间固定资产折旧 15 000 元，企业管理部门固定资产折旧 5 000 元。

3. 要求：根据上述资料编制会计分录。

习题三

1. 目的：熟悉和掌握材料采购业务的核算。

2. 资料：某公司 2020 年 8 月发生下列经济业务。

（1）8 月 1 日，向滨河工厂购买 A 材料 1 000 千克，单价 20 元／千克，计价款 20 000 元，增值税税额为 2 600 元。款项通过银行支付，材料已验收入库。

（2）8 月 8 日，向滨河工厂购入 B 材料 2 000 千克，单价 15 元／千克，计价款 30 000 元，增值税税额为 3 900 元，款项尚未支付，材料尚未到达。

（3）接题（2），8 月 10 日，以银行存款支付 B 材料运杂费 1 500 元，以现金支付该批材料检验费 500 元，B 材料验收入库。

（4）8 月 15 日，采购员李新报销采购 B 材料发生的差旅费 850 元，以现金支付。

3. 要求：根据上述资料编制会计分录。

习题四

1. 目的：熟悉和掌握产品生产业务的核算。

2. 资料：某公司 2020 年 2 月发生下列经济业务。

（1）2 月 3 日，仓库发出材料一批，根据表 3-13 分配本月材料费用。

表 3-13　发出材料汇总表　　单位：元

部门及用途	原材料名称				合计
	A 材料	B 材料	C 材料	D 材料	
甲产品耗用	100 000		12 000		112 000
乙产品耗用		60 000		4 000	64 000
车间一般耗用	700			700	1 400
管理部门耗用		300		300	600
合计	100 700	60 300	12 000	5 000	178 000

（2）2 月 5 日，以银行存款支付电费 20 000 元。其中，生产甲产品负担 8 000 元，生产乙产品负担 7 000 元，车间照明用电 3 000 元，行政管理部门用电 2 000 元。

（3）2 月 6 日，开出现金支票，从银行提取现金 80 000 元，以备发放工资。

（4）2 月 6 日，以现金发放本月职工工资 80 000 元。

（5）2 月 13 日，行政管理人员张明出差，预借差旅费 5 000 元，以现金支票付讫。

（6）2 月 18 日，张明出差归来，报销差旅费 5 500 元，财务人员以现金补付 500 元。

（7）2 月 28 日，计提本月固定资产折旧 12 000 元，其中生产部门耗用固定资产折旧 8 000 元，管理部门用固定资产折旧 4 000 元。

（8）月末分配本月职工工资，其中甲产品生产工人工资 30 000 元，乙产品生产工人工资 25 000 元，车间人员工资 15 000 元，行政管理人员工资 10 000 元。

（9）假定当月共发生以上生产业务，归集并分配当月制造费用（按生产工时分配，甲产品生产工时 2 000 小时，乙产品生产工时 3 000 小时），写出会计分录。

（10）计算甲、乙产品各自生产成本，假定当月两种产品全部完工，转进仓库。写出会计分录。

3. 要求：根据上述经济业务编制会计分录。

习题五

1. 目的：熟悉和掌握产品销售业务的核算。

2. 资料：某公司 2020 年 3 月发生下列经济业务。

（1）3 月 6 日，向康泰工厂销售甲产品 100 件，每件 500 元，价款为 50 000 元，增值税税额为 6 500 元，收到对方开出的 60 天期的商业承兑汇票，票面金额为 56 500 元。

（2）结转甲产品销售成本 35 000 元。

（3）3 月 6 日，根据与新兴公司签订的合同，预收新兴公司订货款 10 000 元，货物于下月上旬交付。

（4）3 月 6 日，通过银行支付展览费 3 000 元。

（5）3 月 18 日，收到某公司租用固定资产支付的本月租金 5 000 元，款项已存入开户银行，该项固定资产本月应计提折旧 2 500 元，不考虑相关税费。

3. 要求：根据上述资料编制会计分录。

项目四

日常业务处理——会计凭证填制与审核

学习目标

知识目标：

理解会计凭证、原始凭证、记账凭证含义和内容

熟悉会计凭证的不同类型

熟悉原始凭证和记账凭证的填制要求

了解会计凭证的传递、装订和保管要求

能力目标：

能够区分原始凭证和记账凭证的不同类别

掌握原始凭证填制方法，会填制常见原始凭证

掌握记账凭证填制方法，会填制记账凭证

掌握原始凭证审核要领，能审核常见原始凭证

素养目标：

培养爱国敬业、遵纪守法、勇于担当的高贵品质

树立以法律、法规和企业会计制度为工作准则的职业意识

知识导图

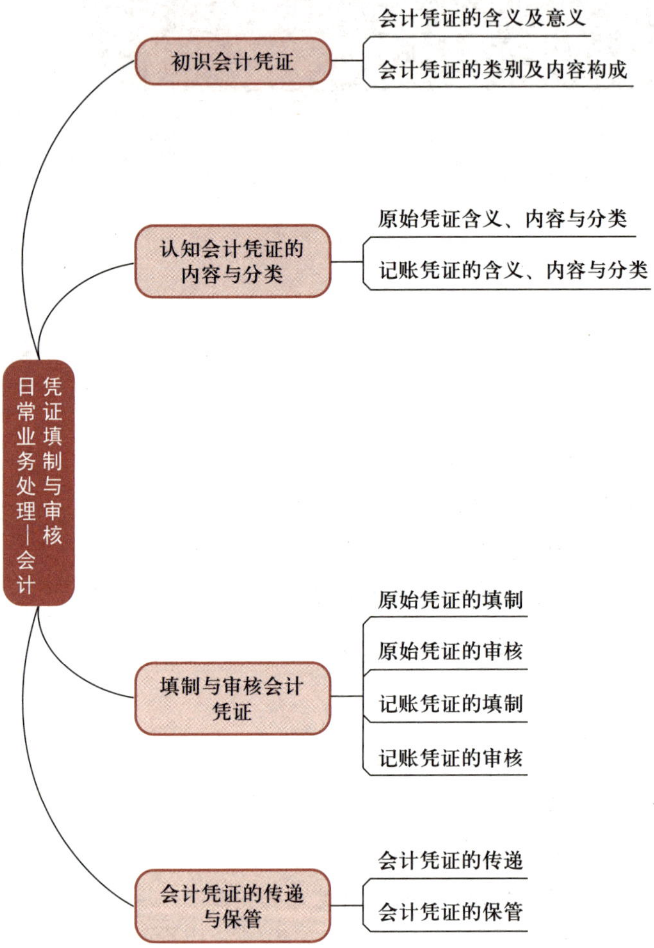
日常业务处理——会计凭证填制与审核
初识会计凭证
会计凭证的含义及意义
会计凭证的类别及内容构成
认知会计凭证的内容与分类
原始凭证含义、内容与分类
记账凭证的含义、内容与分类
填制与审核会计凭证
原始凭证的填制
原始凭证的审核
记账凭证的填制
记账凭证的审核
会计凭证的传递与保管
会计凭证的传递
会计凭证的保管

导入案例

会计凭证能随意销毁吗?

黄河公司是一家从事机动车检测的有限公司，黄爱国、黄爱军、黄爱红分别为公司负责人、财务负责人、财务人员。该公司自成立以来，一直以公司印制的检测凭证用于账目核对，通过少记收入（约按每天实际收入的一半）逃避税款。

2016年，黄河公司偷逃税行为案发，当地地税局稽查局对公司开展稽查，调取了黄河公司未及时藏匿的一些检测凭证。为了不被税务机关发现更多违法行为，被告人黄爱国召集被告人黄爱军、黄爱红开会研究对策，并要求二人在面对调查时统一口径，称近期内部检测凭证系检测站搞活动所用。为防止真实的收入表等凭证被发现，被告人黄爱国又指使黄爱军、黄爱红将历年内部检测凭证整理后用车辆拉走销毁。被销毁的凭证涉及金额达到9 824 930元。

凭证虽然被销毁，但黄河公司的逃税行为最终还是被税务机关发现。在税务机关责令之下，黄河公司补缴了罚款。由于补缴及时，逃税罪被免除，但黄爱国、黄爱军、黄爱红故意销毁会计凭证的行为被指控。

人民法院经过审理，以隐匿、故意销毁会计凭证、会计账簿、财务会计报告罪分别判处黄爱国、黄爱军、黄爱红9个月到1年不等的有期徒刑和罚金。

案例思考与讨论：我国《会计法》规定："各单位必须依法设置会计账簿，并保证其真实、完整。"《会计档案管理办法》规定："单位应当严格按照相关制度利用会计档案，在进行会计档案查阅、复制、借出时履行登记手续，严禁篡改和损坏。""会计档案的保管期限分为永久、定期两类。定期保管期限一般分为10年和30年。"因此，妥善保管会计凭证、账簿、会计报告是企业的法定义务。否则将受到财政部门或税务部门的处罚。结合案例谈谈你的感想。

任务一　初识会计凭证

填制与审核会计凭证是会计核算方法之一，也是会计核算工作的起点。企业发生的一切经济业务，都必须取得、填制会计凭证并签字盖章，以明确经济责任。

微课：
会计凭证的认知

一、会计凭证的含义及意义

（一）会计凭证的含义

会计凭证是指记录经济业务发生或者完成情况的书面证明，是登记账簿的依据。任何一个会计主体每天都会发生许多经济业务，这些经济业务的发生或完成必须由经办人员或有关部门从外单位取得或自行填制的原始凭证来证明，经会计人员审核后进行归类整理，按复式记账方法填制记账凭证，并载明经济业务的内容、金额、有关人员签名或盖章等。为了保证会计凭证所反映的经济内容真实、准确，明确经济责任，所有会计凭证都必须经专人进行严格审核。只有审核无误的会计凭证才能作为登记账簿的依据。

例如，企业外购材料一批，已付款，为如实反映该项经济业务的发生情况，必须从销货方取得购买材料的发货票，同时须加盖销货方的有关印章以示责任；另外，支付购料款过程中，还应填制有关付款凭证并向对方索取收据。以上转账支票、发货票、付款凭证、收款收据均作为该项经济业务的会计凭证，以示业务的发生或完成，同时可以明确有关单位、经办人员责任，又可作为登记账簿的依据。

（二）会计凭证的意义

填制和审核会计凭证具有重要的意义。

1. 记录经济业务，提供记账依据

会计凭证是登记账簿的依据。会计凭证是所有会计资料中的基础资料，其他资料的核算是否及时、真实、可靠，都依赖于会计凭证的及时、真实、可靠程度。

2. 监督经济活动，控制经济运行

通过会计凭证可以检查发生的经济业务是否符合国家有关经济政策、法律、法规和制度的规定，是否有弄虚作假、贪污盗窃等违法乱纪行为，是否满足提高经济效益的要求，从而有效地发挥会计监督作用。

3. 明确经济责任，强化内部控制

会计凭证不但要记录经济业务内容，还要有经办单位、部门和有关人员的签名盖章。这样不仅使经办部门和有关人员对经济业务的真实性、合法性负责，而且增强岗位责任感，从根本上加强经济责任制，强化内部控制。

二、会计凭证的类别及内容构成

会计凭证按其填制程序和用途分为原始凭证和记账凭证两大类。原始凭证和记账凭证按不同分类标准又可以划分多种类别，具体分类结构如图 4-1 所示。

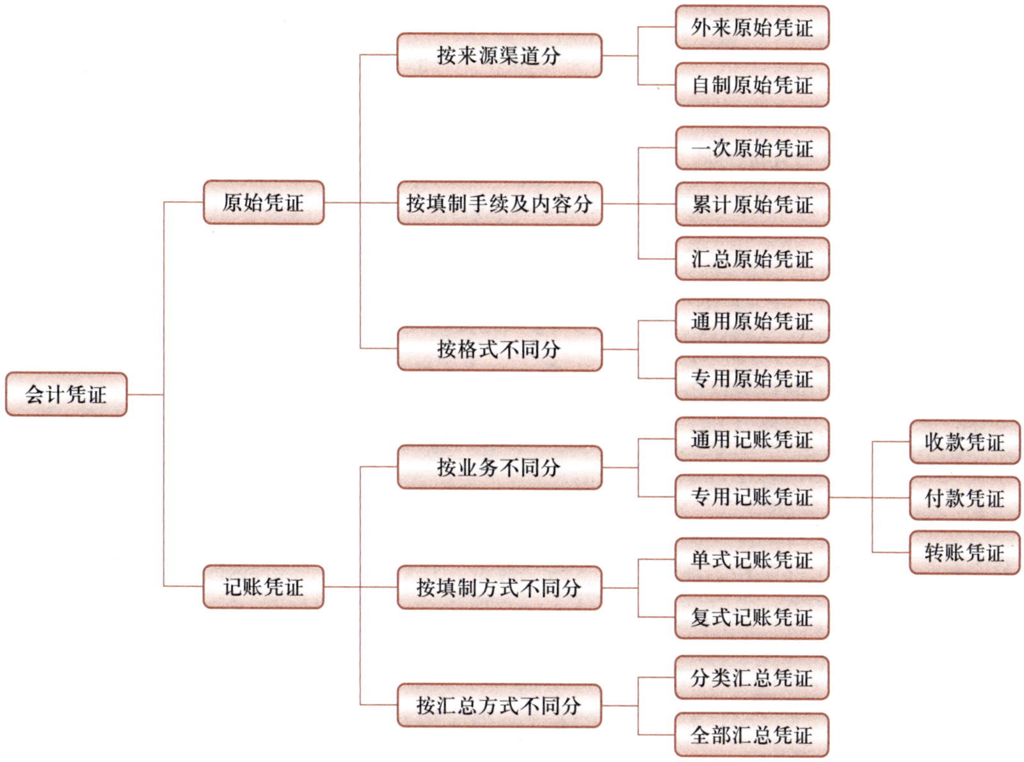

图 4-1　会计凭证的分类

任务二　认知会计凭证的内容与分类

一、原始凭证的含义、内容与分类

（一）原始凭证的含义

原始凭证，亦称单据，是在经济业务发生或完成时取得或填制的，用以记录或证明经济业务的发生或完成情况的书面证明。原始凭证具有法律效力，企业所发生的每一项经济业务，都必须取得或填制原始凭证。例如，采购材料的“发票”能够证明材料采购业务已经发生；“转账支票存根”能够证明付款业务已经发生并完成。另外，“现金收据”“银行进账单”“差旅费报销单”“领料单”等均可作为会计核算的原始凭证。

要点提示

原始凭证必须能够证明经济业务已经发生或完成，凡不能证明经济业务已经发生或完成的“貌似”原始凭证的各种单证，如“经济合同”“材料请购单”“银行对账单”等，均不能作为会计核算原始凭证。

（二）原始凭证的基本内容

企业经济业务的多样性和复杂性，使之取得的原始凭证的来源广泛、种类繁多、形式各异。但无论取得何种格式和内容的原始凭证，其基本内容都必须具备以下几个方面：

（1）原始凭证的名称；

（2）原始凭证的日期和编号；

（3）填制单位的名称或者填制人的姓名；

（4）接受凭证的单位名称；

（5）经济业务的内容摘要；

（6）经济业务所涉及的品名、数量、计量单位、单价和金额；

（7）经办部门和人员的签名或盖章。

除此之外，某些原始凭证为了满足计划、统计部门或其他业务工作的需要，还可以列入计划指标、合同号码等相关内容，以便原始凭证发挥更多的作用。

文档：电子原始凭证

（三）原始凭证的分类

原始凭证可以按不同标准进行分类：

1. 按原始凭证的来源划分

原始凭证按来源不同，分为外来原始凭证和自制原始凭证。

（1）自制原始凭证。自制原始凭证是在经济业务发生或完成时，由本单位经办部门和人员自行填制的原始凭证，如领料单、工资结算单、差旅费报销单等，见图 4–2。

差旅费报销单

2021 年 12 月 23 日

所属部门	销售部	姓名	李立峰	出差天数	自 12 月 06 日至 12 月 21 日共 16 天
出差事由	出差昆明	借旅支费	日期 2021年12月04日	金额¥ 9 800.00	结算金额:¥ 1800.00

出发		到达		起止地点	交通费	住宿费	伙食费	其他
月	日	月	日					
12	6	12	6	北京—昆明	980.00	3 780.00	2 260.00	
12	21	12	21	昆明—北京	980.00			
合计				零拾 零万 捌仟 零佰 零拾 零元 零角 零分 ¥ 8 000.00				

总经理：罗明艺　财务经理：张倩　部门经理：王华　会计：王玲　出纳：高敏　报销人：李立峰

图 4–2　自制原始凭证图例

（2）外来原始凭证。外来原始凭证指经济业务发生或完成时，从外单位或个人取得的原始凭证，如收到的转账支票、购料发票、银行结算凭证等，见图4-3。

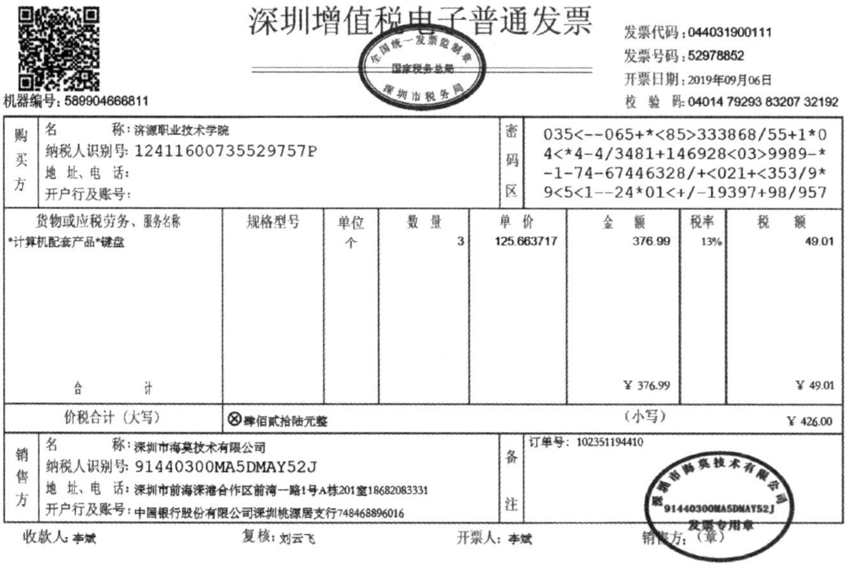

深圳增值税电子普通发票

机器编号：589904666811

发票代码：044031900111
发票号码：52978852
开票日期：2019年09月06日
校　验　码：04014 79293 83207 32192

购买方
名　　称：济源职业技术学院
纳税人识别号：12411600735529757P
地 址、电 话：
开户行及账号：

密码区
035<--065+*<85>333868/55+1*0
4<*4-4/3481+146928<03>9989-*
-1-74-67446328/+<021+<353/9*
9<5<1--24*01<+/-19397+98/957

货物或应税劳务、服务名称	规格型号	单位	数量	单价	金额	税率	税额
*计算机配套产品*键盘		个	3	125.663717	376.99	13%	49.01
合　　计					¥ 376.99		¥ 49.01
价税合计（大写）	⊗肆佰贰拾陆元整				（小写）		¥ 426.00

销售方
名　　称：深圳市海莫技术有限公司
纳税人识别号：91440300MA5DMAY52J
地 址、电 话：深圳市前海深港合作区前湾一路1号A栋201室18682083331
开户行及账号：中国银行股份有限公司深圳桃源居支行748468896016

备注　订单号：102351194410

收款人：李斌　　复核：刘云飞　　开票人：李斌　　销售方：（章）

图 4-3　外来原始凭证图例

2. 按原始凭证的填制方法划分

原始凭证按填制方法不同，分为一次原始凭证、累计原始凭证、汇总原始凭证和记账编制凭证。

（1）一次原始凭证。一次原始凭证是指对一项或若干项同类经济业务一次完成填制手续的原始凭证。如收料单、领料单、销货发票、现金收据等，见图4-4。

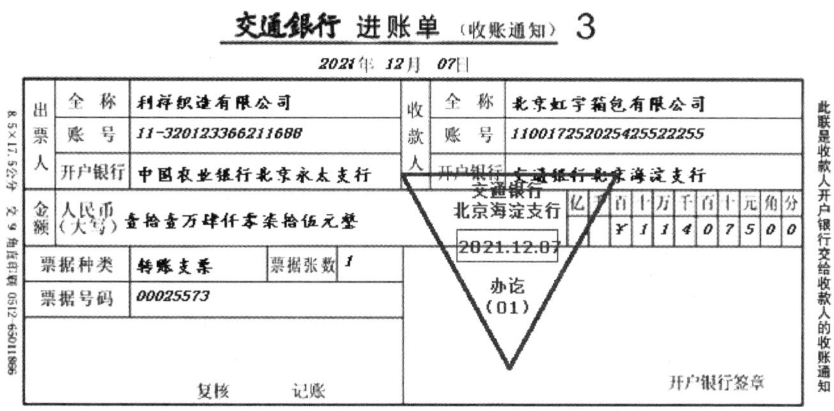

交通银行 进账单（收账通知） 3

2021年 12月 07日

出票人			收款人		
全称	利祥织造有限公司		全称	北京虹宇箱包有限公司	
账号	11-320123366211688		账号	11001725202542552255	
开户银行	中国农业银行北京永太支行		开户银行	交通银行北京海淀支行	
金额	人民币（大写）壹拾壹万肆仟零柒拾伍元整			亿 千 百 十 万 千 百 十 元 角 分	¥ 1 1 4 0 7 5 0 0
票据种类	转账支票	票据张数 1			
票据号码	00025573				
复核　记账			开户银行签章		

交通银行 北京海淀支行 2021.12.07 办讫 (01)

此联是收款人开户银行交给收款人的收账通知

8.5×17.5公分　文9角盾印刷 0512-65011866

图 4-4　一次原始凭证图例

要点提示

所有外来原始凭证和大部分自制原始凭证都属于一次原始凭证。一次原始凭证反映的内容，可以是一项经济业务，也可以是若干项同类性质的经济业务。

（2）累计原始凭证。累计原始凭证简称累计凭证，是指在一定时期内多次记录发生的同类型经济业务且均有效的原始凭证。使用累计凭证可以简化填制手续，并能随时将累计发生额与定额或计划数比较，达到控制费用开支的目的，如工业企业的“限额领料单”“费用限额卡”就是典型的累计凭证，见图 4-5。

限额领料单

领料部门：第一车间　　　　　　　　　　　　　　发料仓库：第一号仓库

生产通知单 ：8　　　　　　2020 年 3 月　　　　　　凭证编号：

<table>
<tr><td>材料类别</td><td colspan="2">材料编号</td><td>材料名称规格</td><td>计量单位</td><td>领用限额</td><td>实际领用</td><td>单价</td><td>金额</td><td>备注</td></tr>
<tr><td>H</td><td colspan="2">A101</td><td>木材</td><td>立方米</td><td>30</td><td>30</td><td>600</td><td>18 000</td><td></td></tr>
<tr><td rowspan="2">领料日期</td><td colspan="2">数量</td><td rowspan="2">领料人签章</td><td rowspan="2">发料人签章</td><td colspan="3">退料</td><td colspan="2" rowspan="2">限额结余</td></tr>
<tr><td>请领</td><td>实发</td><td>数量</td><td>退料人</td><td>收料人</td></tr>
<tr><td>1</td><td>10</td><td>10</td><td>印</td><td>印</td><td></td><td></td><td></td><td colspan="2">20</td></tr>
<tr><td>12</td><td>15</td><td>15</td><td>印</td><td>印</td><td></td><td></td><td></td><td colspan="2">5</td></tr>
<tr><td>25</td><td>5</td><td>5</td><td>印</td><td>印</td><td></td><td></td><td></td><td colspan="2">0</td></tr>
<tr><td></td><td></td><td></td><td></td><td></td><td></td><td></td><td></td><td colspan="2"></td></tr>
</table>

供应部门负责人：印　　　　生产部门负责人：印　　　　仓库保管员：印

图 4-5　累计原始凭证图例

（3）汇总原始凭证。汇总原始凭证又称原始凭证汇总表，是指将一定时期内反映同类经济业务的若干张原始凭证汇总编制而成的一种原始凭证，如收料凭证汇总表、发料凭证汇总表、工资汇总表等，见图 4-6。

A 公 司 发 料 凭 证 汇 总 表

附件 18 张　　　　　　2020 年 2 月　　　　　　No 03

项目	甲材料	乙材料	合计
生产 A 产品耗用	70 000	30 000	100 000
生产 B 产品耗用	50 000	70 000	120 000
小计	120 000	100 000	220 000
生产车间管理耗用		6 000	6 000
厂部管理耗用		8 000	8 000
合计	120 000	114 000	234 000

会计主管：李凡　　记账：黄秋　　审核：李平　　填制：刘玉

图 4-6　汇总原始凭证图例

（4）记账编制凭证。它是指会计人员根据账簿记录加以整理后重新编制的原始凭证。记账编制凭证属于自制原始凭证。如产品成本计算表（见图 4-7）、制造费用分配表（见图 4-8）、固定资产折旧计算表等。

产品成本计算单

产品名称：普通车床　　2020年12月31日　　完工数量：120台　　单位：元

项　目	直接材料	直接人工	制造费用	合 计
期初余额				
本月发生生产费用	723 800	249 158	325 530	1 298 488
生产费用合计	723 800	249 158	325 530	1 298 488
完工产品成本	723 800	249 158	325 530	1 298 488
完工产品单位成本	6 031.66	2 076.32	2 712.75	10 820.73

图 4-7　产品成本计算表

制造费用分配表

2020年12月31日　　单位：元

分配对象	制造费用金额	分配比例 /%	分配金额
普通车床		0.6	325 530
数控车床		0.4	217 020
合计	542 550	1	542 550

图 4-8　记账编制凭证图例

要点提示

其他原始凭证一般是依据实际发生的经济业务编制的，而记账编制凭证是根据账簿记录编制的。

3. 按原始凭证的格式划分

原始凭证按格式不同，分为通用凭证和专用凭证。

（1）通用凭证。通用凭证是指由有关部门统一印制，在一定范围内统一使用的具有相同格式和使用方法的原始凭证。通用凭证的使用范围，因制作部门不同而异，可以是某一地区、某一行业，也可以是全国通用。如由中国人民银行制作的“银行承兑汇票”等在全国通用、某省（市）税务机关印制的发票等在该省（市）通用。

（2）专用凭证。专用凭证是指由单位自行印制、仅在本单位内部使用的原始凭证，具有特定内容和专门用途。如借款单、差旅费报销单、领料单、产品入库单等。

二、记账凭证的含义、内容与分类

（一）记账凭证的含义

记账凭证，又称记账凭单，是指会计人员根据审核无误的原始凭证，按照经济业务的内容加以归类，并据以确定会计分录后填制的会计凭证，作为登记账簿的直接依据。

要点提示

在实际会计工作中编制会计分录是通过填制记账凭证来实现的，换言之，记账凭证是会计分录的载体，是登记账簿的直接依据。

（二）记账凭证的基本内容

记账凭证是根据审核无误的原始凭证填制的，要满足登记账簿的需要，必须具备以下基本内容：

（1）记账凭证的名称；

（2）记账凭证的日期和编号；

（3）经济业务的内容摘要；

（4）应借应贷的账户名称（会计科目）、借贷方向和金额；

（5）过账备注（在登记入账后，在过账栏作“√”符号或填写过入账户的页数）；

（6）所附原始凭证的张数；

（7）制证、审核、记账、主管等有关人员的签章。另外，收付款凭证还要有出纳人员的签章。

要点提示

记账凭证的主要作用是确定会计分录，登记账簿。记账凭证是登记总分类账户和明细分类账户的依据，能反映经济业务的发生和完成情况，监督企业经济活动，明确相关人员的责任。

（三）记账凭证的分类

1. 按记账凭证的记录内容划分

根据记录经济业务的内容不同，分为通用记账凭证和专用记账凭证。

（1）通用记账凭证。通用记账凭证是用来记录各种经济业务的记账凭证。见图 4–9。

（2）专用记账凭证。专用记账凭证是专门用于某类经济业务的记账凭证，包括收款凭证、付款凭证和转账凭证。见图 4–10 ～图 4–12。

记 账 凭 证

字第　　号

年　月　日

摘　要	总账科目	明细科目	借方金额											贷方金额											√
			亿	千	百	十	万	千	百	十	元	角	分	亿	千	百	十	万	千	百	十	元	角	分	
合　计																									

附单据　张

会计主管:　记账:　出纳:　复核:　制单:

图 4-9　通用记账凭证

收　款　凭　证

字第　　号

借方科目:　　　　年　月　日

摘　要	对方科目		借或贷	金额										√
	总账科目	明细科目		千	百	十	万	千	百	十	元	角	分	
合　计														

附单据　张

会计主管:　记账:　出纳:　复核:　制单:

图 4-10　收款凭证

付　款　凭　证

字第　　号

贷方科目:　　　　年　月　日

摘　要	对方科目		借或贷	金额										√
	总账科目	明细科目		千	百	十	万	千	百	十	元	角	分	
合　计														

附单据　张

会计主管:　记账:　出纳:　复核:　制单:　受款人:

图 4-11　付款凭证

转账凭证

字第　　号

年　月　日

摘要	总账科目	明细科目	借方金额											贷方金额											√
			亿	千	百	十	万	千	百	十	元	角	分	亿	千	百	十	万	千	百	十	元	角	分	
合计																									

附单据　张

会计主管：　　记账：　　出纳：　　复核：　　制单：

图 4-12　转账凭证

收款凭证是用来记录现金和银行存款收入业务的记账凭证，包括现金收款凭证和银行存款收款凭证两类。

付款凭证是用来记录现金和银行存款付出业务的记账凭证，包括现金付款凭证和银行存款付款凭证两类。

转账凭证是用来记录不涉及现金和银行存款收付的转账业务的记账凭证。

2. 按记账凭证的填制方式划分

记账凭证按填制方式不同，分为单式记账凭证和复式记账凭证。

（1）单式记账凭证。单式记账凭证也称单式凭证，是把一项经济业务所涉及的每个会计科目，分别填制一张记账凭证。这种凭证记账方便但不能反映账户的对应关系。

（2）复式记账凭证。复式记账凭证也称复式凭证，是把一项经济业务所涉及的所有会计科目都集中填列在一张记账凭证上。如上述的通用记账凭证和专用记账凭证。

3. 按记账凭证的汇总方式划分

记账凭证按汇总方式不同，分为分类汇总凭证和全部汇总凭证。

（1）分类汇总凭证。分类汇总凭证是分别按收款凭证、付款凭证和转账凭证定期分类进行汇总而编制的凭证。包括汇总收款凭证、汇总付款凭证和汇总转账凭证三类，具体格式见账务处理程序部分。

（2）全部汇总凭证。全部汇总凭证是指定期将全部记账凭证按相同科目归类汇总在一张记账凭证上而形成的凭证，又称之为科目汇总表，具体格式见账务处理程序部分。

任务三　填制与审核会计凭证

一、原始凭证的填制

（一）原始凭证填制要求

微课：原始凭证的填制

原始凭证是进行会计核算工作的原始资料和重要依据。为了保证会计核算资料真实、正确、及时、完整，提高会计信息质量，原始凭证填制必须遵循以下要求。

1. 记录真实

原始凭证上反映的经济业务的内容、数字等都必须是实际发生的，不得弄虚作假。

2. 内容完整

原始凭证中规定的项目，必须逐项填写齐全，不得遗漏。尤其需要注意的是：年、月、日都要按照填制原始凭证的实际日期填写；名称要书写齐全，不能简化；品名或用途要填写明确，不能含糊不清；有关人员的签名和盖章要齐全。

3. 手续完备

单位自制的原始凭证必须有经办单位相关负责人签名盖章；对外开出的原始凭证必须加盖本单位公章；从外部取得的原始凭证，必须有填制单位的公章；从个人取得的原始凭证，必须有填制人员的签名盖章。

4. 填制及时

即原始凭证要在经济业务发生或完成时立即填制，不得拖延，做到不积压、不误时、不事后补制，并按规定程序传递、审核，以便及时编制记账凭证、登记账簿。

5. 书写清楚、规范

原始凭证中文字、数字必须简明清晰，字迹端正易于辨认，书写符合会计上的技术要求，文字工整，不草、不乱，不得自造简化字；复写的凭证，不串格串行、不模糊。另外，原始凭证须用蓝色或黑色墨水书写。若需要填制一式多联原始凭证时，可用蓝、黑色圆珠笔复写，但各联字迹必须清晰。

6. 编号连续

各种凭证要连续编号，以便检查。即收付款项或实物的凭证要顺序或分类编号，按照编号次序使用，跳号的凭证应加盖“作废”戳记，不得撕毁。

7. 不得涂改、刮擦、挖补

原始凭证金额如有错误，应当由出具单位重开，不得在原始凭证上更正，其他错误应当由出具单位重开或更正，更正处应当加盖出具单位印章。

凡填制错误的提交银行的各种结算凭证，应予以作废重填，并在填错的凭证上加盖“作废”戳记，连同存根一起妥善保存，不得撕毁。

文档：原始凭证填制要点提示

"0"的大小写金额书写规范见表 4-1。

表 4-1 "0"的大小写金额书写规范

小写金额情形	中文大写
中文大写方式阿拉伯数字中间有"0"	要写"零"字
阿拉伯金额数字角位是"0"，而分位不是"0"	
阿拉伯数字中间连续有几个"0"	可以只写一个"零"字
阿拉伯数字万位或元位是"0"	
数字中间连续有几个"0"，万位、元位也是"0"，但千位、角位不是"0"时	可以只写一个"零"字，也可以不写"零"字

德技并修

伪造原始凭证违反国家法律法规规定

2014 年 11 月至 2017 年 6 月，清水源化工（宜昌）有限公司（以下简称"清水源公司"）法定代表人邓东平、财务负责人张伟，为了多列支成本、费用，达到少缴纳企业所得税的目的，在没有任何真实交易关系的情况下，通过购买增值税普通发票，凭空虚开发票 214 份，虚开金额共计 7 676 502.70 元，少缴企业所得税 1 910 951.73 元。

经江西省宜昌市伍家岗区人民法院审理认定，"清水源公司"为多列支成本、费用，达到少缴纳企业所得税的目的，在没有任何真实交易关系的情况下，违反国家发票管理办法，虚开增值税普通发票 214 份，虚开金额 7 676 502.70 元，情节严重，构成虚开发票罪。2018 年 8 月，江西省宜昌市伍家岗区人民法院判处法定代表人邓东平有期徒刑二年，缓刑三年，并处罚金人民币 80 000 元；判处财务负责人张伟有期徒刑二年，缓刑三年，并处罚金人民币 50 000 元；判处清水源化工（宜昌）有限公司犯虚开发票罪，判处罚金人民币 10 万元。

启示：虚开发票，违反了国家税收征管和发票管理规定。税法规定，对利用发票弄虚作假偷逃税收的行为，税务机关除按照发票管理办法规定处以一定的罚款外，还应照章补缴所偷逃的税款，并处以 5 倍以下的罚款，情节严重的，还将承担相应的刑事责任。会计人员应该谨记，企业的业务活动以盈利为目的，但企业会计工作要以法律法规和企业会计制度为依据，对企业经济活动进行核算和监督。

（二）原始凭证的填制范例

1. 支票的填写

在支票正面"出票日期（大写）"栏用大写写上日期，比如"贰零壹叁年零贰月零壹日"。在"收款人"栏写明详细的收款人单位名称。然后写好要取的金额数，大写要顶头写（已标明人民币字样），即从支票给画好的横线的开始处写，小写金额数字前应标明人民币符号 ¥。现金支票"用途"栏写备用金或工资，转账支票“用途”栏写货款等，然后盖好在银行预留的印鉴。反过来，在支票背面收款人处盖好同正面一样的章即可（转账支票背面不盖）。要用碳素笔写，不能涂改。存根部分要写上出票日期（小写）、收款人、小写金额和用途。见图 4-13。

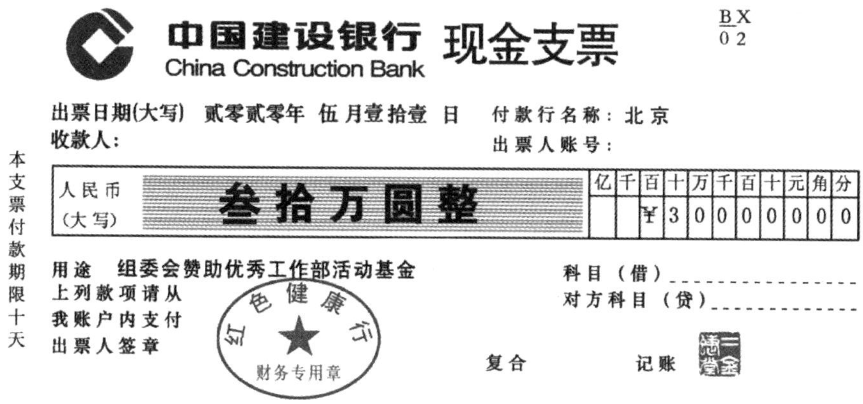
中国建设银行 China Construction Bank 现金支票 BX 02

本支票付款期限十天

出票日期(大写) 贰零贰零年 伍 月壹拾壹 日　付款行名称：北京
收款人：　出票人账号：

人民币（大写）	叁拾万圆整	亿	千	百	十	万	千	百	十	元	角	分
				¥	3	0	0	0	0	0	0	0

用途　组委会赞助优秀工作部活动基金　科目（借）
上列款项请从　对方科目（贷）
我账户内支付
出票人签章　复合　记账

图 4-13　现金支票填写图例

2. 限额领料单的填制

限额领料单是一种一次开设、多次使用、领用限额已定的累计原始凭证。有效期最长 1 个月，只要领用数量累计不超过限额就可以连续使用。见图 4-14。

限额领料单一般一式两联，经生产计划部门和供应部门负责人审核签名和盖章后，一联交仓库据以发料、登记材料明细账，一联送交领料单位据以领料。

限额领料单

领料部门：第一车间　发料仓库：第一号仓库

生产通知单：8　2020 年 3 月　凭证编号：

材料类别	材料编号		材料名称规格	计量单位	领用限额	实际领用	单价	金额	备注
H	A101		木材	立方米	30	30	600	18 000	
领料日期	数量		领料人签章	发料人签章	退料			限额结余	
	请领	实发			数量	退料人	收料人		
1	10	10	印	印				20	
12	15	15	印	印				5	
25	5	5	印	印				0	

供应部门负责人：朱明　生产部门负责人：付霞　仓库保管员：张小

图 4-14　限额领料单填写图例

3. 普通发货票的填制

普通发货票首先要写清楚购货单位的全称，然后按凭证格式和内容，逐项填列齐全。发货票内容要如实填写。经办人的签章和单位的公章都要盖全。见图 4-15。

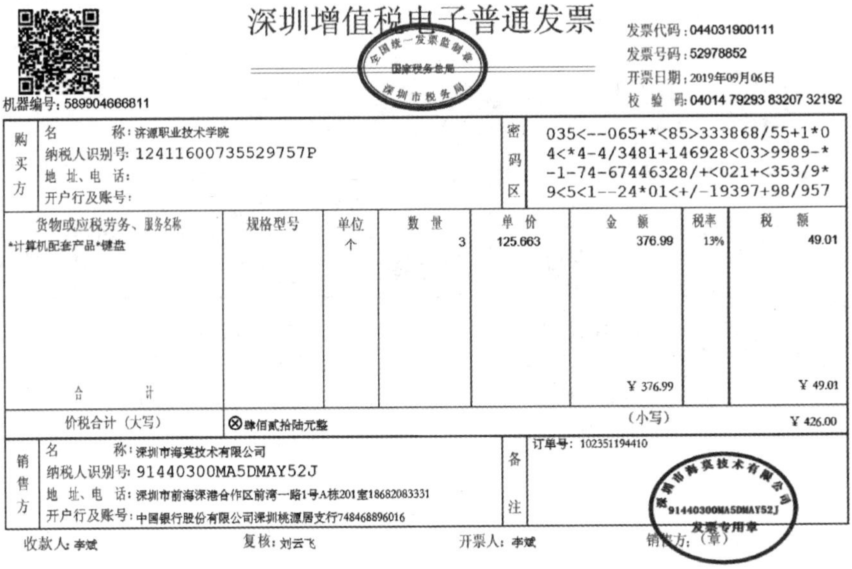

深圳增值税电子普通发票

机器编号：589904666811

发票代码：044031900111
发票号码：52978852
开票日期：2019年09月06日
校 验 码：04014 79293 83207 32192

购买方 名称：济源职业技术学院
纳税人识别号：12411600735529757P
地址、电话：
开户行及账号：

密码区 035<--065+*<85>333868/55+1*0 4<*4-4/3481+146928<03>9989-* -1-74-67446328/+<021+<353/9* 9<5<1--24*01<+/-19397+98/957

货物或应税劳务、服务名称	规格型号	单位	数量	单价	金额	税率	税额
*计算机配套产品*键盘		个	3	125.663	376.99	13%	49.01
合计					¥376.99		¥49.01
价税合计（大写）	⊗肆佰贰拾陆元整				（小写）		¥426.00

销售方 名称：深圳市海莫技术有限公司
纳税人识别号：91440300MA5DMAY52J
地址、电话：深圳市前海深港合作区前湾一路1号A栋201室18682083331
开户行及账号：中国银行股份有限公司深圳桃源居支行748468896016

备注 订单号：102351194410

收款人：李斌　复核：刘云飞　开票人：李斌　销售方：（章）

图 4-15　普通发票填写图例

4. 增值税专用发票的填制

增值税专用发票是一般纳税人于销售货物时开具的销货发票，基本联次一式三联（普通发票为两联，无抵扣联）。其中销货单位留第一联“记账联”作会计的记账凭证；交购货单位第二联“抵扣联”作为税款抵扣凭证；第三联“发票联”作购货单位的结算凭证。购货单位向一般纳税人购货，才能取得增值税专用发票税款抵扣联，其购进货物时支付的进项税额才能用于抵扣。如 2020 年 12 月 3 日，×× 公司购买 ×××，取得增值税专用发票，见图 4-16。

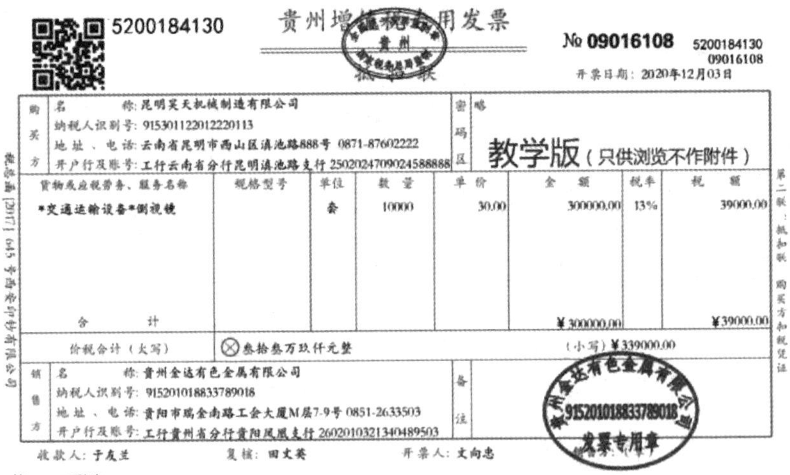

5200184130　贵州增值税专用发票　抵扣联

№ 09016108　5200184130　09016108
开票日期：2020年12月03日

购买方 名称：昆明昊天机械制造有限公司
纳税人识别号：915301122012220113
地址、电话：云南省昆明市西山区滇池路888号 0871-87602222
开户行及账号：工行云南省分行昆明滇池路支行 2502024709024588888

密码区 略 教学版（只供浏览不作附件）

货物或应税劳务、服务名称	规格型号	单位	数量	单价	金额	税率	税额
*交通运输设备*倒视镜		套	10000	30.00	300000.00	13%	39000.00
合计					¥300000.00		¥39000.00
价税合计（大写）	⊗叁拾叁万玖仟元整				（小写）¥339000.00		

销售方 名称：贵州金达有色金属有限公司
纳税人识别号：915201018833789018
地址、电话：贵阳市瑞金南路工会大厦M层7-9号 0851-2633503
开户行及账号：工行贵州省分行贵阳凤凰支行 2602010321340489503

备注

收款人：于友生　复核：田文英　开票人：文向忠

第二联：抵扣联 购买方扣税凭证

第一、三联略。

图 4-16　增值税专用发票填写图例

知识拓展

什么是增值税专用发票?

增值税专用发票是我国实施新税制的产物，是专用于一般纳税人销售或者提供增值税应税项目的一种发票。增值税专用发票既具有普通发票所具有的内涵，同时还具有比普通发票更特殊的作用。它不仅是记载商品销售额和增值税税额的财务收支凭证，而且是兼记销货方纳税义务和购货方进项税额的合法证明，是购货方据以抵扣税款的法定凭证，对增值税的计算和管理起着关键性作用。

知识拓展

银行票据出票日期的填写

银行票据（包括现金支票、转账支票、银行汇票、商业汇票等）的填制，除了按照原始凭证的具体要求以外，特别在填制日期上做出了明确规定：票据的出票日期必须使用中文大写。在填写月、日时，月为壹、贰和壹拾的，日为壹至玖和壹拾的，应在其前加“零”；日为拾壹至拾玖的，应在其前面加“壹”，如 10 月 12 日，应写成：零壹拾月壹拾贰日。

二、原始凭证的审核

原始凭证由于来源不同，经办单位和人员各异，为了保证原始凭证的真实性和它所反映的经济业务的合法性、合理性和完整性，必须对其进行严格的审核。

微课：
原始凭证的审核

（一）原始凭证的真实性、合法性和合理性

第一，真实性审核。即审核原始凭证所记录的经济业务是否真实，是否有伪造、变造和涂改等弄虚作假现象。经济业务的经办单位和个人、经济业务发生的时间和地点、填制凭证的日期和内容、经济业务引起的实物量和价值量等各方面都必须是真实的。

第二，合法性审核。即审核原始凭证所记载的经济业务是否符合有关财经纪律、政策法规等的规定，有无违法乱纪行为。

第三，合理性审核。即审核经济业务的发生是否符合事先制定的计划、预算等要求，有无不讲求经济效益、不符合费用开支标准、铺张浪费等现象。

（二）原始凭证的完整性、正确性和及时性

首先，审核原始凭证的各构成要素是否齐全，手续是否完备，各经办单位和有关人员的是否签名或盖章，主管人员是否审核批准。

其次，审核各要素内容填制是否正确、完整、清晰，特别是对原始凭证中的数量、金额的正确性要认真审核，检查金额计算是否正确，大小写金额是否一致。

再次，原始凭证应在经济业务发生或完成时及时填制并及时传递。审核时应注意审查凭证的签发日期，尤其是支票、银行汇票、银行本票等时效性较强的原始凭证更要注意。

要点提示

原始凭证审核是一项十分重要的工作，应根据不同情况处理：第一，对于完全符合要求的原始凭证，应及时据以填制记账凭证入账；第二，对不真实、不合法的原始凭证有权不予接受，并向单位负责人报告；第三，对记载不准确、不完整的原始凭证予以退回，并要求按照国家统一的会计制度的规定更正、补充。

原始凭证记载的各项内容不得涂改；原始凭证有错误的，应当由出具单位重开或者更正，更正处应当加盖出具单位印章，金额有错误的，应当由出具单位重开。

想一想：会计上为什么要对涉及银行结算的票据的出票日期采用中文大写？原始凭证金额有错误，为什么必须由出具单位重开？原始凭证应从哪几个方面进行审核？

三、记账凭证的填制

（一）记账凭证的填制要求

1. 记账凭证填制的基本要求

记账凭证是登记账簿的直接依据，填制记账凭证应符合以下基本要求：

（1）审核无误。即必须根据审核无误的原始凭证填制记账凭证。这是内部牵制制度的一个重要环节。

（2）内容完整。即记账凭证应该包括的基本内容都要具备。

要点提示

记账凭证的日期，一般为编制记账凭证当天的日期。按权责发生制原则计算收益、分配费用、结转成本利润等调整分录的记账凭证应填写当月月末的日期，以便在当月之内进行登记。

（3）分类正确。即根据经济业务的内容，正确区别不同类型的原始凭证，正确应用会计科目。在此基础上，记账凭证可以根据每张原始凭证填制，也可以根据若干张同类原始凭证或原始凭证汇总表填制，不得将不同内容和类别的原始凭证汇总填制在一张记账凭证上，以防止账户对应关系混淆不清。

（4）连续编号。即记账凭证应连续编号。便于分清会计事项处理的先后顺序，便于记账凭证与账簿之间的核对，确保记账凭证的完整。

（5）清楚规范。记账凭证的书写应当清楚、规范。

2. 记账凭证填制的具体要求

（1）记账凭证的“摘要”栏填写应简明、准确，与原始凭证内容一致。为了便于登记账簿和日后查阅凭证，记账凭证的摘要应简明扼要使阅读的人员通过摘要就能了解该项经济业务的性质、特征，判断出会计分录的正确与否。

（2）正确编制会计分录并保持借贷金额平衡。必须根据国家统一的会计制度的规定，正确使用会计科目和编制会计分录，记账凭证中借方金额合计应与贷方金额合计相等，总账科目的金额要和所属明细账金额之和相等。

（3）记账凭证上应附原始凭证并注明张数。除结账和更正错误的记账凭证可以不附原始凭证外，其他记账凭证都必须附有原始凭证且注明张数。

要点提示

如一张原始凭证涉及几张记账凭证的，可以将该原始凭证附在一张主要的记账凭证后面，在其他记账凭证上注明该主要记账凭证的编号，如“× 张单据附在第 × 号记账凭证后”，或者附上该原始凭证的复印件，以便复核和查阅。

（4）一张原始凭证所列支出需要两个以上的单位共同负担的，应当由保存该原始凭证的单位开给其他应负担单位原始凭证分割单进行结算。

要点提示

原始凭证分割单必须具备原始凭证的基本内容，包括凭证名称、填制凭证日期、填制凭证单位名称或填制人姓名、经办人员签名或盖章、接受凭证单位名称、经济业务内容、数量、单价、金额和费用的分担情况等。

（5）记账凭证必须连续编号。记账凭证的编号方法有两种：一是统一编号法，即按时间先后顺序统一编号，一般适用于对通用记账凭证的编号，即“第 × 号”；二是分类编号法，用于对专用记账凭证的编号。可以按收款业务、付款业务和转账业务三类分别编号，即“收字第 × 号”“付字第 × 号”“转字第 × 号”，还可以按现金收入、现金支出、银行存款收入、银行存款支出和转账业务分五类编号。各单位应根据本单位业务繁简程度、人员多寡和分工情况，选择便于记账、查账、内部稽核、简单严密的编号方法。每月月末的最后一张记账凭证的编号旁边应加注“全”字，以免凭证散失。

要点提示

如果一笔业务需要填制多张记账凭证，可采用分数编号法。比如，一笔转账业务需要填制三张记账凭证，可编号为“转字第 28 号”，三张记账凭证的编号分别是“转字第 28-1/3”“转字第 28-2/3”“转字第 28-3/3”。其中，28 表示该记账凭证的编号，分母“3”表示该笔业务所使用的记账凭证是 3 张，分子“1”“2”“3”表示在总数中属于第几张。

（6）错误记账凭证的更正必须规范。在填制记账凭证时发生错误，应根据不同情况进行更正。如果错误的记账凭证尚未登记入账，则应重新填制一张正确的；若已登记入账且在当年内发现填写错误时，应当按照错账更正方法进行更正（详见项目八任务二“错账更正”）。

（7）记账凭证的空行注销要正确。记账凭证填制完经济业务事项后，如有空行，应当自金额栏最后一笔数字下空行处的右上角至合计数上空行处的左下角划斜线注销。

（8）实行会计电算化的单位，其机制记账凭证应当符合对记账凭证的一般要求，做到会计科目使用正确，数字准确。打印出来的机制记账凭证要加盖制单人员、审核人员、记账人员和会计主管人员的印章或者签字，以明确责任。

（9）只涉及现金和银行存款之间收入或付出的业务，为了防止重复，应以付款业务为主，只填制付款凭证。

动画：收款凭证和付款凭证的填制

（二）记账凭证填制范例

记账凭证的种类繁多，下面举例说明几种记账凭证的填制方法。

1. 收款凭证的填制方法

收款凭证是根据反映现金、银行存款收款业务的原始凭证填制的专用记账凭证。它的填制方法是：收款凭证左上角的“借方科目”，应填列“库存现金”或“银行存款”；右上方凭证编号，应按月自“现收字第 1 号”或“银收字第 1 号”编起，以后顺序编号，不得漏号、重号和错号；收款凭证的日期，按填制凭证的日期填写；“摘要”栏填写经济业务的主要内容概要；“贷方科目”栏填写与“库存现金”或“银行存款”科目相对应的总账科目和所属的明细科目；贷方科目的金额应填入该科目所在行的“金额”栏内，借方科目金额应为合计行的合计金额；“记账符号（过账）”栏，应注明该科目所记入账簿的页数，或以“√”代替，表示已经记账；“附件 × 张”应用阿拉伯数字填写所附原始凭证的张数；有关责任人应按规定在下面相应地方签章，空白行划斜线注销。

举例说明如下。

【例 4-1】

A 企业于 2020 年 9 月 10 日收回甲公司货款 80 000.00 元。根据有关原始凭证填制记账凭证，见表 4-2。

表 4-2 收 款 凭 证

借方科目：银行存款　　2020 年 9 月 10 日　　银收字第 11 号

摘 要	贷方科目		金额	记账符号
	总账科目	明细科目		
收回甲公司账款	应收账款	甲公司	80 000.00	√
合 计			¥80 000.00	

附单据 1 张

财务主管：李光明　记账：张红　出纳：王娜娜　审核：李光明　制单：张红

注：A 企业会计岗位设置：出纳王娜娜，会计张红，会计主管李光明，下同。

2. 付款凭证的填制方法

付款凭证是根据反映库存现金、银行存款付款业务的原始凭证填制的专用记账凭证。它的填制方法与收款凭证的不同之处在于：付款凭证左上角的“贷方科目”应填列“库存现金”或“银行存款”科目；右上角编号应按月自“现付字第 1 号”或“银付字第 1 号”编起；“借方科目”栏填写与“库存现金”或“银行存款”相对应的总账科目和所属的明细科目；借方科目的金额应填入该科目所在行的金额栏内，贷方科目的金额应为合计行的合计金额，空白行划斜线注销。

【例 4-2】

A 企业于 2020 年 9 月 6 日用现金购买办公用品 310 元，根据有关原始凭证填制记账凭证如表 4-3 所示。

表 4-3 付 款 凭 证

贷方科目：库存现金　　2020 年 9 月 6 日　　现付字第 5 号

摘要	借方科目		金额	记账符号
	总账科目	明细科目		
现金购买办公用品	管理费用	办公费	310.00	√
合 计			¥310.00	

附单据 1 张

财务主管：李光明　记账：张红　出纳：王娜娜　审核：李光明　制单：张红

3. 转账凭证的填制方法

转账凭证是根据不涉及现金、银行存款收付转账业务的原始凭证填制的专用记账凭证。它的填制方法与收、付款凭证不同的是：左上角不限定科目；编号采用“转字第 × 号”；金额栏有借方和贷方两列，分别对应借方金额和贷方金额。其他填写内容与收、付款凭证相同。

【例 4-3】

2020 年 9 月 15 日，A 企业接受乙公司投入设备 100 000 元，根据有关原始凭证填制转账凭证如表 4-4 所示。

动画：转账凭证和通用记账凭证的填制

表 4-4 转 账 凭 证

2020 年 9 月 15 日　　　　转字第 6 号

摘要	借方科目		借方金额	贷方金额	记账符号	
	总账科目	明细科目				
接受乙公司投资	固定资产		100 000.00		√	附单据3张
	实收资本	乙公司		100 000.00	√	
合 计			¥100 000.00	¥100 000.00		

财务主管：李光明　　记账：张红　　审核：李光明　　制单：张红

4. 通用记账凭证的填制方法

通用记账凭证是根据反映经济业务的原始凭证，对经济业务涉及的所有科目均采用同一种格式进行填制的记账凭证。编号采用“记字第 × 号”，其他内容均与转账凭证相同。

【例 4-4】

A 企业 2020 年 9 月 21 日开现金支票一张，从银行提取现金 2 000 元。根据现金支票，会计人员填制记账凭证如表 4-5 所示。

表 4-5 记 账 凭 证

2020 年 9 月 21 日　　　　记字第 35 号

摘要	借方科目		借方金额	贷方金额	记账符号	
	总账科目	明细科目				
从银行提现金	库存现金		2 000.00		√	附单据1张
	银行存款			2 000.00	√	
合 计			¥2 000.00	¥2 000.00		

想一想：通用记账凭证和哪一种专用记账凭证的相似？如果将表 4-2 ~ 表 4-4 的专用记账凭证改为通用记账凭证该如何填制？

要点提示

在专用记账凭证下，某些既涉及收款业务或付款业务，又涉及转账业务的综合性业务，可分开填制不同类型的记账凭证。

四、记账凭证的审核

动画：你会审核记账凭证吗？

记账凭证是登记账簿的直接依据，在记账凭证填制完毕、记账之前，必须进行严格审核。审核内容包括：

（一）内容是否真实

审核记账凭证是否以原始凭证为依据，所附原始凭证与记账凭证的内容是否一致，记账凭证汇总表的内容与其所依据的记账凭证内容是否一致等。

（二）项目是否齐全

审核记账凭证各项目的填写是否齐全，如日期、凭证编号、摘要、会计科目、金额、所附原始凭证张数及有关人员签章等。

（三）科目是否正确

审计记账凭证的应借、应贷科目是否正确，是否有明确的账户对应关系，所使用的会计科目是否符合企业会计准则等规定。

（四）金额是否正确

审核记账凭证所记录的金额与原始凭证的有关金额是否一致，计算是否正确，记账凭证汇总表的金额与记账凭证的金额合计是否相符等。

（五）书写是否规范

审计记账凭证中的记录是否文字工整、数字清晰，是否按规定进行更正等。

（六）手续是否完备

审核出纳人员在办理收款或付款业务后，是否已在记账凭证上加盖“收讫”或“付讫”戳记。

要点提示

在记账凭证审核中，如发现差错或遗漏，应按规定及时更正或补充；如已经登记入账，要按规定的方法进行更正；对伪造、涂改记账凭证等现象，应严厉制止并纠正。

任务四 传递与保管会计凭证

一、会计凭证的传递

会计凭证的传递是指会计凭证从取得或填制、审核、整理、记账、装订成册到归档保管为止，在本单位内部各有关部门和人员之间，按照规定的路线、时间进行传递、处理的程序。

会计凭证的传递包括传递程序和传递时间。例如，材料采购业务，要由采购部门、仓库部门、财会部门共同完成，会计凭证也要在这些部门之间进行传递。一般地，根据购料发票等有关原始凭证经采购人员、采购部门负责人签章后连同材料一并送交仓库据以验收入库，并填制“收料单”一式三联，一联仓库留存、一联交采购部门存查、一联连同发票交财会部门，财会部门审核后即可编制采购材料和入库的记账凭证。

各单位根据经济业务特点、内部机构设置、人员分工、管理要求等规定各种凭证的传递程序和传递时间。

二、会计凭证的保管

会计凭证的保管是指会计凭证在登记入账后的整理、装订和归档存查。会计凭证的保管要求如下：

（1）分类编号，防止散乱丢失。会计凭证登记完毕后，应当按照类别和编号顺序整理。

（2）装订成册、封面填写清楚。会计凭证登记入账后，会计人员应定期将各种记账凭证连同所附的原始凭证，按照编号顺序，加具封面、封底，折叠整齐，装订成册；在封面上注明单位名称、所属年度、月份、起讫日期、凭证种类和起讫号数，以及记账凭证和原始凭证的张数，并在装订线上加贴封签，由经办人员在封签处加盖骑缝章。

（3）加贴封条，防止抽换凭证。原始凭证不得外借，特殊原因确实需要外借时，经本单位会计机构负责人批准，可以提供复印件，但应在登记簿上登记，并由提供人员和收取人员共同签名、盖章。

（4）原始凭证较多时可单独保管。单独保管的原始凭证，应在凭证封面注明所属记账凭证的日期、编号和种类，同时在所属记账凭证上注明“附件另订”及原始凭证的名称和编号，以便查阅。

要点提示

对各种重要的原始凭证，如押金收据、提货单等，以及各种需要随时查阅和退回的单据，应另编目录，单独保管，并在有关的记账凭证和原始凭证上分别注明日期和编号。

（5）保管期限和销毁规定。每年装订成册的会计凭证，在年度终了时可暂由本单位会计机构保管一年，期满后移交本单位档案机构统一保管；未设立档案机构的，应当在会计机构内部指定专人保管。

要点提示

出纳人员不得监管会计档案；会计凭证保管期满前不得任意销毁。

综合案例

案例资料：赵京是中原财经大学会计专业2020届毕业生，就业单位是广东某电子有限公司财务部，担任出纳工作。2020年9月该公司发生如下经济业务：

9月1日，公司收到银行收账通知单，收到东方公司上月欠款230 000元。

9月4日，采购员李丽出差预借差旅费5 000元，赵京审核“借款单”后，以现金付讫。

9月6日，赵京根据公司“工资结算单”，以现金89 600元发放公司员工工资。

9月11日，公司销售部门副经理王光明持一张金额为5 500元的发票前来报销，发票上注明系考察费。经赵京审核，发票上应填写的内容齐全。

9月16日，公司办公室人员李丽持一张金额为11 000元，开票日期为2019年12月份的发票前来报销，并称这是当时出差回来后遗失而现在找到的发票。

9月23日，公司财务部总账会计人员外出培训一个月，公司领导决定由赵京临时兼任公司总账会计。

案例讨论：

1. 分析上述经济业务发生后分别涉及哪些原始凭证？其中，哪些属于外来原始凭证？哪些属于自制原始凭证？

2. 销售部副经理王光明和办公室职员李丽的发票能否报销？为什么？

3. 赵京能否兼任公司的总账会计？

文档：会计凭证知识点小结

专业能力测评

专业能力测评表（在□中打√，A掌握，B基本掌握，C未掌握）

知识点/技能点	评价指标	自测结果	要求
会计凭证	1. 会计凭证含义、内容 2. 会计凭证的分类	□A　□B　□C □A　□B　□C	理解会计凭证含义、内容，掌握其分类
原始凭证	1. 原始凭证含义 2. 原始凭证的基本内容 3. 原始凭证的填制 4. 原始凭证的审核	□A　□B　□C □A　□B　□C □A　□B　□C □A　□B　□C	理解原始凭证含义，熟记内容构成，掌握主要原始凭证的分类、编制要求和审核要领

续表

知识点 / 技能点		评价指标	自测结果	要求
记账凭证		1. 记账凭证含义 2. 记账凭证基本内容 3. 记账凭证的填制 4. 记账凭证的审核	□A □B □C □A □B □C □A □B □C □A □B □C	理解记账凭证含义，熟记内容构成，掌握记账凭证的分类、编制要求和审核要领
专用记账凭证	收款凭证	1. 收款凭证的含义 2. 收款凭证的填制	□A □B □C □A □B □C	理解收款凭证含义，会根据相关原始凭证辨别并编制收款凭证
	付款凭证	1. 付款凭证的含义 2. 付款凭证的填制	□A □B □C □A □B □C	理解付款凭证含义，会根据相关原始凭证辨别并编制付款凭证
	转账凭证	1. 转账凭证的含义 2. 转账凭证的填制	□A □B □C □A □B □C	理解转账凭证含义，会根据相关原始凭证辨别并编制转账凭证
通用记账凭证		1. 通用记账凭证含义 2.通用记账凭证与专用记账凭证的区别 3. 通用记账凭证填制	□A □B □C □A □B □C □A □B □C	理解通用记账凭证含义、与记账凭证和专用记账凭证联系与区别，会根据相关原始凭证编制通用记账凭证

项目测试

一、单选题

1. 会计凭证按（　　）分类，分为原始凭证和记账凭证。

A. 填制程序和用途　　B. 取得来源

C. 经济内容　　D. 填制方式

2. 下列原始凭证中，属于外来原始凭证的是（　　）。

A. 销货发票　　B. 发出材料汇总表

C. 购货发票　　D. 领料单

3. 下列原始凭证中，属于累计凭证的是（　　）。

A. 收据　　B. 发货票

C. 收料单　　D. 限额领料单

4. 将一定时期内反映同类经济业务的若干张原始凭证汇总编制而成的原始凭证是（　　）。

A. 一次凭证　　B. 累计凭证

C. 汇总收款凭证　　D. 汇总原始凭证

5. 企业销售产品一批，货款和税款共计 30 008.5 元。在填写发票大写金额时，正确的书写应为（　　）。

A. 人民币三万零八元五角整

B. 人民币叁万捌元五角整

C. 人民币叁万零捌元伍角整

D. 人民币叁万零捌元伍角

6. 人民币小写金额￥8 900.15，在填写原始凭证时大写金额为（　　）。

A. 捌仟玖佰元零壹角伍分

B. 捌仟玖佰元零壹角伍分整

C. 捌仟玖佰元壹角伍分整

D. 捌千玖佰元壹角伍分

7. 企业销售产品一批，货款和税款共计 40 008.6 元。在填写发票小写金额时，正确的书写应为（　　）。

A. ￥40 008.60 元　　B. 40 008.60 元

C. ￥40 008.60　　D. ￥40 008.6 元

8. 下列各项中，不属于原始凭证基本内容的是（　　）。

A. 原始凭证名称

B. 经济业务内容

C. 填制单位签章及经办人员签章

D. 凭证附件

9. 会计人员在审核原始凭证时，发现某原始凭证内容合理、合法，但不够完整、准确，按规定下列处理办法中，正确的是（　　）。

A. 拒绝办理　　B. 及时办理

C. 交给上级　　D. 予以退回补办手续

10. 记账凭证的填制是由（　　）完成的。

A. 出纳人员　　B. 会计人员

C. 经办人员　　D. 主管人员

11. 记账凭证是根据（　　）填制。

A. 会计报表　　B. 原始凭证

C. 账簿记录　　D. 审核后的原始凭证

12. “把现金 500 元存入银行”这项业务应编制的记账凭证是（　　）。

A. 收款凭证　　B. 付款凭证

C. 转账凭证　　D. 原始凭证

13. 不涉及“现金”和“银行存款”收付的业务应编制的记账凭证是（　　）。

A. 收款凭证　　B. 付款凭证

C. 转账凭证　　D. 原始凭证

14. 用转账支票支付前欠货款，应填制（　　）记账凭证。

A. 转账凭证　　B. 收款凭证

C. 付款凭证　　D. 原始凭证

15. 下列单据中，不能单独作为编制记账凭证依据的是（　　）。

A. 收货单　　B. 发票

C. 发货单　　D. 购销合同

16. 付款凭证的左上角“贷方科目”应填列（　　）科目。

A. 银行存款　　B. 物资采购

C. 主营业务收入　　D. 财务费用

17. 记账凭证除了结账和（　　）外，都必须附原始凭证。

A. 记账　　B. 结账　　C. 冲账　　D. 更正错账

18. 记账凭证和原始凭证的共同点是（　　）。

A. 所起作用相同　　B. 所含凭证要素相同

C. 编制时间相同　　D. 反映经济业务相同

19. 记账凭证按其填列方式，可以分为（　　）。

A. 收款凭证、付款凭证和转账凭证

B. 借项凭证和贷项凭证

C. 单式凭证和复式凭证

D. 一次凭证、累计凭证和汇总凭证

二、多选题

1. 下列各项中，属于按取得来源对原始凭证进行分类的有（　　）。

A. 一次凭证　　B. 专用凭证

C. 自制原始凭证　　D. 外来原始凭证

2. 以下各项，符合原始凭证填列要求的有（　　）。

A. 记录真实　　B. 手续完备　　C. 连续编号　　D. 填制及时

3. 以下属于原始凭证的基本内容有（　　）。

A. 原始凭证的名称

B. 经济业务内容

C. 填制凭证日期和编号

D. 经济业务涉及的数量、单价和金额

4. 下列属于一次原始凭证的有（　　）。

A. 限额领料单　　B. 领料单

C. 收据　　D. 购货发票

5. 下列单据中，可作为会计核算原始凭证的有（　　）。

A. 购销发票　　B. 出差车票

C. 购销合同　　D. 现金支票存根

6. 限额领料单同时属于（　　）。

A. 原始凭证　　B. 记账凭证　　C. 累计凭证　　D. 自制凭证

7. 下列各项中，属于审核原始凭证时应审核的内容有（　　）。

A. 真实性　　B. 合法性　　C. 完整性　　D. 及时性

8. 下列属于记账编制凭证的有（　　　　）。

A. 发票　　B. 制造费用分配表

C. 固定资产折旧计算表　　D. 限额领料单

9. 记账凭证的基本内容包括（　　　　）。

A. 凭证编号　　B. 经济业务内容摘要

C. 填制凭证日期　　D. 附原始凭证张数

10. 某企业购入一批材料，料已入库，货款已付。该经济业务应填制的会计凭证有（　　　　）。

A. 收款凭证　　B. 付款凭证

C. 收料单　　D. 发料单

11. 付款凭证左上角的贷方科目可能是下列科目中的（　　　　）。

A. 应收账款　　B. 应付账款

C. 银行存款　　D. 库存现金

12. 下列各项中，属于记账凭证审核要求的是（　　　　）。

A. 内容是否真实　　B. 项目是否齐全

C. 金额是否正确　　D. 书写是否规范

13. 下列各项中，属于记账凭证应当具备的基本内容的有（　　　　）。

A. 金额　　B. 凭证编号　　C. 会计科目　　D. 附件张数

14. 下列人员中，应在记账凭证上签章的有（　　　　）。

A. 单位负责人　　B. 会计主管　　C. 记账人员　　D. 制单人员

15. 下列各项中，属于专用记账凭证的有（　　　　）。

A. 收款凭证　　B. 付款凭证　　C. 单式凭证　　D. 转账凭证

三、判断题

1. 原始凭证按格式不同可分为通用凭证和专用凭证。（　　）

2. 自制原始凭证都是一次凭证。（　　）

3. 累计凭证是指在一定时期内连续记载若干项同类经济业务，其填制手续是随着经济业务发生而分次完成的凭证，如“限额领料单”。（　　）

4. 审核无误的原始凭证是登记账簿的直接依据。（　　）

5. 所有的会计凭证都是登记账簿的直接依据。（　　）

6. 转账支票大小写金额或收款人名称填错，如有更改，须在更改处加盖预留银行印鉴章。（　　）

7. 现金和银行存款之间相互转化的业务，可以选择填制收款凭证或付款凭证。（　　）

8. 除结账和更正错账，记账凭证必须附有原始凭证，并注明附件张数。（　　）

9. 各种记账凭证都只能根据一张原始凭证逐一填制。 （ ）

10. 转账凭证只编制与货币资金收付无关的经济业务。 （ ）

11. 通用记账凭证的格式与填制方法与转账凭证相同。 （ ）

12. 记账凭证是介于原始凭证和账簿之间的中间环节。 （ ）

13. 记账凭证后面必须附原始凭证。 （ ）

14. 会计凭证的传递只包括传递程序。 （ ）

15. 会计凭证按规定保管期满后，可由会计人员销毁。 （ ）

四、业务题

1. 目的：练习通用记账凭证的填制。

2. 资料：天宇工厂 2020 年 3 月发生的部分经济业务如下：

（1）3 月 5 日，销售零星材料一批，价款 150 元，进项增值税税额 19.50 元，收到现金。

（2）3 月 8 日，以现金 300 元购买厂部办公用品。

（3）3 月 16 日，收到 M 公司前欠购货款 63 467.15 元，存入银行。

（4）3 月 18 日，以银行存款 80 000 元偿还流动资金借款。

（5）3 月 20 日，企业购买甲材料 300 千克，单价 100 元，计 30 000 元，进项增值税税额 3 900 元，签发并承兑一张商业承兑汇票。

（6）3 月 23 日，销售 A 产品 1 000 件，单价 60 元，计 60 000 元，销项增值税税额 7 800 元，款项尚未收到。

（7）3 月 25 日，李华出差回来报销差旅费 1 300 元（原借 1 500 元），余款以现金退回。

（8）3 月 28 日，收到 M 公司分来利润 8 600 元存入银行。

3. 要求：根据以上资料编制通用记账凭证。

项目五

日常业务处理——会计账簿设置与登记

学习目标

知识目标：

了解会计账簿及其种类

理解会计账簿内容构成

熟悉登记账簿的基本规则

理解平行登记要点

掌握平行登记方法

能力目标：

掌握各种账簿的设置和登记技术

会登记三栏式现金、银行存款日记账

会登记三栏式总分类账

能区别不同格式的明细分类账的使用

会登记不同格式的明细分类账

素养目标：

培养对工作细心、耐心、一丝不苟的职业素养

养成严谨、负责、有担当的工作态度和职业习惯

知识导图

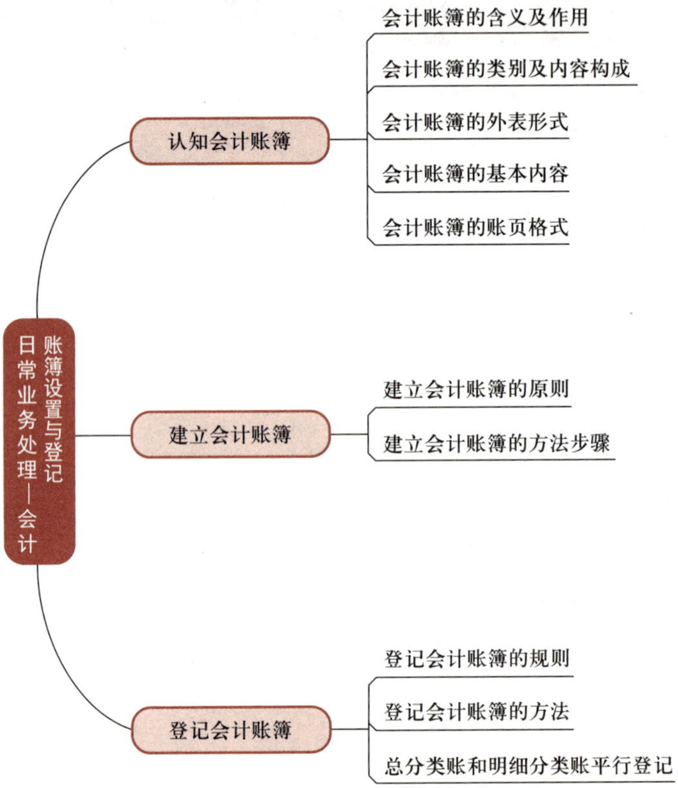
日常业务处理——会计
账簿设置与登记
认知会计账簿
会计账簿的含义及作用
会计账簿的类别及内容构成
会计账簿的外表形式
会计账簿的基本内容
会计账簿的账页格式
建立会计账簿
建立会计账簿的原则
建立会计账簿的方法步骤
登记会计账簿
登记会计账簿的规则
登记会计账簿的方法
总分类账和明细分类账平行登记

导入案例

你知道会计账簿的作用吗？

2021 年 1 月 1 日，陈平以每月 5 000 元的租金租用了一间店面，投资创办了平安服装店，主要经营各种服装的批发零售。1 月 3 日，陈平以服装店名义在银行开了账户，存入资金 10 万元作为投资成本，用于经营。由于陈平不懂会计，他除了将所有的发票、单据收集保存起来以外，没有做任何记录。到月底，服装店有现金 756 元，银行存款剩余资金 58 670 元。此外，服装店还有尚未收回的销货款 22 900 元，尚未支付的购货款 10 260 元，经实地盘点，库存服装价值 32 800 元。那么，公司是赚了还是赔了陈平一无所知。

于是，陈平请教从事会计的邻居帮忙计算盈亏。邻居会计告诉她，服装店需要建立一套系统的会计核算体系，尤其需要设置会计账簿，只有设置了会计账簿才可以全面、连续、系统、完整地记录企业经济业务的发生与完成情况，服装店的财务状况与盈亏情况才能较为系统地反映出来。

案例思考与讨论：会计凭证是记录经济业务发生或者完成情况的书面证明，由原始凭证和记账凭证两部分构成。原始凭证是经济业务发生或完成时取得或填制的，用以记录或证明经济业务发生或完成情况的书面证明。比如，案例中陈平收集保存起来的发票、单据等。记账凭证是会计人员根据审核无误的原始凭证，按照经济业务的内容加以归类整理后填制的会计凭证。案例中陈平没有做任何记录，表示既没有编制记账凭证也没有登记会计账簿。请问，假设陈平的服装店根据原始凭证填制了记账凭证，还需要设置和登记会计账簿吗？

任务一　认知会计账簿

一、会计账簿的含义及作用

会计账簿是由一定格式的账页组成的，以审核无误的会计凭证为依据，全面、系统、连续地记录各项经济业务的簿籍。从外表形式看，账簿是由具有一定格式的账页联结而成的簿籍；从记录内容看，账簿是对各项经济业务进行分类和序时记录的簿籍。设置和登记账簿，是编制财务报表的基础，是连接会计凭证和财务报表的中间环节，账簿的设置和登记在会计核算中具有重要作用。

微课：认知会计账簿

（一）记载和储存会计信息

将会计凭证所记录的经济业务计入有关账簿，可以全面反映会计主体在一定时期内所发生的各项资金运动，储存所需要的各项会计信息。

（二）分类和汇总会计信息

通过账簿记录，既可以分门别类地反映会计信息，提供详细的会计核算资料；又可以通过发生额、余额计算，提供各方面所需要的总括会计信息，反映财务状况、经营成果和现金流量的综合价值指标。

（三）检查和校正会计信息

账簿记录是会计凭证信息的进一步整理，也是会计分析、检查的重要依据。如期末财产清查时，如果发生盘盈或盘亏，可以根据实存数调整账面记录，以提供真实可靠的会计信息。所以会计账簿应按规定妥善保管，便于查考和使用。

（四）编报和输出会计信息

账簿是企业编制会计报表的直接依据。为了及时反映企业的财务状况、经营成果和现金流量，应定期结账和对账，计算出本期发生额和余额，据以编制财务报表，向有关各方提供所需要的会计信息。

二、会计账簿的类别及内容构成

会计账簿按照用途可以分为序时账簿、分类账簿和备查账簿。

（一）序时账簿

序时账又称为日记账，是按经济业务发生或完成时间的先后顺序进行连续记录的账簿。日记账按记录经济业务的内容又可分为普通日记账和特种日记账两种。普通日记账又称为通用日记账，也叫分录簿或流水账，是用来逐日序时记录全部经济业务发生或完成情况的账簿。特种日记账，是专门用来序时记录某一类经济业务发生或完成情况的账簿，如企业设置的现金日记账和银行存款日记账。

（二）分类账簿

分类账是对全部经济业务按照账户进行分类登记的账簿。分类账按提供资料的详细程度分为总分类账和明细分类账。总分类账是按总分类科目开设，对企业的全部经济业务进行总括分类登记的账簿，如“应收账款”“原材料”总账等。明细分类账是按明细分类科目开设，对企业的某一类经济业务进行详细分类的账簿，如“应收账款”总账下设的“A工厂”明细账，“原材料”总账下的“甲材料”明细账等。

要点提示

总分类账是对所属明细账分类的概括，明细分类账是对相应总分类账的补充。

（三）备查账簿

备查账簿又叫辅助账簿，是对某些在日记账和分类账中不能记录或记录不全的经济事项进行补充登记的账簿。企业常用的备查账簿有“租入固定资产备查簿”“委托加工材料备查簿”“应收票据备查簿”“代销商品登记簿”等。

要点提示

企业一般要设置日记账、总分类账和明细分类账。其中，现金日记账、银行存款日记账和总分类账是企业必须设置的；明细账设置多少、备查账是否需要设置均根据企业的实际情况而决定。

三、会计账簿的外表形式

会计账簿的外表形式有三种：订本式账簿、活页式账簿和卡片式账簿。

（一）订本式账簿

订本式账簿是启用前已按页码顺序编号并装订成册的账簿。订本账的优点是可以避免账页散失，防止随意抽换。缺点是不能根据记账需要增减账页，不便于分工记账。

（二）活页式账簿

活页式账簿是把若干零散的具有专门格式的账页装订在账夹中，使用后，会计期末装订成册的账簿。活页账的优点是可根据不同需要增减账页，便于分工记账；缺点是账页容易散失和被抽换。

（三）卡片式账簿

卡片式账簿是由若干零散的具有专门格式的硬纸卡片存放于卡片箱中，使用后，会计期末再装订成册的账簿。卡片账与活页账的优缺点基本相同。企业常用的有“固定资产卡片账”“材料卡片账”等。

要点提示

订本账适用于重要经济事项的记录。现金日记账、银行存款日记账和总分类账可采用订本式账簿。活页式账一般适用于各种明细分类账簿。

四、会计账簿的基本内容

（一）封面（含封底）

封面主要表明账簿名称，如总分类账、银行存款日记账等。封面（含封底）起保护账页的作用。

（二）扉页

扉页主要列示“账簿启用及交接表”和“账户目录”。“账簿启用及交接表”主要是用来明确账簿名称，启用日期、记账人员、账簿交接情况等内容，其格

文档：账簿启用表的填写

式见表5-1；“账户目录”是为了方便查阅账簿内容，由记账人员按每个账户的名称和页数顺序逐个登记的，其格式见表5-2。活页式、卡片式账簿装订成册后，尤其需要填写“账户目录”。

表5-1 账簿启用及经管人员一栏表

<table>
<tr><td colspan="2">单位名称</td><td colspan="8"></td><td>印花粘贴处</td></tr>
<tr><td colspan="2">账簿名称</td><td colspan="8"></td><td rowspan="4"></td></tr>
<tr><td colspan="2">账簿编号</td><td colspan="8">字第 号 第 册 共 册</td></tr>
<tr><td colspan="2">账簿页数</td><td colspan="8">本账簿共计 页</td></tr>
<tr><td colspan="2">启用日期</td><td colspan="8">年 月 日至 年 月 日</td></tr>
<tr><td colspan="2">经管人员</td><td colspan="3">接管</td><td colspan="3">移交</td><td colspan="2">会计负责人</td><td>印章</td></tr>
<tr><td>姓名</td><td>盖章</td><td>年</td><td>月</td><td>日</td><td>年</td><td>月</td><td>日</td><td>姓名</td><td>盖章</td><td rowspan="4"></td></tr>
<tr><td></td><td></td><td></td><td></td><td></td><td></td><td></td><td></td><td></td><td></td></tr>
<tr><td></td><td></td><td></td><td></td><td></td><td></td><td></td><td></td><td></td><td></td></tr>
<tr><td></td><td></td><td></td><td></td><td></td><td></td><td></td><td></td><td></td><td></td></tr>
</table>

表5-2 账 户 目 录

科目名称	页次	科目名称	页次	科目名称	页次

（三）账页

账页是账簿中用来具体记录经济业务的部分，是账簿的主要内容和核心。账页因反映的经济业务内容不同，可用不同的格式，但基本内容应该包括：

（1）账户名称（总账科目、明细科目等）；

（2）登记日期栏；

（3）凭证种类和号码数栏；

（4）摘要栏（记录经济业务内容的简要说明）；

（5）金额栏（记录账户的增减变动及余额）；

（6）总页次和分户页次。

五、会计账簿的账页格式

会计账簿按账页格式不同，主要有三栏式账页、多栏式账页、数量金额式账页和横线登记式账簿，其中前三种较为常用。

（一）三栏式账页

三栏式账页是指设置借方、贷方和余额三个金额栏的账页。这种格式的账页适用于只提供价值核算信息，不需要提供数量核算信息的账簿，如三栏式总账、库存现金与银行存款日记账、债权债务明细账等。

（二）多栏式账页

多栏式账页是指在借方、贷方两个基本栏次中按需要又分设若干栏目，详细反映借、贷方金额组成情况的账页。这种格式的账页主要适用于核算项目较多，且管理上要求提供各核算项目详细信息的账簿，如损益类、成本类明细账等。

（三）数量金额式账页

数量金额式账页是指在借方、贷方和余额三大栏内，又分设数量、单价、金额三个小栏目的账页。这种格式的账页适用于既需要提供价值信息，又需要提供数量信息的账簿，如原材料明细账、库存商品明细账等。

（四）横线登记式账簿

横线登记式账簿又称平行式账簿，是指将前后密切相关的经济业务登记在同一行上，以便检查每笔业务的发生和完成情况的账簿。材料采购、在途物资、应收票据和备用金的借支与报销归还等，其明细账一般采用横线登记式账簿。

想一想：三栏式、多栏式、数量金额式、横线登记式明细账有何区别？适合不同格式的明细账分别有哪些账户？

任务二　建立会计账簿

一、建立会计账簿的原则

微课：建立账簿体系

新单位成立或新年度开始时，会计人员均应根据核算工作需要设置一定数量的账簿。设置账簿时应遵循以下原则：

第一，合规合法，满足需要。设置的账簿，既要符合国家统一会计制度的规定，又要结合本单位经济业务的特点，满足经营管理和编制会计报表的需要。

第二，全面完整，组织严密。设置的账簿，既要全面、系统地反映企业全部经济业务的内容，又要避免记录重复或遗漏。

第三，便于分工，简便实用。账簿的设置，要便于会计人员的内部分工；账簿中各指标应保持内在联系和勾稽关系；账簿格式力求简便实用，避免烦琐复杂。

德技并修

企业应当依法设置会计账簿

贵州省普安县人民检察指控，2011 年九龙水泥厂在生产经营期间，该厂会计危某文通过做两套账簿的方法，隐瞒 2011 年度水泥销售收入 5 919 593.70 元，少申报增值税额 860 111.90 元；虚开运输发票额 1 078 179.95 元，用于认证抵扣增值税额 75 510.39 元，涉嫌逃税金额共计 935 622.29 元。

被告人危某文对指控提出“税务是否申报不是我能决定的，主要都是单位领导决定。”被告人危某文身为普安县九龙水泥厂的会计，负责该厂税务申报工作，系直接责任人员，应以逃税罪追究其刑事责任。

被告人危某文犯逃税罪，判处有期徒刑三年，缓刑五年，并处罚金人民币三万元（罚金限判决生效后三十日内缴纳）。

启示:《会计法》规定，企业发生的各项经济业务均应当依法设置会计账簿统一登记核算，不得违反《会计法》与税法的规定私设会计账簿进行登记核算，情节严重的将承担刑事责任。前事之鉴，后事之师。此案例告诫会计人员，虽然有领导指使，但如果触犯法律会计照样会受到法律的制裁。所以，作为会计人员应当具备一定的职业道德，不要在单位领导的授意下，做出违反会计法律法规的事情，遇到违法犯罪行为，应立即向税务机关检举，要注意保护好自己。会计人员还要不断提高自身素质，坚持原则，敬业守法，遇到不懂法的领导，要晓之以理，法不容情，违法的事坚决不干。

二、建立会计账簿的方法步骤

（一）建立日记账（序时账）

我国会计制度规定，规模较大、业务较多的企业，为了严格管理和控制业务，一般都应设置库存现金和银行存款特种日记账。均由出纳人员登记，银行存款日记账可以按银行、按基本存款户、一般存款户等设置多个账本。

1. 选择账簿外表形式及账页格式

库存现金日记账、银行存款日记账是用来逐日逐笔记录企业库存现金、银行存款收支及其结存情况的账簿。选用订本式，其账页格式有“三栏式”和“多栏式”两种，以三栏式最为常用。

① 三栏式账页。三栏式现金、银行存款日记账设“收入”“支出”和“结存”三个金额栏。其格式如表 5-3 所示。

② 多栏式账页。多栏式现金、银行存款日记账是按现金（银行存款）的每一个对应科目设置专栏，进行序时登记的账簿。在库存现金、银行存款收付业务比较频繁、规模比较大的单位，为了简化记账手续，现金、银行存款日记账的账页格式可以采用多栏式。其格式如表 5-4 所示。

表 5-3　库存现金　日记账（三栏式）

202x		凭证		摘要	对应科目	收入										支出										结存									
月	日	字	号			千	百	十	万	千	百	十	元	角	分	千	百	十	万	千	百	十	元	角	分	千	百	十	万	千	百	十	元	角	分
4	1			期初余额																										1	5	0	0	0	0

表 5-4　库存现金　日记账（多栏式）

年		凭证		摘要	借方					贷方					结存
月	日	字	号		对应贷方科目					对应借方科目					
					银行存款	应收账款	……	合计	过账	银行存款	应付账款	……	合计	过账	

由于现金收入、支出同在一本账中登记，势必造成账页过宽，因此，可分设“现金收入日记账”和“现金支出日记账”两种。

2. 启用库存现金和银行存款日记账

出纳人员启用库存现金、银行存款日记账时，应详细登记账簿扉页的“账簿启用和经管人员一览表”，并签名盖章，再交由会计主管人员审核后签名盖章，最后加盖单位公章和法人印章，之后由出纳人员在“印花粘贴处”（或“备注”栏内）粘贴印花税票，并划线完税。

3. 登记日记账期初余额

启用日记账后，在库存现金、银行存款日记账的第一页登记各自的期初余额。

想一想：日记账是怎么分类的？通常采用什么形式的账簿和账页格式？

要点提示

普通日记账是用来逐日序时记录全部经济业务发生或完成情况的账簿，采用订本式只能由一人登记，工作量很大。随着企业规模扩大、业务增多，其不分类记录经济业务带来的查阅与管理不方便等弊端逐渐显现。因此，目前很少使用。

（二）建立总分类账

总分类账简称总账，是用来总括地反映企业发生的全部经济业务的账簿。它是根据总分类账户开设、由总账会计负责建立和登记，为编制财务报表提供直接数据资料。

1. **选择总分类账的外表形式和账页格式**

总分类账采用订本式，账页格式有三栏式和多栏式，主要采用三栏式。

三栏式是指采用“借方”“贷方”和“余额”三个金额栏的账页，分别反映经济业务内容的增减变动与结余情况。如表 5-5 所示。

表 5-5　总分类账（三栏式）

账户名称：应付账款

202x 年		凭证		摘要	借方										贷方										借或贷	余额									
月	日	字	号		千	百	十	万	千	百	十	元	角	分	千	百	十	万	千	百	十	元	角	分		千	百	十	万	千	百	十	元	角	分
3	1			期初余额																					贷				5	3	2	0	0	0	0

2. **启用总分类账**

首先，会计人员需要先填写总分类账扉页的“账簿启用及经管人员一览表”，并在审核后依次加盖会计人员、会计主管人员名章、单位公章和法人名章，然后粘贴印花税票并划票完税。

3. **开设总分类账户**

开设总分类账户就是把总分类科目依次写在总账账页上，使总分类科目与账页结合起来形成总分类账户。由于总账采用订本式，账页固定，所以，开设总分类账户时应根据实际情况为每一个账户预留空白账页，以保证每个账户连续、完整地进行登记。

4. **登记总分类账户的期初余额**

开设了总分类账户后，将每一个总分类账户期初余额登记在第一张账页上，并按照账户性质选择余额方向。如果没有期初余额则可以不登记。

5. **填写账户目录**

在总账扉页的“账户目录”中，按照在总账中开设的总分类账户顺序填写账户及启用页码。

想一想：对比日记账和总分类账的账簿形式、账页格式有何异同点？

（三）建立明细分类账

明细分类账简称明细账，是根据明细分类账户开设，由明细账会计建立和登记，用来提供明细核算资料。

1. **选择明细分类账外表形式和账页格式**

明细分类账外表形式一般采用活页式，也有个别采用卡片式，如固定资产明细账。根据经济管理需要其账页格式主要有三栏式、多栏式和数量金额式三种。

（1）三栏式账页。三栏式明细分类账是在账页上只设有借方、贷方和余额三个金额栏，用来反映某项经济业务的增加、减少和结余情况。此格式适用于只需要进行金额核算的明细账，如应收应付往来明细账。格式如表 5-6 所示。

表 5-6　应收账款　明细账

明细科目：佳兴超市

2020 年		凭证		摘要	借方										贷方										借或贷	余额									
月	日	字	号		千	百	十	万	千	百	十	元	角	分	千	百	十	万	千	百	十	元	角	分		千	百	十	万	千	百	十	元	角	分
3	1			期初余额																					借			2	1	0	0	0	0	0	0

（2）多栏式账页。多栏式明细账不是按照明细科目分设账页，而是在一张账页的借方、贷方金额栏内，按照某一总分类科目所属的各明细分类科目或明细项目分设若干专栏，集中反映各有关明细分类项目的详细资料。此格式适用于只进行金额核算，不进行数量核算，而且管理上需要了解其构成内容的明细账，如成本、费用、收入、利润等明细账。多栏式明细分类账又分为借方多栏、贷方多栏和借贷方均多栏三种格式。

① 借方多栏式。借方多栏式明细账在账页中设有借方、贷方和余额三个金额栏，并在借方分设若干栏目，或者单独开设借方金额分析栏，适用于成本、费用类明细账，格式如表 5-7、表 5-8 所示。

表 5-7　管理费用　明细账

子目：

年		凭证		摘要	借方	贷方	借或贷	余额	（借）方金额分析				
月	日	字	号						办公费	电话费	差旅费	……	其他

表 5-8　生产成本　明细账

科目名称：________________

产品名称：________________

年		凭证		摘要	借方发生额	成本项目			
月	日	字	号			直接材料	直接人工	制造费用	合计

② 贷方多栏式。贷方多栏式明细账在账页中设有借方、贷方和余额三个金额栏，并在贷方分设若干栏目，或者单独开设贷方金额分析栏，适用于收入类明细账，其格式如表 5-9、表 5-10 所示。

表 5-9 主营业务收入 明细账（A）

年		凭证		摘要	借方	贷方	借或贷	余额	（贷）方金额分析				
月	日	字	号						皮鞋	运动鞋	凉鞋	……	其他

表 5-10 主营业务收入 明细账（B）

年		凭证		摘要	借方	（贷）方金额分析					
月	日	字	号			皮鞋	运动鞋	凉鞋	拖鞋	……	

③ 借、贷方多栏式。借、贷方多栏式明细账页借方、贷方均设置若干栏目，适用于“本年利润”“利润分配”“应交税费——应交增值税”等明细分类账，其格式如表 5-11 所示。

表 5-11 应交税费（应交增值税）明细账

年		凭证		摘要	借方				贷方				借或贷	余额
月	日	字	号		合计	进项税	已交税金	转出未交	合计	销项税	出口退税	进项税转出		

（3）数量金额式账页。数量金额式明细分类账是在账页上的收入（借方）、发出（贷方）和结存（余额）三大栏内，再分设“数量”“单价”和“金额”三小栏。此格式适用于既要进行金额核算又要进行实物数量核算的各种财产物资明细账，如“原材料”“库存商品”等明细账，格式如表 5-12 所示。

表 5-12 原材料 明细账

本账页数	
本户页数	

最高储存量

最低储存量

编号　　　规格　　　　　　　　　　　二级______________三级______________

年		凭证		摘要	收入			发出			结存		
月	日	字	号		数量	单价	金额	数量	单价	金额	数量	单价	金额

2. 启用明细分类账

登记明细分类账扉页的“账簿启用表”，方法同总分类账。

要点提示

明细分类账是由若干明细分类账户组成的，因此应根据明细分类科目的顺序及页码填列“账户目录”，但明细分类账是活页式账簿，使用完毕（通常是年末）装订成册后，才能在扉页的“账户目录”中标出每个明细账户的页码。

3. 开设明细分类账户

根据不同账户核算内容，确定采用的账页格式，并把各明细分类科目写在相应的明细账账页上形成明细分类账户。

4. 登记期初余额

将每一个明细分类账户的期初余额登记在相应的账页上，并按照账户的性质选择余额方向。

5. 填写账户目录

按照明细分类账户顺序，逐个填写扉页“账户目录”中账户名称和启用页号。

想一想：明细分类账的账页格式有哪几种？分别适合于什么账户？对比总分类账和明细分类账的建账过程。

知识拓展

什么是备查账簿?

备查账簿是指对一些在序时账簿和分类账簿中不能记载或记载不全的经济业务进行补充登记的账簿，对序时账簿和分类账簿起补充说明作用。相对于序时账簿和分类账簿而言，备查账簿属于辅助性账簿，如委托加工材料登记簿、租入固定资产登记簿等，可以补充说明总分类账和明细分类账所不能详细反映的内容。

备查账簿只是对其他账簿记录的一种补充，与其他账簿之间不存在严密的依存和勾稽关系，备查账簿根据企业的实际需要设置，没有固定格式，但备查账簿对完善企业会计核算、加强企业内部控制与管理等都具有重要意义。

任务三　登记会计账簿

一、登记会计账簿的规则

（一）根据审核无误的会计凭证记账，做到准确完整

会计人员将审核无误的会计凭证中的内容登记到账簿中的行为，称之为过

账。过账时，应将会计凭证日期、编号、业务内容摘要、金额和其他有关资料逐项记入账内。登记完毕后，记账人员要在记账凭证上签名或者盖章，并注明过账的符号（如打“√”等）。

（二）按照规定及时登记账簿，注明记账符号

日记账、明细账和总账要根据要求及时登记，账簿登记完毕后，应在记账凭证上签名或盖章，并在记账凭证的“过账”栏内注明账簿页数或画对钩，表示记账完毕，避免重记和漏记。

（三）账簿记录要清晰、规范，书写留空

为了保证账簿中的记录清晰，易于使用，记账时账簿中的文字和数字必须工整、规范、清晰，不得潦草、模糊。账簿中的文字和数字都应紧靠行格底线写，一般应占格距的二分之一，以便留有改错的空间。

（四）正常记账使用蓝黑墨水

账簿除制度规定允许使用红色墨水登账的情况外，登记账簿要用蓝黑墨水书写。不得用圆珠笔（银行的复写账簿除外）或铅笔书写。

要点提示

以下情况需要使用红墨水书写：

（1）根据红字冲账的记账凭证，冲销错误记录。

（2）在不设“借”“贷”等栏的多栏式账页中，登记减少数。

（3）在三栏式账户余额栏前，如未印明余额方向，在余额栏内用红字登记，表示反方向；

（4）会计期末结账划线、注销账簿中的空行或空页。

（5）更正账簿记录错误。

（6）会计制度规定用红字登记的其他记录。

（五）必须顺序、逐页、逐行登记

各种账簿要按行次、页次顺序连续登记，不得跳行、隔页。如果发生跳行、隔页，应将空行、空页划红线注销，或注明“此行空白”或“此页空白”字样，并由会计人员和会计机构负责人在更正处盖章。

（六）每页账面记录完毕时，应办理转页手续

每一账页登记完毕结转下页时，应当结出本页合计数和余额，写在本页最后一行和下页第一行有关栏内，并在摘要栏注明“过次页”和“承前页”字样。

（七）结出余额并在账页上注明账户余额方向

为了明确账户余额方向，应在账页的“借或贷”栏目内注明“借”或“贷”字样，表明账户余额为借方或贷方；余额为零的账户，应在“借或贷”栏目内注明“平”字，并在余额栏内用“0”表示。

（八）按规定方法更正错账，不得涂改、刮擦、挖补

账簿记录发生错误，应按照规定的方法更改，不允许用涂改、挖补、刮擦、药水清除字迹等手段更正错误。

知识拓展

账页可不可以重抄？

一般情况下，账页不可以重抄。但如果由于特殊原因账簿全页模糊不清的，可以重抄，但在重抄前，应报经会计主管人员批准。抄好以后，要仔细校对，以防抄错，原来不清晰的账页要留在账簿中，不得销毁。

（九）期末各种账簿均应结账

各种账簿期末时都应计算出每个账户的本期发生额、期末余额（损益类账户除外）并进行结账。将期末余额转入下期该账户，作为各账户的期初余额。

要点提示

年初开始用新账簿时，也应将上年年末各账户余额转入新的年度年初账户余额栏内，并在摘要栏注明“上年结转”或“年初余额”字样。

二、登记会计账簿的方法

（一）登记库存现金、银行存款日记账

微课：日记账的登记

库存现金、银行存款日记账是由出纳人员根据审核无误的反映现金、银行存款收付款业务的记账凭证逐日逐笔顺序登记的账簿，其登记内容及方法如下：

（1）日期栏。登记记账凭证的日期，应与库存现金、银行存款实际收、付日期一致，月初登记余额或第一笔经济业务以及每一页第一行时，应登记“年”“月”“日”，其余各行只登记“日”。

（2）凭证、字号栏。登记据以入账的记账凭证种类和编号，以便于查账和核对。凭证采用通用记账凭证时，字号为“记”第 × 号，凭证采用专用记账凭证时，根据收付转凭证类别，字号为“收”“付”或“转”字第 × 号。

（3）摘要栏。简要说明经济业务的内容。

（4）结算凭证种类、号数栏。登记银行存款收付业务使用的结算凭证及编号。

（5）对应科目栏。登记收入来源或支出用途的科目，便于了解资金来龙去脉。

（6）收入（借方）、支出（贷方）栏。登记实际收、付的金额。

（7）记账完毕，出纳人员应在记账凭证中作过账标记，在记账凭证的“出纳”签章栏内签字或盖章。

上述各项示例，如表 5-13 所示。

表 5-13 库存现金 日记账

2020年		凭证		摘要	对应科目	收入										支出										结存									
月	日	字	号			千	百	十	万	千	百	十	元	角	分	千	百	十	万	千	百	十	元	角	分	千	百	十	万	千	百	十	元	角	分
4	1			期初余额																										1	5	0	0	0	0
	2	付	1	从银行提现金	银行存款						5	0	0	0	0															2	0	0	0	0	0
	3	付	2	预支差旅费	其他应收款																3	0	0	0	0					1	7	0	0	0	0

要点提示

每日终了，出纳应分别计算出库存现金、银行存款的收入、支出金额的合计数，并进一步计算出本期余额。对于库存现金每日应由授权的专人和出纳人员将结出的账面余额与库存现金实有数进行核对，以检查现金收付是否有误，如果账实不符应及时查明原因进行处理；对于银行存款，也应定期与开户银行核对，以保证银行存款账簿记录的正确性。

（二）登记总分类账

总分类账可由会计人员根据审核无误的记账凭证逐日逐笔登记，也可以将一定时期的记账凭证汇总编制成“汇总记账凭证”或“科目汇总表”，再据以汇总登记，采用哪种方法登记总账，取决于企业所采用的账务处理程序。

【例 5-1】

假设 2020 年 6 月 M 企业 1—10 日发生的经济业务编制的记账凭证中涉及银行存款的业务有三笔，分别是收到销货款、交纳上月税费、支付材料运费，根据记账凭证逐日逐笔登记总分类账、汇总登记总分类账的登记方法，见表 5-14、表 5-15。

表 5-14 银行存款 总分类账

2020年		凭证		摘要	借方金额										贷方金额										借或贷	余额									
月	日	字	号		千	百	十	万	千	百	十	元	角	分	千	百	十	万	千	百	十	元	角	分		千	百	十	万	千	百	十	元	角	分
6	1			期初余额																					借			5	1	0	0	0	0	0	0
	2	记	1	收到光明厂销货款				5	5	0	0	0	0	0											借			5	6	5	0	0	0	0	0
	5	记	4	交纳上月应交税费														5	2	0	0	0	0	0	借			5	1	3	0	0	0	0	0
	8	记	8	支付材料运杂费															1	0	0	0	0	0	借			5	1	2	0	0	0	0	0

表 5-15　银行存款　总分类账

2020年		凭证		摘要	借方金额										贷方金额										借或贷	余额									
月	日	字	号		千	百	十	万	千	百	十	元	角	分	千	百	十	万	千	百	十	元	角	分		千	百	十	万	千	百	十	元	角	分
6	1			期初余额																					借			5	1	0	0	0	0	0	0
	10	汇	1	汇总1—10日记账凭证填入				5	5	0	0	0	0	0				5	3	0	0	0	0	0	借			5	1	2	0	0	0	0	0

（三）登记明细分类账

明细分类账是由会计人员根据审核无误的原始凭证、原始凭证汇总表以及记账凭证逐笔进行登记。

微课：明细分类账的登记

（1）三栏式明细分类账。由会计人员根据审核无误的记账凭证，按经济业务发生的顺序逐笔进行登记，登记方法类似于三栏式日记账。

（2）数量金额式明细分类账（见表 5-16）。一般由会计人员和业务人员（如仓库报管员），根据原始凭证按照经济业务发生的时间先后顺序逐日逐笔登记，逐笔结出余额（至少逐笔结出数量结存）。

表 5-16　原材料　明细分类账

品名及规格：普通水洗布　　计量单位：米　　二级　原料及主要材料　　三级　水洗布

2020年		凭证		摘要	收入			发出			结存		
月	日	字	号		数量	单价	金额	数量	单价	金额	数量	单价	金额
3	1			期初余额							600	30.00	18 000.00
3	2	转	1	购入	2 000	30.00	60 000.00				2 600	30.00	78 000.00
3	5	转	2	领用				1 000	30.00	30 000.00	1 600	30.00	48 000.00

（3）多栏式明细分类账。多栏式账页将属于同一个总账科目的各个明细科目合并在一张账页上由会计人员依据记账凭证顺序逐笔登记，这种格式适用于收入、费用、成本类科目明细核算，其格式和登记方法见表 5-17。

表 5-17　制造费用　明细分类账

明细科目：一车间　　第1页

2020年		凭证字号	摘要	借方					贷方	余额
月	日			职工薪酬	材料费	办公费	水电费	折旧费		
3	5	略	分配工资	20 000.00						20 000.00
	8	略	领用材料		5 000.00					25 000.00

续表

2020年		凭证字号	摘要	借方					贷方	余额
月	日			职工薪酬	材料费	办公费	水电费	折旧费		
	10	略	支付办公费			350.00				25 350.00
	15	略	支付水电费				500.00			25 850.00
	30	略	计提折旧					2 000.00		27 850.00
	31	略	转入生产成本						27 850.00	0

要点提示

在实际工作中，为减少栏次，成本、费用类科目的明细账页可以只按借方发生额设专栏，贷方发生额由于每月发生的笔数很少，可以在借方直接用红字冲记。其格式及登记方法如表5–18所示：

表5–18 制造费用 明细分类账

明细科目：一车间　　　　第1页

2020年		凭证字号	摘要	借方					余额
月	日			职工薪酬	材料费	办公费	水电费	折旧费	
3	5	略	分配工资	20 000.00					20 000.00
	8	略	领用材料		5 000.00				25 000.00
	10	略	支付办公费			350.00			25 350.00
	15	略	支付水电费				500.00		25 850.00
	30	略	计提折旧					2 000.00	27 850.00
	31	略	转入生产成本	20 000.00	5 000.00	350.00	500.00	2 000.00	0

（四）登记横线登记式账簿

下面以“在途物资”为例说明横线登记式账簿的登记方法，见表5–19。

表 5-19　在途物资　明细分类账

明细科目：华北物资站——玻璃　　第 1 页

202× 年		凭证字号	摘要	借方金额			贷方金额				结余金额
月	日			买价	采购费用	合计	月	日	凭证字号	金额	
3	3	略	购入材料	5 500.00	500.00	6 000	3	5	略	6 000.00	
	6	略	购入材料	7 200.00	600.00	7 800		8	略	7 800.00	
	8	略	购入材料	3 000.00	300.00	3 300		9	略	3 300.00	
	10	略	购入材料	1 300.00	150.00	1 450		10	略	1 450.00	

想一想： 明细账必须逐日逐笔登记吗？

【例 5-2】

2020 年 6 月 20 日，职工王安全出差借款 2 000 元，6 月 26 日报销差旅费 1 200 元、退回余款 800 元。会计人员编制记账凭证如表 5-20 ～表 5-22 所示。

表 5-20　付 款 凭 证

贷方科目：库存现金　　2020 年 6 月 20 日　　付字第 15 号

摘要	借方科目		金额	记账符号	附单据 1 张
	总账科目	明细科目			
王安全出差借款	其他应收款	王安全	2 000.00	√	
合　计			¥2 000.00		

记账：张颖　　出纳：王方　　审核：赵阳光　　制单：李欣欣

表 5-21　转 账 凭 证

2020 年 6 月 26 日　　转字第 25 号

摘要	借方科目		借方金额	贷方金额	记账符号	附单据 5 张
	总账科目	明细科目				
王安全出差报账	管理费用	差旅费	1 200.00		√	
	其他应收款	王安全		1 200.00	√	
合　计			¥1 200.00	¥1 200.00		

财务主管：赵阳光　　记账：张颖　　审核：赵阳　　制单：李欣欣

表 5-22 收 款 凭 证

借方科目：库存现金　　　　2020 年 6 月 26 日　　　　收字第 12 号

摘要	贷方科目		金额	记账符号	
	总账科目	明细科目			
王安全出差退回余款	其他应收款	王安全	800.00	√	附单据1张
合　计			¥800.00		

财务主管：赵阳光　　记账：张颖　　出纳：王方　　审核：赵阳　　制单：李欣欣

根据表 5-20 ~ 表 5-22 的记账凭证登记会计账簿如表 5-23 ~ 表 5-25 所示：

表 5-23 库存现金 日记账

2020		凭证		摘要	对应科目	收入										支出										√	结存									
月	日	字	号			千	百	十	万	千	百	十	元	角	分	千	百	十	万	千	百	十	元	角	分		千	百	十	万	千	百	十	元	角	分
6	1			期初余额																						借				1	0	0	0	0	0	0
6	20	付	15	借差旅费																2	0	0	0	0	0	借					8	0	0	0	0	0
	26	收	12	退出差余款	其他应收款						8	0	0	0	0											借					8	8	0	0	0	0

表 5-24 其他应收款 明细账

明细科目 王安全

2020		凭证		摘要	借方										贷方										借或贷	余额									
月	日	字	号		千	百	十	万	千	百	十	元	角	分	千	百	十	万	千	百	十	元	角	分		千	百	十	万	千	百	十	元	角	分
6	20	付	15	出差借款					2	0	0	0	0	0											借					2	0	0	0	0	0
	26	转	25	报差旅费															1	2	0	0	0	0	借						8	0	0	0	0
	26	收	12	退回出差余款																8	0	0	0	0	平								0	0	0

表 5-25　管理费用 明细账

子目：

2020		凭证		摘要	借方	贷方	借或贷	余额	（借）方金额分析				
月	日	字	号						办公费	电话费	差旅费	……	其他
6	26	转	25	报差费	1 200.00		借	1 200.00			1 200.00		

三、总分类账与明细分类账平行登记

根据总分类账与其所属的明细分类账之间的密切关系，在会计核算中，为了使总分类账和所属的明细分类账之间能起到统驭、控制、补充和说明的作用，总分类账与其所属明细分类账必须采用平行登记的方法。

微课：账簿的平行登记

（一）平行登记含义及登记要点

平行登记就是指经济业务发生后，根据会计凭证一方面要登记有关总分类账户，同时又要登记该总分类账户所属的有关明细分类账户。其平行登记要点如下所述。

（1）方向相同。对于每一项经济业务，记入总分类账户的方向应与记入其所属明细分类账户的方向一致，即如果总分类账户的金额记入借方（或贷方），明细分类账户也应当记入借方（或贷方）。

（2）时期相同。企业对发生的每一笔经济业务，一定要按发生时期在总分类账中进行登记的同期，按发生日期在其所属明细分类账户中进行登记。

（3）依据相同。登记总分类账和明细分类账的依据都是记账凭证及其所附的原始凭证，依据是相同的。

（4）金额相等。企业对于需要提供详细经济指标的每一项经济业务，登记某一总分类账户的金额，应当与登记在其所属的明细分类账户的金额之和相等。

想一想：平行登记的时期相同是指同一个时间登记吗？

（二）平行登记方法的应用

下面以“应收账款”账户为例来说明总账与明细账的平行登记，举例如下。

【例 5-3】

Q 企业 2020 年 5 月月初“应收账款”账户的借方余额是 9 000 元，其中，应收 A 厂 3 000 元，应收 B 厂 6 000 元。本月发生了下列经济业务：

（1）25 日，销售给 A 厂产品，售价 4 000 元，货已发出，货款尚未收到。

（2）29 日，收到 A 厂交来的前欠货款 5 000 元，收到 B 厂交来的前欠货款 2 000 元。

根据上述资料，“应收账款”账户总账和所属明细分类账之间的平行登记如下：

首先，将应收账款的期初余额分别在总分类账与其所属明细分类账中进行登记。见表 5-26 ～表 5-28 所示。

其次，根据资料可编制会计分录如下：

（1）借：应收账款——A 厂　　4 000
　　贷：主营业务收入　　4 000

（2）借：银行存款　　7 000
　　贷：应收账款——A 厂　　5 000
　　　　　　　　——B 厂　　2 000

再次，根据上述会计分录，采用平行登记的方法在应收账款总账与其所属的明细账中进行登记。见表 5-26 ～表 5-28。

表 5-26　总分类账户

账户名称：应收账款　　单位：元

2020 年		凭证字号	摘　要	借方	贷方	借或贷	余额
月	日						
5	1		期初余额			借	9 000.00
	25	转 1	销售产品	4 000.00		借	13 000.00
	29	收 3	收回欠款		7 000.00	借	6 000.00
	31		本期发生额及余额	4 000.00	7 000.00	借	6 000.00

表 5-27　应收账款明细账户

户名：A 厂　　单位：元

2020 年		凭证字号	摘　要	借方	贷方	借或贷	余额
月	日						
5	1		期初余额			借	3 000.00
	25	转 1	销售产品	4 000.00		借	7 000.00
	29	收 3	收回欠款		5 000.00	借	2 000.00
	31		本期发生额及余额	4 000.00	5 000.00	借	2 000.00

表 5-28　应收账款明细账户

户名：B 厂　　单位：元

2020 年		凭证字号	摘　要	借方	贷方	借或贷	余额
月	日						
5	1		期初余额			借	6 000.00
	29	收 3	收回欠款		2 000.00	借	4 000.00
	31		本期发生额及余额		2 000.00	借	4 000.00

（三）平行登记结果的检验

总分类账户与所属明细分类账户采取了平行登记的方法，登记的结果是否正确，需要通过编制“××账户总账与明细账试算平衡表”来进行检验。

要点提示

总分类账户与所属明细分类账户之间的平衡关系：

总分类账户期初借（贷）方余额＝所属明细分类账户期初借（贷）方余额之和

总分类账户本期借（贷）方发生额＝所属明细分类账户本期借（贷）方发生额之和

总分类账户期末借（贷）方余额＝所属明细分类账户期末借（贷）方余额之和

通过平衡关系的试算，可以查明总分类账户与所属明细分类账户平行登记是否正确。将表5-29和“应收账款”总账进行核对发现，期初、期末余额及借、贷方发生额合计数与总账期初、期末余额及借、贷方发生额相符，说明总账与明细账平行登记正确。如果总账与明细账合计不相符，则说明记账一定有错误，应立即查明原因予以更正。

表5-29　“应收账款”总账与明细账试算平衡表

2020年5月　　单位：元

总分类账户	明细账户	期初余额		本期发生额		期末余额	
		借方	贷方	借方	贷方	借方	贷方
应收账款	A厂	3 000.00		4 000.00	5 000.00	2 000.00	
	B厂	6 000.00			2 000.00	4 000.00	
合计（总账）		9 000.00		4 000.00	7 000.00	6 000.00	

综合案例

案例资料：H公司总经理钱某撤换了原财务部经理，任命李某为财务部经理。李某上任后，根据钱总经理的指示，调整了财务部人员的工作分工，重新设置了会计账簿。安排主办会计兼任出纳员，李某自己保管并登记银行存款日记账。同时，为了减少记账工作量，会计账簿中不设库存现金日记账和材料明细账，只作为备查账簿设置，另外销售收入设置了两套账。

案例讨论：

李某这样安排是否合法？如不合法错在何处？会造成什么后果？

文档：会计账簿知识点小结

专业能力测评

专业能力测评表（在□中打√，A 掌握，B 基本掌握，C 未掌握）

知识点 / 技能点	评价指标	自测结果	要求
会计账簿	1. 基本含义、内容 2. 账簿与账户关系 3. 账簿分类 4. 登记要求	□A □B □C □A □B □C □A □B □C □A □B □C	理解会计账簿含义、知道内容，能理解账簿与账户关系，熟记会计账簿种类，会根据记账要求登记账簿
库存现金日记账	1. 外表及账页格式 2. 登记依据 3. 登记方法	□A □B □C □A □B □C □A □B □C	熟悉库存现金日记账格式，明确记账依据，掌握记账方法
银行存款日记账	1. 外表及账页格式 2. 登记依据 3. 登记方法	□A □B □C □A □B □C □A □B □C	熟悉银行存款日记账格式，明确记账依据，掌握记账方法
总分类账	1. 外表及账页格式 2. 登记依据 3. 登记方法	□A □B □C □A □B □C □A □B □C	熟悉总分类账格式，明确记账依据，掌握记账方法
明细分类账	1. 外表及账页格式 2. 登记依据 3. 登记方法	□A □B □C □A □B □C □A □B □C	熟悉明细分类账格式，明确记账依据，掌握记账方法
总账与明细账平行登记	1. 平行登记基本含义 2. 平行登记要点 3. 平衡公式	□A □B □C □A □B □C □A □B □C	理解平行登记含义，能按平行登记要点编制凭证记账，熟记平行公式并会应用

项目测试

一、单选题

1.（　　）是会计核算的中心环节。

A. 填制审核凭证　　B. 进行成本计算

C. 设置和登记账簿　　D. 编制财务报告

2. 日记账按用途分类属于（　　）。

A. 备查账簿　　B. 序时账簿

C. 订本式账簿　　D. 分类账簿

3. 账簿在启用时，应在账簿的（　　）写明单位名称和账簿名称。

A. 扉页　　B. 封面上

C. 账页上　　D. 封底上

4. 企业委托加工材料登记簿属于（　　）。

A. 序时账簿　　B. 总分类账簿

C. 明细分类账簿　　D. 备查账簿

5. 费用明细账比较适合使用的账簿格式是（　　）。

A. 两栏式　　B. 三栏式
C. 多栏式　　D. 数量金额式

6. 登记序时账簿的方法是按经济业务发生的时间先后顺序进行（　　）。
A. 逐日汇总登记　　B. 逐日逐笔登记
C. 逐笔定期　　D. 定期汇总

7. 序时账按其记录经济业务范围的不同，分为（　　）。
A. 普通日记账和特种日记账
B. 银行存款日记账和现金日记账
C. 三栏式日记账和多栏式日记账
D. 普通日记账和日记账总账

8. 活页式账簿和卡片式账簿主要适用于（　　）。
A. 特种日记账　　B. 普通日记账
C. 分类账簿　　D. 明细分类账簿

9. "主营业务收入"明细分类账户，一般采用的账页格式是（　　）。
A. 多栏式　　B. 数量金额式
C. 横线登记式　　D. 三栏式

10. "库存商品"明细分类账户，一般使用的账页格式是（　　）。
A. 三栏式　　B. 多栏式
C. 数量金额式　　D. 横线登记式

11. 明细分类账从账簿的外表形式上看，一般采用（　　）账簿。
A. 订本式　　B. 活页式
C. 卡片式　　D. 多栏式

12. 三栏式明细分类账簿主要适用于（　　）。
A. 管理费用明细账　　B. 本年利润明细账
C. 原材料明细账　　D. 应收账款明细账

13. 按照平行登记的方法，发生的经济业务在总分类账簿和所属的明细分类账簿中登记的方法是（　　）。
A. 由总账过入明细账　　B. 由明细账过入总账
C. 先记总账后记明细账　　D. 各自独立登记

14. 下列不符合平行登记规定的有（　　）。
A. 均以凭证为依据　　B. 方向一致
C. 时间相同　　D. 金额相等

二、多选题

1. 下列各项中，属于会计账簿应具备的基本内容有（　　）。
A. 封面　　B. 封底

C.扉 页　　D. 账页

2. 账簿按用途可分为（　　）。

A. 日记账簿　　B. 分类账簿

C. 明细账簿　　D. 备查账簿

3. 账簿按其外表形式可分为（　　）。

A. 多栏式　　B. 卡片式

C. 订本式　　D. 活页式

4. 下列各项中，必须逐日结出余额的账簿有（　　）。

A. 库存现金总账　　B. 库存现金日记账

C. 银行存款总账　　D. 银行存款日记账

5. 在会计实务中，下列账簿通常采用订本式的有（　　）。

A. 总分类账　　B. 明细分类账

C. 现金日记账　　D. 银行存款日记账

6. 下列各项中，属于账页应包括的内容有（　　）。

A. 账户名称　　B. 记账凭证的种类和号码

C. 摘要栏　　D. 总页次和分页次栏

7. 任何会计主体必须设置的账簿有（　　）。

A. 现金日记账　　B. 银行存款日记账

C. 总分类账　　D. 明细分类账

8. 下列关于库存现金日记账登账依据，表述正确的有（　　）。

A. 收入栏根据现金收款凭证登记

B. 支出栏根据现金付款凭证登记

C. 收入栏根据现金收款凭证与银行付款凭证登记

D. 支出栏根据现金付款凭证和银行收款凭证登记

9. 银行存款日记账通常是由出纳人员根据审核后的（　　）进行登记。

A. 银行存款收款凭证　　B. 银行存款付款凭证

C. 现金收款凭证　　D. 现金付款凭证

10. 数量金额式明细分类账账页的格式适用于（　　）。

A. 库存商品明细账　　B. 生产成本明细账

C. 应付账款明细账　　D. 原材料明细账

11. 多栏式明细分类账的账页格式适用于（　　）。

A. 应收账款明细账　　B. 管理费用明细账

C. 生产成本明细账　　D. 制造费用明细账

12. 三栏式明细分类账的账页格式适用于（　　）。

A. 原材料明细账　　B. 应收账款明细账

C. 财务费用明细账　　D. 短期借款明细账

13. 下列各项中，属于明细分类账常用的格式有（　　）。

A. 三栏式　　B. 多栏式

C. 数量金额式　　D. 横线登记式

14. 总分类账和明细分类账平行登记的基本要点是（　　）。

A. 依据相同　　B. 金额相同

C. 方向相同　　D. 期间相同

15. 在账簿上作记录时，红字只能用于（　　）。

A. 红字冲账的记账凭证，冲销错误记录

B. 不设借贷等栏的多栏式账页中登记减少数

C. 期末结账时划通栏红线

D. 采用划线更正法时划线改错

三、判断题

1. 在选用账簿的外表形式时，序时账和总账应采用订本式账簿。（　　）

2. 现金日记账和银行存款日记账都必须采用订本式账簿。（　　）

3. 总分类账登记的依据和方法取决于所采用的会计核算形式。（　　）

4. 账簿与账户的关系是形式和内容的关系。（　　）

5. 多栏式明细分类账一般适用于债权、债务结算的明细分类核算。（　　）

6. 登记账簿必须采用蓝黑墨水书写，不得使用圆珠笔、铅笔书写，更不得使用红色墨水书写。（　　）

7. 总分类账户和所属明细分类账户登记的方向必须相同。（　　）

8. 根据原始凭证只能登记记账凭证，不能登记总分类账。（　　）

9. 采用横线登记式明细分类账时，同一行内借方、贷方均有记录时，表示该项交易或事项已处理完毕。（　　）

10. 账簿中书写的文字和数字上面要留有适当空间，不要写满格，一般应占格距的三分之二。

（　　）

四、业务题

习题一

1. 目的：练习登记三栏式现金日记账。

2. 资料：L 五金商店 2020 年 6 月发生下列经济业务（月初现金日记账借方余额为 680 元）。

（1）3 日，开出现金支票，从银行提取现金 4 600 元备用（银付 1 号）。

（2）3 日，采购员王利预借差旅费 1 000 元，以现金支付（现付 1 号）。

（3）5 日，开出现金支票，从银行提取现金 35 560 元，备发工资（银付 2 号）。

（4）6 日，以现金 35 560 元发放工资（现付 2 号）。

（5）10 日，采购员王利报销差旅费，交回余款 200 元（现收 1 号）。

3. 要求：根据上述经济业务编制会计分录并登记现金日记账。

习题二

1. 目的：练习登记三栏式银行存款日记账。

2. 资料：M 公司 2020 年 6 月发生下列经济业务（银行存款日记账期初借方余额为 42 000 元）。

（1）5 日，从银行提取现金 1 900 元，以备日常开支。

（2）6 日，开出转账支票支付前欠光明公司的货款 1 800 元。

（3）8 日，向红发公司销售糖果一批，售价 10 000 元，增值税 1 300 元，款项未收到。

（4）17 日，开出现金支票，提取现金 24 000 元备发工资。

（5）18 日，收到红发公司 8 日所欠销货款。

（6）19 日，收到联营单位大发公司的投资款 20 000 元，存入银行。

（7）20 日，以银行存款 3 000 元支付广告费。

（8）25 日，以银行存款支付短期借款利息 500 元。

（9）29 日，以银行存款支付车间水电费 2 400 元。

（10）30 日，向光明公司购进原料一批，价款 20 300 元，增值税 2 639 元，已开出转账支票。

3. 要求：根据上述经济业务编制会计分录并登记银行存款日记账。

项目六

期末业务处理——财产清查

学习目标

知识目标：

理解财产清查的概念、意义、种类和内容

理解永续盘存制和实地盘存制的含义及区别

熟知财产清查的基本程序和不同种类财产清查方法

理解和掌握“待处理财产损溢”账户的应用

能力目标：

能应用不同盘存制度确定财产物资的账面结存数量

能查找未达账项并编制银行存款余额调节表

能对财产清查结果进行账务处理

素养目标：

弘扬和传承中华诚信文化；

养成爱岗敬业、公平公正、廉洁自律的工作作风。

加强资产管理，尽心尽责维护单位资产安全完整。

知识导图

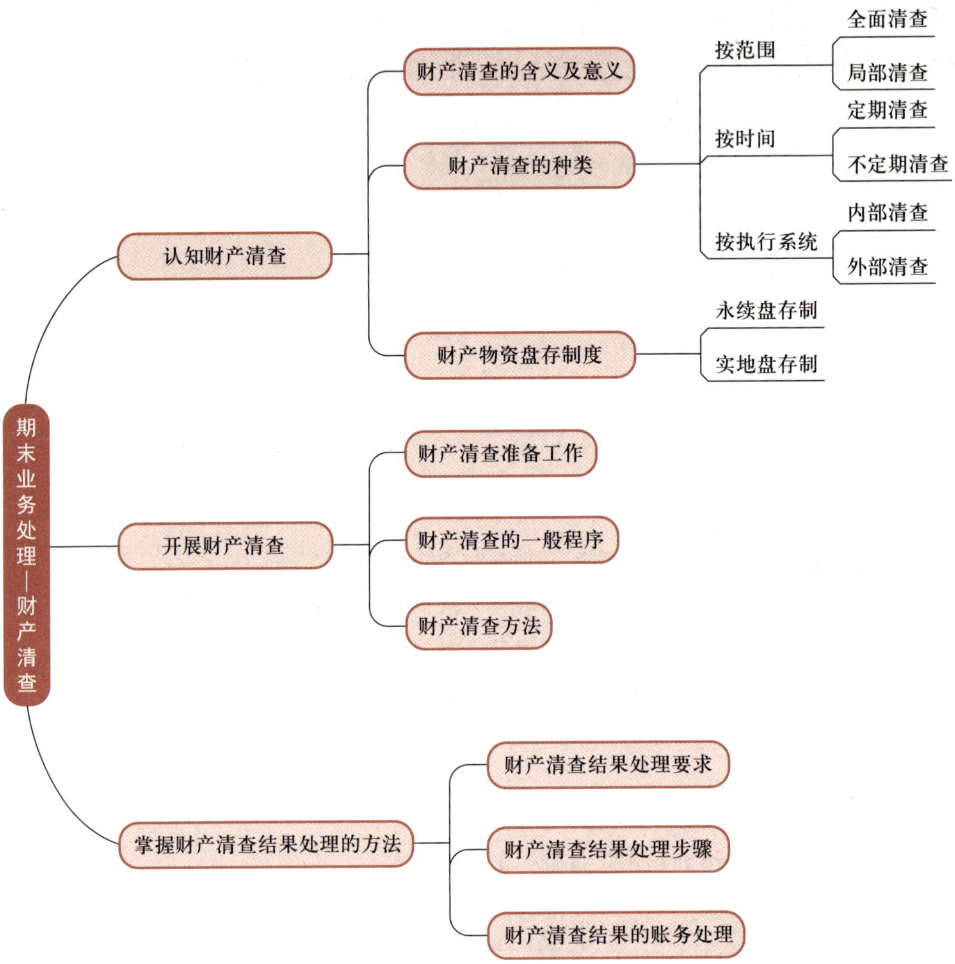
期末业务处理——财产清查
认知财产清查
财产清查的含义及意义
财产清查的种类
按范围
全面清查
局部清查
按时间
定期清查
不定期清查
按执行系统
内部清查
外部清查
财产物资盘存制度
永续盘存制
实地盘存制
开展财产清查
财产清查准备工作
财产清查的一般程序
财产清查方法
掌握财产清查结果处理的方法
财产清查结果处理要求
财产清查结果处理步骤
财产清查结果的账务处理

导入案例

獐子岛的扇贝去哪儿了？

近年“皇台酒失踪案”“獐子岛扇贝跑路案”曾在上市公司存货清查中引起轩然大波。

2018年1月30日，皇台酒业公告提示库存成品酒严重库亏。皇台酒业称，经财务部牵头对库存商品、财务状况进行盘点和清查，发现公司库存成品酒出现严重库亏，涉及金额约6 700万元。查询皇台酒业产品价格，“失踪”的库存可对应约100万瓶酒。

2014年10月獐子岛的扇贝第一次跑路。獐子岛公告称，因北黄海遭到几十年一遇异常的冷水团，獐子岛扇贝大幅绝收，预计公司2014年前三季度业绩预亏8亿元。2018年1月31日，獐子岛发布公告称，公司正在进行底播虾夷扇贝的年末存量盘点，发现部分海域的底播虾夷扇贝存货异常，公司预计2017年净利润亏损5.3亿～7.2亿元。2019年5月獐子岛的扇贝上演“疯狂跑路”第三季，五年内扇贝跑了三次，净亏损超过20亿元。

案例思考与讨论：酒没了、扇贝跑了？库存问题让上市公司吃尽了苦头，也让人们更加认识到存货清查的重要性。对于企业而言，其实不仅是存货，还有库存现金、银行存款、固定资产等都需要清查。企业每年都应该形成制度，有计划、有重点地对企业的各项财产物资进行清查。你知道这是为什么吗？通过本案例学习，谈谈你对财产清查的认识。

任务一　认知财产清查

一、财产清查的含义及意义

（一）财产清查的含义

财产清查是指通过对货币资金、实物资产和往来款项等财产物资进行盘点或核对，确定其实存数，查明账存数与实存数是否相符的一种专门方法。

动画：财产清查知多少

根据会计核算的要求，企业应做到账实相符。但是在实际工作中，企业财产物资的账存数与实存数常常出现不符的状况。造成账实不符的原因很多，归纳为以下几种情况：

（1）财产物资在保管过程中发生的自然损溢；

（2）在收发财产物资时，由于计量、计算、检验不准确而发生的品种、数量、质量上的差错；

（3）在财产物资增减变动时，由于没有及时办理手续或在计算、登记上发生了差错；

（4）由于管理不善、制度不严造成财产物资的损坏、丢失、被盗；

（5）在账簿记录中发生的重记、漏记、错记；

（6）由于自然灾害造成的非常损失；

（7）未达账项引起的账账、账实不符等。

（二）财产清查的意义

企业进行财产清查具有重要意义，具体包括以下几个方面。

（1）查明各项财产物资的实有数额，确定实有数量与账面数量之间的差异，查明原因和责任，加强管理，保证账实相符。

（2）查明各项财产物资的保管情况是否良好，有无因管理不善，霉烂、变质、损失浪费，或被非法挪用、贪污盗窃等情况，保障各项财产物资安全完整。

（3）查明各项财产物资的库存和使用情况，合理安排经济活动，充分利用各项财产物资，提高资金使用效益。

二、财产清查的种类

（一）按清查范围分为全面清查和局部清查

1. 全面清查

全面清查是指对企业的全部财产物资所进行的盘点和核对。

一般在下述情况下，需要进行全面清查：①年终决算之前；②单位撤销、合并或改变隶属前；③开展全面的资产评估、清产核资前；④中外合资、国内合资前；⑤企业股份制改造前；⑥单位主要负责人调离工作岗位前等。

2. 局部清查

局部清查是根据需要，只对部分财产物资进行的盘点核对。

一般在下述情况下，需要进行局部清查：①库存现金，每日由出纳人员清点核对一次；②银行存款，每月至少要和银行核对一次；③流动性较大的实物资产，如原材料、产成品等，除了年终决算前进行全面清查，还应根据实际需要重点抽查和轮流盘点；④各种贵重物资每月都要清查盘点；⑤各种债权、债务，每年至少同有关单位核对 1 ～ 2 次；⑥固定资产和在建工程，可根据需要进行清查。

要点提示

全面清查范围广、内容多、参加的人员多、花费的时间也长，因此不宜经常进行；局部清查范围小、内容少、时间短、参与人员少，但专业性强，因此企业经常进行的是局部清查。

（二）按清查时间分为定期清查和不定期清查

1. 定期清查

定期清查是指按照预先计划安排的时间对财产物资进行的清查。这种清查一般在年末、季末、月末结账前进行，以保证账实相符，会计报表真实可靠。定期清查根据不同需要，可以全面清查，也可以局部清查。如年末对各项财产物资、货币资金等进行全面清查；月末、季末对材料、产成品、现金、银行存款等进行局部清查。

2. 不定期清查

不定期清查是指事先并无规定的清查日期，而是根据实际需要对企业财产进行的临时性清查。不定期清查根据不同需要，可以全面清查，也可以局部清查。如仓库保管人员或出纳人员更换时，要对其保管的物资进行清查；发生自然灾害或意外损失时，对受损物品进行清查等。

（三）按清查的执行系统分为内部清查和外部清查

1. 内部清查

内部清查是指由本单位内部自行组织清查工作小组所进行的财产清查工作。大多数财产清查都是内部清查。

2. 外部清查

外部清查是指由上级主管部门、审计机关、司法部门、注册会计师根据国家有关规定或情况需要对本单位所进行的财产清查。一般来讲，进行外部清查时应有本单位相关人员参加。

想一想：财产清查是怎么分类的？分别在什么情况下要进行全面清查和局部清查？全面清查和局部清查与定期清查和不定期清查关系如何？

三、财产物资盘存制度

盘存制度是指通过对实物的盘查、核对，确定财产物资账面实际结存情况的一种制度，财产物资的盘存制度有两种：永续盘存制和实地盘存制。

微课：财产盘存制度含义及应用

（一）永续盘存制

永续盘存制也称账面盘存制，是平时对各项财产物资收入（增加数）和发出（减少数）的数量和金额，都要根据会计凭证在有关账簿中进行连续登记，并随时结出账面余额的一种盘存制度。计算公式如下：

$$账面期末余额=账面期初余额+本期增加数-本期减少数$$

采用这种方法，财产物资明细账按品种规格设置，在明细账中，除平时登记收、发、结存数，通常还要登记金额。

永续盘存制的优缺点：各项财产物资的增减变动及其结存数都及时在账簿上得到完整的反映，手续严密，有利于加强财产物资的管理，保护财产物资的安全和完整；同时可以将账存数与实存数相核对，以查明账实是否相符，以及账实不符的原因，以正确反映企业的营业成本和营业成果。其缺点是财产物资的明细分类核算工作量大，特别是对财产物资品种复杂、繁多的企业需要投入大量的人力、物力。但同实地盘存制相比，它在控制和保护财产物资安全、完整方面具有明显的优越性。所以，在实际工作中多为企业所采用。

要点提示

在永续盘存制下，尽管能在账簿中及时反映各项财产物资的结存数额，但也有可能产生账实不符的情况。所以，采用“永续盘存制”的企业，仍需要对各项财产物资进行清查盘点，以查明账实是否相符，以及账实不符的原因。

【例 6-1】

宏兴公司 2020 年 6 月月初甲材料结存数量为 1 000 千克，单价为 10 元。6 月甲材料收发情况如下。

（1）3 日，购进入库甲材料 200 千克，实际采购成本为 2 000 元。

（2）8 日，生产领用甲材料 300 千克，实际成本为 3 000 元。

（3）10 日，生产领用甲材料 420 千克，实际成本为 4 200 元。

（4）13 日，购进入库甲材料 250 千克，实际采购成本为 2 500 元。

（5）25 日，生产领用甲材料 550 千克，实际成本为 5 500 元。

在永续盘存制下，原材料明细账如表 6-1 所示。

表 6-1 原材料明细账（永续盘存制）

材料名称：甲材料　　　　单位：元

2020 年		摘要	收入			发出			结余		
月	日		数量	单价	金额	数量	单价	金额	数量	单价	金额
6	1	月初结存							1 000	10	10 000
	3	购进	200	10	2 000				1 200	10	12 000
	8	生产领用				300	10	3 000	900	10	9 000
	10	生产领用				420	10	4 200	480	10	4 800
	13	购进	250	10	2 500				730	10	7 300
	25	生产领用				550	10	5 500	180	10	1 800
	30	月末结存							180	10	1 800

（二）实地盘存制

实地盘存制也称定期盘存制，是指平时只根据会计凭证在账簿中登记财产物资的增加数，不登记减少数，月末结账时，根据实地盘存数倒推出本期减少数，并据以登记有关账簿的一种盘存制度。其计算公式是：

本期减少数 = 账面期初结存数 + 本期增加数 − 期末实际结存数

在实地盘存制下，对各项财产物资进行盘点的结果，只是作为登记本月减少的依据，而不能用来核对账实是否相符。

实地盘存制的优点是简化了日常核算工作，工作量小。缺点是手续不严密，不能及时反映和监督各项财产物资的收入、发出和结存情况；加大了期末的工作量；容易掩盖物资管理中自然和人为的损失，不利于财产的管理。这种方法只适用于自然损耗大、数量不稳定的鲜活商品等。

【例 6-2】

依据例 6-1 资料，若企业实行实地盘存制对甲材料进行核算，月末对甲材料进行实地盘点其库存数量为 150 千克，单价 10 元。则采用“实地盘存制”时的账簿记录如表 6-2 所示。

表 6-2 原材料明细账（实地盘存制）

材料名称：甲材料　　单位：元

2020 年		摘要	收入			发出			结余		
月	日		数量	单价	金额	数量	单价	金额	数量	单价	金额
6	1	月初结存							1 000	10	10 000
	5	购进	200	10	2 000				1 200	10	12 000
	15	购进	250	10	2 500				1 450	10	14 500
	31	本月发出				1 300	10	13 000			
	31	月末结存							150	10	1 500

想一想：上面两例中分别采用永续盘存制和实地盘存制，确认发出材料的数量（金额）不相等，为什么？哪一个更合理？对企业利润有何影响？

要点提示

采用实地盘存制的单位，对各项财产物资进行实地盘点的结果，只是作为登记财产物资减少的依据，并不能用于核对账实是否相符。

任务二　开展财产清查

一、财产清查准备工作

为了做好财产清查，必须在清查前成立清查组织，做好充分准备。

（1）会计部门应在财产清查之前，将有关账簿登记齐全，结出余额，为账实核对提供正确的账簿资料。

（2）财产物资保管、使用等相关业务部门，应登记好所经管的全部财产物资明细账并结出余额；将所保管以及使用的各种财产物资整理好，贴上标签，表明品种、规格和结存数量，以便盘点核对。

（3）准备好各种计量器具和清查登记用的清单、表格等。

二、财产清查的一般程序

为了做好财产清查工作，提高工作效率，财产清查应按图 6-1 所示程序进行。

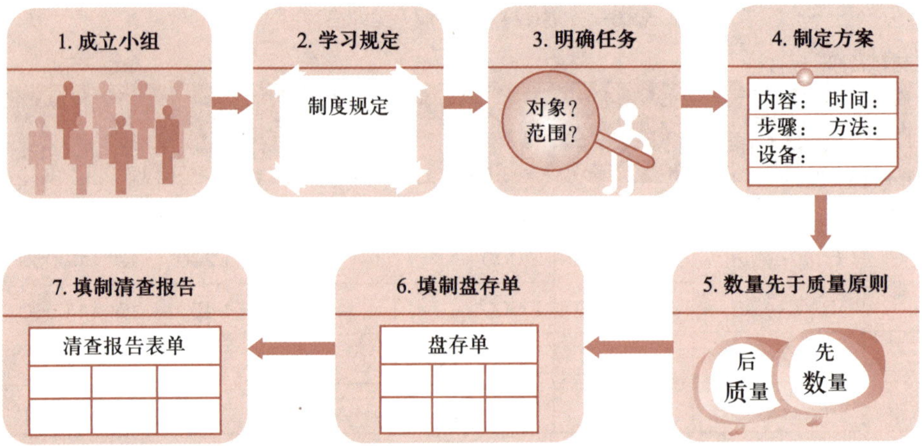

图 6-1　财产清查的一般程序

三、财产清查方法

（一）货币资金的清查

微课：库存现金清查方法及应用

货币资金的清查主要包括库存现金清查和银行存款清查。

1. 库存现金的清查

库存现金采用实地盘点的方法来确定库存现金的实存数，然后再与现金日记账的账面余额核对，以查明账实是否相符及现金溢缺情况。

现金收支业务繁杂，容易出错，每日终了，出纳人员应将库存现金日记账的账面余额与现金的实存数进行核对，做到账实相符；同时，还应成立清查小组，对库存现金进行定期或不定期的清查。在清查小组盘点时，出纳人员必须在场，现金应逐张清点。清点时，一方面要注意账实是否相符；另一方面还要检查现金管理制度的遵守情况，如有无白条抵库，有无坐支现金等。

盘点结束后，应编制“库存现金盘点报告表”，并由盘点人员和出纳人员共同签章，并据以调整现金日记账的账面记录。“库存现金盘点报告表”的格式如表 6-3 所示。

表 6-3　库存现金盘点报告表

单位名称：　　年　　月　　日　　　　　　　　　　　　编号：

实存金额	账存金额	对比结果		备注
		长款	短款	
…	…	…	…	…

财务负责人签章：　　　　　　盘点人签章：　　　　　　出纳签章：

想一想：计算自己最近一个月的现金收支，再查查自己实有的现金，如果现金收支计算出的结余和实际现金不相符，是什么原因引起的呢？

2. 银行存款的清查

银行存款的清查是将本单位银行存款日记账的账簿记录与开户银行转来的对账单逐笔进行核对，来查明银行存款的实有数额。

（1）银行存款日记账与银行对账单不一致的原因。

在核对银行存款日记账和银行对账单时，经常发现两者余额不一致，究其原因，主要有两种情况：第一种是记账错误。如漏记、重记、错记等情况。第二种是存在未达账项。未达账项，是指企业和银行之间，由于记账时间不一致而发生的一方已经入账，而另一方尚未入账的事项。具体有以下四种情况：

① 企业已收，银行未收，即企业已经收款入账，而银行尚未收款入账。

② 企业已付，银行未付，即企业已经付款入账，而银行尚未付款入账。

③ 银行已收，企业未收，即银行已经收款入账，而企业尚未收款入账。

④ 银行已付，企业未付，即银行已经付款入账，而企业尚未付款入账。

微课：银行存款的清查

对于第一种原因导致的错误，双方要及时查找和更正；对于第二种原因导致的错误，则可以通过编制“银行存款余额调节表”来调节，调节后双方账面余额应相等。经调节后的存款余额才是企业可以动用的银行存款实有数额。若不等，应进一步查明原因。

“银行存款余额调节表”的格式如表 6-4 所示。

表 6-4　银行存款余额调节表

项目	金额	项目	金额
企业银行存款日记账余额 加：银行已收，企业未收 减：银行已付，企业未付		银行对账单余额 加：企业已收，银行未收 减：企业已付，银行未付	
调节后余额		调节后余额	

（2）银行存款清查步骤。

第 1 步，将本单位银行存款日记账与银行对账单，以结算凭证种类、号码和金额为依据，逐日逐笔核对，凡双方都有记录的，用铅笔在金额旁打“√”。

第 2 步，找出未达账项（即银行存款日记账和银行对账单中没有打“√”的款项）。

第 3 步，将日记账和对账单月末余额及未达账项填入“银行存款余额调节表”，并计算出调整后的余额。

第 4 步，将调整平衡的“银行存款余额调节表”，经主管会计签章后，呈报开户银行。

（3）银行存款余额调节表的编制。

“银行存款余额调节表”的编制，是以双方账面余额为基础，各自分别加上对方已收款入账而己方尚未入账的数额，减去对方已付款入账而己方尚未入账的数额，计算公式如下：

企业银行存款日记账余额＋银行已收企业未收款项－银行已付企业未付款项＝
银行对账单余额＋企业已收银行未收款项－企业已付银行未付款项

银行存款日记账和银行对账单的核对方法如图 6-2 所示。

银行存款日记账

2020年 月	日	凭证	摘要	借方	贷方	余额
5	1	略	略			10 000
	3			20 000		
	5			52 000 ①		
	11				10 000	
	20				30 000	
	23				2 000 ②	
	31					40 000

银行存款对账单

2020/5/1　账：14679

2020年 月	日	凭证	摘要	借方	贷方	余额
5	1	略	略			10 000
	3				20 000	
	6				50 000 ③	
	11			10 000		
	20			30 000		
	25			5 000 ④		
	31					35 000

图中①②③④标号为未达账项

图 6-2　银行存款日记账和银行对账单核对

【例 6-3】

宏兴公司 2020 年 6 月 30 日银行存款日记账余额为 207 000 元，银行对账单余额为 268 000 元。经逐笔查对，有下列情况：①银行代企业收回 50 000 元，银行已入账，而企业尚未收到收款通知而未入账；②银行代企业支付电话费 12 000 元，银行已入账，而企业尚未收到付款通知而未入账；③企业于月末将从某单位收到一张转账支票 13 900 元存入银行，企业已入账，但银行尚未办理有关手续而未入账；④企业于月末开出转账支票一张 36 000 元，企业已入账，但银行尚未收到支票而未入账。

根据以上资料，找出未达账项并编制银行存款余额调节表如表 6-5 所示。

表 6-5　银行存款余额调节表

2020 年 6 月 30 日　　单位：元

项目	金额	项目	金额
企业银行存款日记账余额	207 900	银行对账单余额	268 000
加：银行已收，企业未收款	50 000	加：企业已收，银行未收款	13 900
减：银行已付，企业未付款	12 000	减：企业已付，银行未付款	36 000
调节后余额	245 900	调节后余额	245 900

调节后双方余额相等，均为 245 900 元，说明企业账实相符；如果调节后双方余额不相等（未达账项无误），则说明还有错账，需要进一步查找并更正。

要点提示

经调节后双方余额相等的银行存款余额，就是企业银行存款月末的实有数额。如例 6-3 中 245 900 元就是企业可以动用的银行存款数额。

（4）“银行存款余额调节表”的作用。

第一，“银行存款余额调节表”是一种对账记录或对账工具，不能作为调整账面记录的依据。未达账项只有在收到有关凭证后才能进行有关的账务处理。

第二，调节后的余额如果相等，通常说明企业和银行的账面记录一般没有错误，该余额通常为企业可以动用的银行存款实有数。

第三，调节后的余额如果不相等，通常说明一方或双方记录有误，须进一步追查，查明原因后予以更正和处理。

德技并修

会计人员应拒绝诱惑守住底线

王尧，今年 29 岁，大专文化，海南农垦保安服务有限公司澄迈分公司报账员。2011 年 2 月至 2012 年 9 月间，王尧利用担任海南农垦保安服务有限公司澄迈分公司报账员兼出纳的职务便利，多次挪用该分公司账户款项做生意或用于赌博、购买私彩等非法活动。后因海南农垦保安服务有限公司财务催要社保费缴纳凭证，遂私刻印章，并用虚假的社会保险费报销单据平账，最终造成分公司账户短款共计人民币 2 597 304.64 元。9 月 9 日，海南省一中院以贪污、挪用公款罪，数罪并罚，对其判处有期徒刑 16 年，并处没收个人财产 10 万元。

启示：该案例中本案中王尧利用报账员兼出纳的身份，挪用公款、私刻公章、虚列费用，这既是法律所不允许的，同时也违背了一个会计工作者的职业道德，是职业道德素质低下的表现。

《会计法》第四十三条规定"伪造、变造会计凭证、会计账簿，编制虚假财务会计报告，构成犯罪的，依法追究刑事责任。"第四十条规定" 因有提供虚假财务会计报告，做假账，隐匿或者故意销毁会计凭证、会计账簿、财务会计报告，贪污，挪用公款，职务侵占等与会计职务的有关违法行为被依法追究刑事责任的人员，不得再从事会计工作。"本例中会计王尧利用职务便利，挪用公司公款、私刻公章、虚列费用的做法，不仅断掉自己的职业生涯，同时还要负相关的法律责任。

廉洁自律是会计职业道德的内在要求，也是会计人员的行为准则。它要求会计从业人员在会计工作中做到公私分明，不贪不占、遵纪守法、清正廉洁。王尧多次挪用该分公司账户款项做生意或用于赌博、购买私彩等非法活动的做法，就是贪占公家资产。

爱岗敬业是忠于职守的事业精神，它是会计职业道德的基本要求，也是判断每个从业者是否具有职业道德的首要标志。它要求会计从业人员在会计工作过程中要热爱会计工作，敬重会计职业；忠于职守、尽职尽责。会计人员要忠于国家，忠于社会公众，忠于服务主体。王尧的做法全面背离爱岗敬业的基本要求。

不以规矩，不成方圆。出纳工作涉及的"规矩"很多，会计人员在工作中一定要做到廉洁自律，严格按照《会计法》《会计基础工作规范》、企业会计制度进行会计处理。所以，要做好出纳就必须提高自己的业务水平，认真学习、熟练掌握各项财经法规和规章制度，明白了自己哪些该干，哪些不该干，哪些该抵制，工作起来就会得心应手，就不会犯错误。

（二）实物资产的清查

实物资产主要包括存货、固定资产等。实物资产的清查就是对实物资产的数量和质量上所进行的清查。常用的清查方法主要有实地盘点法和技术推算法。

微课：存货清查方法及应用

1. 实地盘点法

实地盘点法是指在实物资产存放的现场通过逐一清点或用计量仪器来确定实存数的一种清查方法。这种方法使用范围较广，适用于大多数实物资产的清查；清查结果准确可靠，但是工作量相对较大。

2. 技术推算法

技术推算法是指利用技术方法（量方、计尺等）进行推算实物资产实存数的一种清查方法。这种方法适用于大量成堆、难以逐一清点的财产物资。如堆积型存货（如糖、煤、铁矿石等），可以运用工程估测、几何计算等方法来推算该存货的实存数量。

实地盘点法和技术推算法总结如表 6–6 所示。

表 6–6　实物资产的清查方法

方法	适用范围	优点	缺点	备注
实地盘点法	适用于大多数的实物资产的清查	清查结果准确可靠	工作量相对较大	
技术推算法	适用于大量成堆、难以逐一清点的财产物资	工作量小	清查结果不够准确	

为了明确经济责任，在进行盘点时，实物保管人员必须在场。盘点结束时，应当根据实际清查结果填写“盘存单”。“盘存单”既是记录盘点结果的书面证明，也是反映财产物资实存数的原始凭证。“盘存单”格式如表 6–7 所示。

表 6–7　盘　存　单

单位名称：　　　　　　存放地点：　　　　　　编号：

财产类别：　　　　　　盘点时间：

序号	名称	规格	计量单位	盘点数量	单价	金额	备注

盘点人签章：　　　　　　保管人签章：

为了进一步查明实存数与账存数是否一致，应根据“盘存单”和账面记录填写“实存账存对比表”。“实存账存对比表”是用以调整账簿记录的重要原始凭证，也是分析差异产生、明确经济责任的重要依据。“实存账存对比表”格式如表 6–8 所示。

表 6–8　实存账存对比表

单位名称：　　　　　　年　　月　　日　　　　　　单位：元

编号	名称	规格	计量单位	单价	实存		账存		对比结果				备注
									盘盈		盘亏		
					数量	金额	数量	金额	数量	金额	数量	金额	

盘点人签章：　　　　　　会计签章：

如果盘点的对象是固定资产，清查结束时，应编制“固定资产盘盈盘亏报告表”，作为调整账簿记录的重要凭证。“固定资产盘盈盘亏报告表”格式如表 6–9 所示。

表 6–9　固定资产盘盈盘亏报告表

部门:　　　　　　　　　　　　　　年　　月　　日

<table>
<tr><th rowspan="2">固定资产编号</th><th rowspan="2">固定资产名称</th><th rowspan="2">固定资产规格型号</th><th colspan="3">盘盈</th><th colspan="3">盘亏</th><th colspan="3">损毁</th><th rowspan="2">原因</th></tr>
<tr><th>数量</th><th>重置价值</th><th>累计折旧</th><th>数量</th><th>原价</th><th>已提折旧</th><th>数量</th><th>原价</th><th>已提折旧</th></tr>
<tr><td></td><td></td><td></td><td></td><td></td><td></td><td></td><td></td><td></td><td></td><td></td><td></td><td></td></tr>
<tr><td rowspan="2">处理意见</td><td colspan="2">审批部门</td><td colspan="6">清查小组</td><td colspan="4">使用保管部门</td></tr>
<tr><td colspan="2"></td><td colspan="6"></td><td colspan="4"></td></tr>
</table>

要点提示

清查实物资产，主要包括对原材料、库存商品、固定资产等财产物资的清查。清查这类财产主要从数量和质量两个方面进行（这里主要指数量）。通常可按实物资产的特点，如体积、形态、重量等，逐一点数或用器具进行计量。对于包装完整的商品或其他资产，可按大件清点，必要时，可抽查拆包细点；有些大量堆放的商品、材料等，如果点数、计量确有困难的，也可采用技术推算的方法，以确定实物资产的数量。

（三）清查往来款项

往来款项包括各类应收款项、应付款项、暂收款项等债权与债务，一般采用发函询证的方法进行核对。具体程序如下：

（1）将本单位的往来账款核对清楚，确保总分类账户与明细分类账户的余额相等。

（2）在保证往来账户记录准确的基础上，编制“往来款项对账单”寄送各往来单位。往来款项对账单格式如图 6–3 所示。往来款项对账单一式两份，其中一联作回单，对方单位核对后，在回单联上盖章退回，如发现数字不符，在回单联上注明，作为进一步核对的依据。

（3）收到回单后，应编制“往来款项清查表”，注明核对相符或不符的款项。尤其应注意查明有无争议款项、未达账项、无法收回款项等，并采取恰当的处理措施，避免或减少损失。“往来款项清查表”的格式如表 6–10 所示。

往来款项对账单（对账联）

××单位：

你单位2020年3月15日到我厂购买甲产品1 000件已付货款30 000元，尚有20 000元货款未付，请核对后将回执联寄回。

清查单位（盖章）

2020年6月20日

往来款项对账单（回单联）

××单位：

你单位寄来的“往来款项对账单”已收到，经核对相符无误。

单位（盖章）

2020年6月26日

图6-3　往来款项对账单

表6-10　往来款项清查报告表

总分类账户名称：　　　　年　　月　　日　　　　单位：元

明细分类账户		清查结果		核对不符原因分析			备注
名称	账面余额	核对相符金额	核对不符金额	未达账项金额	有争议金额	其他	

清查人员签章：　　　　　　　　记账人员签章：

想一想： 财产物资的清查方法有哪些？财产清查时通常需要填写的表格有哪些？

任务三　掌握财产清查结果处理的方法

一、财产清查结果处理要求

财产清查的结果有三种情况：一是账存数与实存数相符；二是实存数小于账存数，财产物资发生盘亏；三是账存数小于实存数，财产物资发生盘盈。不管是盘盈或盘亏，都属于账实不符，应当查明原因，并根据国家统一会计准则规定，按照一定程序，严肃认真地处理。财产清查结果处理要求包括以下几方面：

（一）分析产生差异的原因和性质并提出处理建议

对于一些合理的物资损耗，只要在规定的损耗标准和范围内，会计人员可按照规定及时做处理；对于超出规定职权范围，会计人员应及时报请单位负责人做出处理。一般来说，个人造成的损失，应由个人赔偿；因管理不善造成的损失，应作为企业管理费用入账；因自然灾害造成的非常损失，列入企业的营业外支出。

（二）积极处理多余积压财产，清理往来款项

在财产清查过程中发现的各种超储积压物资，报请有关部门批准后，应积极加以处理，以提高单位财产物资利用率；对财产物资储备不足和不配套的问题，要提请单位领导和有关部门注意改进；对于长期不清的债权债务以及发生争议的结算款项，应确定专门清理人员，查明原因，限期清理。

（三）总结经验教训，建立和健全各项管理制度

财产清查结束后，针对存在的问题和漏洞，总结经验教训，采取必要的措施，建立健全财产管理制度，进一步提高财产管理水平，保护企业单位财产物资的安全和完整。

（四）及时调整账簿记录，保证账实相符

对于因财产盘盈、盘亏等原因导致账实不符的，要根据清查中取得的原始凭证编制记账凭证，登记有关账簿，及时调整账面记录，使各种财产物资账存数与实存数相一致，从而保证会计核算资料的真实可靠。

二、财产清查结果处理步骤

对于财产清查结果的处理可分为两个步骤进行：

（一）审批之前，调整账簿，做到账实相符

在核对数字、查明原因的基础上，根据“清查结果报告表”“盘点报告表”等资料编制记账凭证，记入有关账簿，使账簿记录与实际盘存数相符；同时根据权限，将处理建议报股东大会或董事会，或经理（厂长）会议或类似机构批准。

（二）审批之后，结转相关账户

审批后，应严格按批复意见进行账务处理，编制记账凭证，登记有关账簿，并追回由于责任者原因造成的损失。

三、财产清查结果的账务处理

（一）设置“待处理财产损溢”账户

“待处理财产损溢”属于资产类（双重性质）账户，其借方登记待处理各种

财产物资盘亏、毁损数和盘盈财产物资批准后的转销数；贷方登记待处理各种财产物资盘盈数和盘亏财产物资批准后的转销数。企业清查的各种财产的盘盈、盘亏和毁损应在期末结账前处理完毕，处理后该账户无余额。

“待处理财产损溢”账户的结构，如图 6–4 所示。

待处理财产损溢（资产类）

借方	贷方
①待处理财产盘亏或损毁金额 ②批准转销的待处理财产盘盈金额	①待处理财产盘盈金额 ②批准转销的待处理财产盘亏或损毁金额
待处理财产净损失	待处理财产净溢余

图 6–4　“待处理财产损溢”账户结构

该账户下设“待处理流动资产损溢”和“待处理非流动资产损溢”两个明细账户进行明细分类核算。

（二）财产清查结果的账务处理

1. 库存现金

（1）库存现金盘盈的账务处理。库存现金盘盈时，应及时办理库存现金入账手续，调整库存现金账簿记录，即按盘盈的金额借记“库存现金”科目，贷记“待处理财产损溢——待处理流动资产损溢”科目。

对于盘盈的现金，按管理权限报经批准后，借记“待处理财产损溢——待处理流动资产损溢”科目，需要支付或退还他人的金额贷记“其他应付款”科目，无法查明原因的金额贷记“营业外收入”科目。

微课：库存现金清查的结果处理

【例 6–4】

Q 公司在现金清查中发现现金溢余 1 600 元，经查其中 1 500 元是由于李斌出差工资未领，100 元现金原因不明。

报经批准前：借：库存现金　1 600

　　　　　　贷：待处理财产损溢——待处理流动资产损溢　1 600

报经批准后：借：待处理财产损溢——待处理流动资产损溢　1 600

　　　　　　贷：其他应付款　1 500

　　　　　　　　营业外收入　100

（2）库存现金盘亏的账务处理。库存现金盘亏时，应及时办理盘亏的确认手续，调整库存现金账簿记录。借记“待处理财产损溢——待处理流动资产损溢”科目，贷记“库存现金”账户。

查明原因按管理权限报经批准后，按可收回的保险赔偿和过失人赔偿的金额借记“其他应收款”科目，按管理不善或者无法查明原因的金额借记“管理费用”科目；按原记入“待处理财产损溢——待处理流动资产损溢”科目借方的金额贷记本科目。

【例 6-5】

W 公司在现金清查中发现现金短缺 320 元，经查其中的 300 元是由出纳员丢失，其余短缺的 20 元无法查明原因。

报经批准前：借：待处理财产损溢——待处理流动资产损溢　320
　　贷：库存现金　320

报经批准后：借：其他应收款　300
　　管理费用　20
　　贷：待处理财产损溢——待处理流动资产损溢　320

微课：存货清查的结果处理

2. 存货

（1）存货盘盈的账务处理。存货盘盈时，应及时办理存货入账手续，调整存货账簿的实存数。盘盈的存货应按其重置成本作为入账价值借记“原材料”“库存商品”等科目，贷记“待处理财产损溢——待处理流动资产损溢”科目。

查明原因按管理权限报经批准后，冲减管理费用，即按其入账价值，借记“待处理财产损溢——待处理流动资产损溢”科目，贷记“管理费用”科目。

【例 6-6】

W 公司期末盘点存货时发现甲材料盘盈 1 000 元。经调查，甲材料盘盈属于计量误差所致，予以转销。

报经批准前：借：原材料——甲材料　1 000
　　贷：待处理财产损溢——待处理流动资产损溢　1 000

报经批准后：借：待处理财产损溢——待处理流动资产损溢　1 000
　　贷：管理费用　1 000

（2）存货盘亏的账务处理。存货盘亏时，应按盘亏的金额借记“待处理财产损溢——待处理流动资产损溢”科目，贷记“原材料”“库存商品”“应交税费——应交增值税（进项税额转出）”等科目。

查明原因按管理权限报经批准后，按残料价值，借记“原材料”科目；按可收回的保险赔偿或过失人赔偿金额借记“其他应收款”科目；按管理不善等原因造成净损失的金额借记“管理费用”科目；按自然灾害等原因造成净损失的金额借记“营业外支出”科目；按原记入“待处理财产损溢——待处理流动资产损溢”科目借方的金额贷记本科目。

【例 6-7】

W 公司期末盘点存货时发现乙材料盘亏 19 000 元，其中 10 000 元属于自然灾害造成的损失，5 000 元属于仓库保管员责任，1 000 元属于定额内的损耗，其余 3 000 元属于管理不善造成，计入企业管理费用（假设不考虑税）。

报经批准前：借：待处理财产损溢——待处理流动资产损溢　19 000

贷：原材料——乙材料　　19 000

报经批准后：借：营业外支出　　10 000

其他应收款　　5 000

管理费用　　4 000

贷：待处理财产损溢——待处理流动资产损溢　　19 000

3. 固定资产

（1）固定资产盘盈的账务处理。企业在财产清查中盘盈的固定资产，经查明确属企业所有，按管理权限报经批准后，应根据盘存凭证填制固定资产交接凭证，经有关人员签字后送交企业会计部门，填写固定资产卡片账，并作为前期差错处理，通过“以前年度损益调整”科目核算。盘盈的固定资产通常按其重置成本作为入账价值借记“固定资产”科目，贷记“以前年度损益调整”科目。

【例 6-8】

R 公司在财产清查中，发现一台入账的设备，其重置成本为 80 000 元。假定不考虑增值税和递延所得税等因素，固定资产盘盈的会计分录如下：

借：固定资产　　80 000

贷：以前年度损益调整　　80 000

微课：固定资产清查方法及结果处理

（2）固定资产盘亏的账务处理。固定资产盘亏时，应及时办理固定资产注销手续，按盘亏固定资产账面价值，借记“待处理财产损溢——待处理非流动资产损溢”，按已提折旧额，借记“累计折旧”科目（已提取减值准备的，还应借记“固定资产减值准备”科目），按原价贷记“固定资产”科目。

同时应及时查明盘亏原因，按管理权限报经批准后按过失人及保险公司应赔偿额，借记“其他应收款”账户；按盘亏固定资产的原价扣除累计折旧、固定资产减值准备和过失人及保险公司赔偿后的差额，借记“营业外支出”科目；按原记入“待处理财产损溢——待处理非流动资产损溢”科目借方的金额贷记本科目。

【例 6-9】

W 公司在期末对固定资产进行清查时，发现丢失一台设备，经批准作为盘亏处理。该设备原值 150 000 元，累计已经提取折旧 130 000 元。编制分录如下：

报经批准前：借：待处理财产损溢——待处理固定资产损溢　　20 000

累计折旧　　130 000

贷：固定资产　　150 000

报经批准后：借：营业外支出　　20 000

贷：待处理财产损溢——待处理固定资产损溢　　20 000

4. 往来款项

经查明确实无法支付的应付账款按规定程序报经批准后，转作营业外收入；

无法收回的应收款项则作为坏账损失冲减坏账准备。

知识拓展

坏账与坏账损失

坏账是指企业无法收回或收回的可能性极小的应收账款。由于发生坏账而产生的损失，称为坏账损失。企业通常应将符合下列条件之一的应收账款确认为坏账：第一，债务人死亡，以其遗产清偿后仍然无法收回；第二，债务人破产，以其破产财产清偿后仍然无法收回；第三，债务人较长时间内未履行其偿债义务，并有足够的证据表明无法收回或者收回的可能性极小。

企业对有确凿证据表明无法收回的应收账款，经批准后作为坏账损失。对于已确认为坏账的应收账款，并不意味着企业放弃了追索权，一旦重新收回，应及时入账。

【例 6-10】

2019 年 Q 公司年末财产清查中确定计提坏账准备 120 000 元。编制会计分录如下：

借：信用减值损失　　120 000

　　贷：坏账准备　　120 000

第二年 Q 公司确认 Y 公司的应收账款 50 000 元确实无法收回，报经批准后做坏账处理。编制分录如下：

借：坏账准备　　50 000

　　贷：应收账款　　50 000

【例 6-11】

Q 公司在财产清查中发现一笔长期无法支付的货款 18 000 元，据查该债权单位已撤销。企业报经批准后，予以转销。企业编制会计分录如下：

借：应付账款　　18 000

　　贷：营业外收入　　18 000

要点提示

财产清查中查明的各种财产物资盘盈、盘亏及损毁账务处理时，一般要通过“待处理财产损溢”账户核算。但是有两种情况不通过此账户：第一，固定资产盘盈时通过“以前年度损益调整”账户；第二，往来款项清查时，无法支付的“应付账款”通过“营业外收入”、无法收回的“应收账款”通过“信用减值损失”账户处理。

综上所述，归纳财产清查结果会计处理要点如表 6-11 所示。

表 6-11　财产清查结果会计处理要点提示

<table>
<tr><th colspan="2">业务表述</th><th>审批前、后</th><th>借记账户</th><th>贷记账户</th><th>备注</th></tr>
<tr><td rowspan="4">库存现金</td><td rowspan="2">溢余</td><td>审批前</td><td>库存现金</td><td>待处理财产损溢</td><td></td></tr>
<tr><td>审批后</td><td>待处理财产损溢</td><td>其他应付款
营业外收入</td><td>直接支付时贷“库存现金”</td></tr>
<tr><td rowspan="2">短缺</td><td>审批前</td><td>待处理财产损溢</td><td>库存现金</td><td></td></tr>
<tr><td>审批后</td><td>管理费用
其他应收款</td><td>待处理财产损溢</td><td></td></tr>
<tr><td rowspan="4">存货（原材料、库存商品等）</td><td rowspan="2">盘盈</td><td>审批前</td><td>原材料（库存商品）</td><td>待处理财产损溢</td><td></td></tr>
<tr><td>审批后</td><td>待处理财产损溢</td><td>管理费用</td><td></td></tr>
<tr><td rowspan="2">盘亏</td><td>审批前</td><td>待处理财产损溢</td><td>原材料（库存商品）
应交税费——应交增值税（进项税额转出）</td><td></td></tr>
<tr><td>审批后</td><td>管理费用
其他应收款
营业外支出</td><td>待处理财产损溢</td><td></td></tr>
<tr><td rowspan="3">往来款项</td><td colspan="2">计提坏账准备时</td><td>信用减值损失</td><td>坏账准备</td><td rowspan="4">不通过“待处理财产损溢”账户</td></tr>
<tr><td colspan="2">发生坏账时</td><td>坏账准备</td><td>应收账款</td></tr>
<tr><td colspan="2">发生无法支付的应付款时</td><td>应付账款</td><td>营业外收入</td></tr>
<tr><td rowspan="3">固定资产</td><td colspan="2">盘盈时</td><td>固定资产</td><td>以前年度损益调整</td></tr>
<tr><td rowspan="2">盘亏</td><td>审批前</td><td>待处理财产损溢
累计折旧</td><td>固定资产</td><td></td></tr>
<tr><td>审批后</td><td>其他应收款
营业外支出</td><td>待处理财产损溢</td><td></td></tr>
</table>

综合案例

案例资料：大发股份有限公司对存货采用实地盘存制，即只登记存货增加，不登记存货减少，年终实地盘点时发现现阶段价值 50 万元的存货因保管不善造成损毁，总经理李斌要求财会部门不列报材料损毁情况。另外，李斌决定对企业存货改用永续盘存制，即既登记存货增加又登记存货减少，以便加强存货管理，因为实地盘存制下不能及时提供商品存货状况的信息，经常导致销路好的商品短缺，而仍有很多销路不好的存货在库。

案例讨论：

1. 李斌要求财会部门不列报材料损毁情况这一做法是否合适？为什么？
2. 对于损毁材料应如何进行正确处理？
3. 实地盘存制改为永续盘存制就能加强大发股份有限公司对存货的控制

文档：财产清查知识点小结

吗？

4. 是否需要实地盘点？

专业能力测评

专业能力测评表（再□中打√，A 掌握，B 基本掌握，C 未掌握）

知识点 / 技能点	评价指标	自测结果	要求
财产清查的概述	1. 财产清查的概念和意义 2. 财产清查的分类	□A □B □C □A □B □C	了解财产清查的意义和种类
财产盘存制度	1. 永续盘存制 2. 实地盘存制	□A □B □C □A □B □C	理解会计方法，掌握七种会计核算方法含义及内容
财产清查方法	1. 库存现金的清查方法 2. 银行存款的清查方法 3. 实物资产的清查方法 4. 往来款项的清查方法	□A □B □C □A □B □C □A □B □C □A □B □C	掌握货币资金、实物资产和往来款项的清查方法
财产清查结果处理	1. 库存现金清查结果的账务处理 2. 银行存款清查结果的账务处理 3. 实物存货清查结果的账务处理 4. 固定资产清查结果的账务处理 5. 往来款项清查结果的账务处理	□A □B □C □A □B □C □A □B □C □A □B □C □A □B □C	掌握财产清查结果的账务处理

项目测试

一、单选题

1. 一般情况下，企业单位撤销、合并或改变隶属关系时，要进行（　　）。

A. 全面清查　　B. 局部清查

C. 实地盘点　　D. 技术推算

2. 下列各项中，属于实物资产清查范围的是（　　）。

A. 存货　　B. 库存现金

C. 银行存款　　D. 应收账款

3. 在永续盘存制下，平时在账簿中对各项财产物资的登记方法是（　　）。

A. 只登记增加数，不登记减少数

B. 只登记减少数，不登记增加数

C. 既登记增加数，又登记减少数

D. 上述方法都可以

4. 现金的清查采用（　　）。

A. 实地盘点法　　B. 技术推算法

C. 发函询证法　　D. 核对账目法

5. 银行存款的清查是将银行存款日记账与（　　）核对，以查明账实是否相符。

A. 银行存款凭证　　B. 银行存款总账

C. 银行存款备查账　　D. 银行对账单

6. 通常情况下，往来款项的清查方法是（　　）。

A. 实地盘点法　　B. 估算法

C. 推算法　　D. 发函询证法

7.（　　）是记录盘点结果的书面证明，也是反映财产物资实存数的原始凭证。

A. 财产物资盘存单　　B. 实存账存对照表

C. 盘点盈亏报告表　　D. 以上均是

8. 银行存款实有数为（　　）。

A. 银行存款日记账余额

B. 银行对账单余额

C. 银行存款余额调节表中调节后相等的余额

D. 以上均不正确

9. 下列原始凭证中，可作为发现财产物资盘盈、盘亏和毁损时财务部门进行账务处理依据的是（　　）。

A. 财产物资盘存单　　B. 出库单

C. 银行存款余额调节表　　D. 实存账存对照表

10. 下列各项中，登记在待处理财产损溢账户借方的是（　　）。

A. 财产的盘亏数　　B. 财产的盘盈数

C. 盘亏转销数　　D. 尚未处理财产净溢余

11. 下列各项中，属于盘亏固定资产清查时应采用的会计科目是（　　）。

A. 固定资产清理　　B. 材料成本差异

C. 待处理财产损溢　　D. 以前年度损益调整

12. 盘亏的存货，在减去过失人或者保险公司等赔款和残料价值之后，属于非常损失的应（　　）。

A. 计入管理费用　　B. 计入营业外支出

C. 冲减其他业务收入　　D. 冲减营业外收入

13. 盘亏的固定资产在处理时应（　　）。

A. 计入其他业务成本　　B. 计入营业费用

C. 计入其他业务支出　　D. 计入营业外支出

14. 盘亏及毁损财产物资中属于自然灾害造成的非常损失应记入（　　）。

A. “其他应收款”账户的借方　　B. “营业外支出”账户的借方

C. “管理费用”账户的借方　　D. “其他应收款”账户的贷方

15. 2020 年 6 月 30 日企业银行存款日记账余额为 100 万元，经逐笔核对，发现未达账项如下：银行已收企业未收的 2 万元；银行已付企业未付的 1 万元。

调整后企业银行存款日记账余额为（　　）万元。

A. 100　　B. 101

C. 102　　D. 103

二、多选题

1. 财产清查按清查的范围分为（　　）。

A. 全面清查　　B. 定期清查

C. 局部清查　　D. 不定期清查

2. 财产清查按清查的时间分为（　　）。

A. 全面清查　　B. 定期清查

C. 不定期清查　　D. 局部清查

3. 企业在年终决算前进行的清查属于（　　）。

A. 全面清查　　B. 局部清查

C. 定期清查　　D. 不定期清查

4. 下列各种情况，需要进行财产全面清查的有（　　）。

A. 企业改变隶属关系时　　B. 企业合并前

C. 出纳人员调离工作前　　D. 公司总经理调离工作前

5.（　　），会使企业银行存款日记账的余额大于银行对账单的余额。

A. 企业收到或已送存银行的款项，企业已入账，但银行尚未入账

B. 企业开出各种付款凭证，已记入银行存款日记账，但银行尚未入账

C. 银行代企业收进的款项，银行已入账，但企业尚未收到有关凭证，未能登记入账

D. 银行代企业支付的款项，银行已入账，但企业尚未收到有关凭证，未能登记入账

6. “待处理财产损溢”账户的借方核算（　　）。

A. 发生的财产盘盈数　　B. 发生的财产盘亏和毁损数

C. 处理的财产盘盈数　　D. 处理的财产盘亏和毁损数

7. 实物资产清查的常用方法有（　　）。

A. 实地盘点法　　B. 抽样检查法

C. 账目核对法　　D. 技术推算法

8. 实地盘点法可用于（　　）清查。

A. 实物资产　　B. 库存现金

C. 银行存款　　D. 往来款项

9. 银行存款的清查，须将（　　）进行相互逐笔勾对。

A. 银行存款总账　　B. 银行对账单

C. 银行存款日记账　　D. 支票登记簿

10. 银行存款日记账与银行对账单不一致的原因有（　　　　）。

A. 企业或银行出现记账错误　　B. 出现未达账项

C. 出现已达账项　　D. 以上三项均是

11. 下列情况中，需要进行定期局部财产清查的有（　　　　）。

A. 贵重的财产物资　　B. 企业进行股份制改制前

C. 企业的债权债务　　D. 单位主要负责人调离时

12. 对下列资产的清查，不能采用实地盘点法的有（　　　　）。

A. 库存现金　　B. 银行存款

C. 库存商品　　D. 债权债务

13. 下列各项中，属于库存现金盘亏的账务处理中可能涉及的账户有（　　　　）。

A. 库存现金　　B. 管理费用

C. 其他应收款　　D. 其他应付款

14. 对于盘亏、损毁的存货，经批准后进行账务处理时可能涉及的借方科目有（　　　　）。

A. 原材料　　B. 管理费用

C. 其他应收款　　D. 营业外支出

15. 下列各项中，属于财产清查结果处理步骤的有（　　　　）。

A. 核准数字，查明原因　　B. 调整凭证，做到账实相符

C. 调整账簿，做到账实相符　　D. 进行批准后的账务处理

三、判断题

1. 造成财产物资账实不符的原因主要是登账错误。（　　）

2. 永续盘存制下，通过实地盘点确定的财产物资期末实存数等于其期末账面结存数。（　　）

3. 企业单位撤销、合并或改变隶属关系时，应对企业的部分财产进行重点清查。（　　）

4. 全面清查可以是定期进行，也可以是不定期进行。（　　）

5. 银行存款的清查，是通过实地盘点的方法来确定其实存数。（　　）

6. 企业应根据银行存款余额调节表调节后的存款余额去更改账簿记录。（　　）

7. 盘亏的存货，在减去过失人或者保险公司等赔款和残料价值之后，均应计入当期管理费用。（　　）

8. 盘亏的固定资产，一般计入当期营业外支出。（　　）

9. 定期财产清查的对象不定，可以是全面清查也可以是局部清查。（　　）

10. 银行代企业支付电费 1 000 元，企业因未收到相关凭证尚未入账，即使

会计人员在对账时发现了该笔款项，也不应据此入账。（　）

11. 定期清查一般在年末进行。（　）

12. 定期清查和不定期清查对象的范围既可以是全面清查也可以是局部清查。（　）

13. 经过银行存款余额调节表调节后的存款余额，是企业可以动用的银行存款实有数。（　）

14. 在进行库存现金和存货清查时，出纳人员和实物保管人员不得在场。（　）

15. 非正常原因造成的存货盘亏损失经批准后应该计入营业外支出。（　）

四、业务题

习题一

1. 目的：熟悉并掌握“永续盘存制”和“实地盘存制”应用。

2. 资料：旺旺公司2020年9月有关甲材料的收入、发出和结存情况如下：月初结存2 000千克，计4 000元；本月3日购进入库3 000千克，实际成本6 000元，本月8日购进1 000千克，实际成本2 000元；本月2日生产领用1 500千克，计3 000元，本月13日生产领用2 000千克，计4 000元；月末实地盘点甲材料实存2 000千克，计4 000元。

3. 要求：

（1）分别按“永续盘存制”和“实地盘存制”填制甲材料明细账。（见表6-12、表6-13）

（2）在永续盘存制下，根据上述资料计算甲材料的本期发生额、期末结存数并确定期末账实是否相符？如不符，差异是多少？

（3）假设企业采用实地盘存制，题中领用材料平时未进行记录，试确定甲材料的账面结存数和本期发出数。

（4）根据计算结果，说明实地盘存制的缺陷。

表6-12　甲材料明细账（永续盘存制）

2020年		凭证号数	摘要	收入			发出			结存		
月	日			数量	单价	金额	数量	单价	金额	数量	单价	金额
			月初结存									
			月末结存									

表 6-13　甲材料明细账（实地盘存制）

2020 年		凭证号数	摘要	收入			发出			结存		
月	日			数量	单价	金额	数量	单价	金额	数量	单价	金额
			月初结存									
			月末结存									

习题二

1. 目的：熟悉和掌握“银行存款余额调节表”的编制。

2. 资料：旺旺公司 2020 年 8 月 20 日至月末有关银行存款日记账资料如下：

（1）20 日，开出转账支票 # 045476，支付购买甲材料货款 2 000 元。

（2）21 日，存入销货款转账支票 5 000 元。

（3）25 日，开出转账支票 # 045477，支付购买甲材料运费 500 元。

（4）27 日，开出转账支票 # 045478，购买办公用品 1 200 元。

（5）28 日，收到销货转账支票 6 800 元。

（6）29 日，开出转账支票 # 045479，预付下半年报刊费 600 元。

（7）30 日，银行存款日记账余额为 30 636 元。

旺旺公司开户银行转来的对账单所列 20 日至月末经济业务如下：

（1）20 日，代收外地企业汇来的货款 2 800 元。

（2）22 日，收到公司开出的转账支票 # 045476，金额为 2 000 元。

（3）23 日，收到销货转账支票 5 000 元。

（4）25 日，银行为企业代付水电费 540 元。

（5）28 日，收到公司开出转账支票 # 045477，金额为 500 元。

（6）30 日，结算银行存款利息 282 元。

（7）30 日，银行对账单余额为 28 178 元。

3. 要求：

（1）根据上述资料，进行银行存款的核对，找出未达账项。

（2）根据以上资料编制“银行存款余额调节表”。

习题三

1. 目的：熟悉并掌握财产清查结果账务处理。

2. 资料：旺旺公司 2020 年 8 月财产清查时，有关经济业务如下：

（1）在财产清查中发现现金长款 100 元。经核查，原因不明。

（2）在财产清查中发现现金短款 200 元。经核查，原因不明。

（3）在财产清查中发现盘盈 A 材料价值 1 000 元。经查是由于计量上的错误造成的。

（4）在财产清查中发现盘亏 B 材料 1 000 千克，每千克单价 60 元。经查明属于定额内的合理损耗的有 100 千克，计 6 000 元；属于过失人造成的由责任人赔偿 900 千克，计 54 000 元。

（5）在财产清查中发现盘亏机器设备一台，账面原值为 110 000 元，已提折旧额为 70 000 元。

（6）应收某单位货款 36 000 元，经查确属无法收回的款项，经批准转作坏账损失。

（7）在财产清查中，发现应付某单位的货款 10 000 元已无法支付，经批准予以转销。

3. 要求：根据以上资料编制有关的会计分录。

项目七

期末业务处理——期末账务核算

学习目标

知识目标：

理解期末账项调整含义、意义及内容

理解并掌握账项调整基本方法

理解并掌握简单增值税的核算

理解消费税、城市维护建设税含义及核算

理解利润形成过程和会计核算方法

理解所得税费用计算方法与结转方法

熟记利润分配程序、内容和核算方法

能力目标：

能分摊和计提本期应承担的费用并进行账务处理

能计提固定资产折旧并进行账务处理

能计算应交增值税、消费税、城市维护建设税等，并进行简单账务处理

能计算利润并对利润形成过程进行账务处理

会计算所得税费用并进行账务处理

会按程序进行利润分配并进行相应账务处理

素养目标：

强化诚信教育，培养客观公正、坚持原则的职业精神

提升职业素养，养成依法纳税的职业意识

知识导图

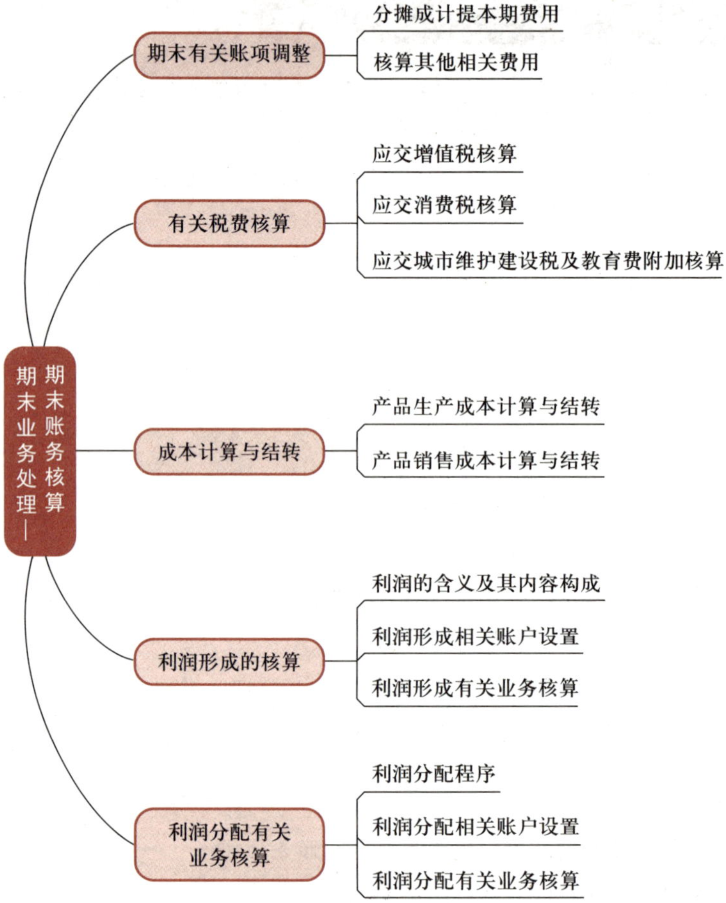
期末业务处理—期末账务核算
期末有关账项调整
分摊成计提本期费用
核算其他相关费用
有关税费核算
应交增值税核算
应交消费税核算
应交城市维护建设税及教育费附加核算
成本计算与结转
产品生产成本计算与结转
产品销售成本计算与结转
利润形成的核算
利润的含义及其内容构成
利润形成相关账户设置
利润形成有关业务核算
利润分配有关业务核算
利润分配程序
利润分配相关账户设置
利润分配有关业务核算

导入案例

这个月到底是赔了还是赚了？

王风和李莉是同学，两人各开了一个餐饮公司，都信心百倍地开始了生产经营。王风的公司聘请了一名有经验的老会计做账，经营期间会计工作有条不紊，每月的收入、费用、成本等账目登记很清楚，月末利润也计算得很精确，王风经常夸口说："我的经营方式很好，赚的钱也越来越多，账面上的资金也越来越多，每年都有足够的资金扩大经营。"而李莉的公司招聘了一位刚毕业的大学生会计，眼看着新会计每天忙忙碌碌，可是当李莉急着想知道当月成本、利润时，新会计经常被一些复杂的业务搞得思路不清，如支出全年财产保险费、收到去年的产品销售货款、支付借款本金和利息等，不知道怎样才能算清每个月的利润。李莉很郁闷，说："眼看着账面上的资金越来越少，我都不知道自己赚的钱去哪里了，这个月是赔了还是赚了？"由于心情不好，生产经营自然也受到了影响。李莉感叹道："这期末账务核算工作也太重要了。"

案例思考与讨论： 王风的公司由于有经验丰富的老会计做账，王风心里有数、经营有方，所以每年盈利且不断扩大规模；而李莉的公司由于大学生会计经验不足、账目不清，李莉对自己的公司经营存在诸多疑问，经营也受到影响。您知道这个案例说明了什么问题吗？如何才能做好期末账务核算工作呢？

任务一　调整期末有关账项

根据权责发生制要求，凡是当期已经实现的收入和应当负担的费用，不论款项是否收付，都应当作为当期收入和费用入账。日常业务发生的涉及跨期收入和费用的项目，期末应对有关收入和费用进行分摊或计提等账项调整。

一、分摊或计提本期费用

（一）分摊已支出但尚未计入本期的费用

企业发生的各项支出在日常处理时根据其受益情况分别记入不同的账户。若该支出仅本期受益，则直接记入本期损益账户，如2020年3月31日，支付本月水电费3 000元；若该支出的受益期涉及多个会计期间，则先记入"固定资产""无形资产"或"长期待摊费用"等账户，期末时采用一定方法计算出本期应分摊的费用，采用折旧、摊销等方法计入本期损益。

下面以天乐公司2020年5月发生的部分业务进行说明：

【例7-1】

5月25日，天乐公司用银行存款购买生产设备一台，价值24万元，预计可使用10年（假设不考虑税费、残值，采用直线法计提折旧）。

5月25日购买设备时（日常核算）：

借：固定资产 240 000

　　贷：银行存款 240 000

5月31日计提折旧时（期末账项调整）：

借：制造费用 （240 000÷10÷12）2 000

　　贷：累计折旧 2 000

固定资产折旧核算，具体内容见项目三任务三——固定资产折旧费核算。

【例7-2】

2020年年初，天乐公司生产车间租入厂房一间，租期24个月，以银行存款预付24个月的租金共72 000元；摊销应由本月负担的租金3 000元。根据有关凭证资料，做如下会计分录：

2020年年初支付租金时（日常核算）：

借：长期待摊费用 72 000

　　贷：银行存款 72 000

本月月末摊销租金时（期末账项调整）：

借：制造费用 （72 000÷24）3 000

　　贷：长期待摊费用 3 000

职业能力训练

2020年1月1日，Q公司支付本年度管理部门书报费3 600元。支付书报费时如何作会计分录？按照权责发生制会计基础，书报费各月份要不要分摊？如果需要分摊，各月份分摊书报费时会计分录如何编制？

（二）计提已受益但本期未支出的费用

企业有些费用是先受益后支付的，在会计期末，要将本期已受益而未支付的费用，如借款利息、工资、应交税费等，采用预先提取的方式计入当期损益。

1. 计提借款利息（可参考项目三任务二筹资业务核算）

【例7-3】

天乐公司2020年1月月初从银行取得6个月短期借款200 000元，年利率6%。1月至6月公司各月末应计提短期借款利息1 000元。

取得短期借款时（日常核算）：

借：银行存款 200 000

  贷：短期借款 200 000

1 月至 6 月各月末计提利息时（期末账项调整）：

借：财务费用 1 000

  贷：应付利息 1 000

2. 计提职工工资

一般情况下，本月职工工资是按照上月职工考勤记录表，推迟到本月月初或月中发放（实际发放的是上个月的工资）。本月月末，根据权责发生制原则，职工给企业付出了劳动，企业应该承担职工的工资。

举例见 项目三 任务五——人工费用的核算。

3. 计提相关税费

该部分核算内容举例见本项目任务二“有关税费核算”。

二、核算其他相关费用

企业在经营活动中，发生的费用比较多，总体上分为日常业务和期末业务两大类。其中日常业务发生的费用在项目三中进行了学习，而期末业务中除了上述内容外，还应包括以下内容：

（一）税金及附加的核算

核算企业经营活动中发生的消费税、城市维护建设税（简称城建税）、资源税和教育费附加等相关税费，需要设置“税金及附加”账户。该账户属于损益类，其借方登记按规定税率计算应负担的税金及附加费，贷方登记期末转入“本年利润”账户的数额，结转后该账户无余额。结构如图 7-1 所示。

微课：税金及附加业务核算

税金及附加（损益类）

应负担的消费税、城建税、教育费附加等	期末转入“本年利润”账户的数额
期末结转后无余额	

图 7-1 “税金及附加”账户结构

【例 7-4】

假设天乐公司 7 月应交增值税 20 000 元，应交消费税为 4 000 元，按本企业适用 7% 的税率计算出应交的城市维护建设税为 1 680 元，按 3% 计算应交教育附加费为 720 元。

分析：该经济业务的发生，引起城建税和教育费附加增加，均属于“税金及附加”核算内容，同时应交而没有交的税费引起负债“应交税费”增加，所以作会计分录如下：

借：税金及附加 2 400

  贷：应交税费——应交城市维护建设税 1 680

      ——应交教育费附加 720

（二）信用减值损失的核算

企业应当在期末分析各项应收款项的可收回性，并预计可能产生的坏账损失，对预计可能发生的坏账损失，计提坏账准备。为了核算企业的坏账损失，应设置“坏账准备”与“信用减值损失”账户“坏账准备”是按企业的应收款项（含应收账款、其他应 收款等）计提的，属于资产类账户，也是“应收账款”的备抵账户。

微课：坏账及其损失的核算

“坏账准备”账户属于资产类。用来核算企业应收款项的坏账准备，是应收账款的抵减账户。其贷方登记期末计提的坏账准备；借方登记按管理权限报经批准后作为坏账转销的应收款项；期末余额在贷方，反映企业已计提但尚未转销的坏账准备。“坏账准备”账户结构如图 7–2 所示。

坏账准备（资产类）

本期发生坏账冲销的坏账准备数额	本期计提坏账准备的数额 已冲销坏账又收回的数额
	余：已计提但尚未转销的坏账准备数额

图 7–2 “坏账准备”账户结构

“信用减值损失”账户属于损益类，用来核算企业的“应收款项”由于失信而产生坏账，计提坏账准备所形成的损失，按应计提坏账准备的金额，借记“信用减值损失”科目，贷记“坏账准备”科目。期末应将“信用减值损失”账户余额转入“本年利润”账户，结转后该账户无余额。其账户结构如图 7–3 所示。

信用减值损失（损益类）

计提信用减值损失的数额	期末转入“本年利润”账户的数额
期末结转后无余额	

图 7–3 “信用减值损失”账户结构

想一想：“资产减值损失”与“信用减值损失”有何异同？

【例 7–5】

期末，企业计提坏账准备 50 000 元。

分析：企业计提坏账准备，一方面增加企业的损失，损失增加记借方，借记“资产减值损失”账户；另一方面增加企业的坏账准备，“坏账准备”属于资产类特殊账户，增加记贷方。

借：信用减值损失　　50 000

　　贷：坏账准备　　50 000

（三）投资收益的核算

为了核算企业的投资收益，应设置“投资收益”账户，该账户主要核算企业确认的投资收益或投资损失，账户结构和登记内容如图 7-4 所示。该账户按照投资项目设置明细分类账户，进行明细分类核算。

投资收益（损益类）

借方	贷方
本期发生的投资损失 转入“本年利润”账户的净收益	本期发生的投资收益 转入“本年利润”账户的净损失
	结转后该账户无余额

图 7-4　“投资收益”账户结构

【例 7-6】

7 月月末，本企业为交易目的所持有的股票投资，账面余额 120 000 元，出售所得价款 150 000 元。

分析：企业将持有的交易性金融资产转让，取得转让价款 150 000 元增加了“银行存款”，资产增加记借方；同时，“交易性金融资产”按账面成本 120 000 元减少在贷方，借贷之差额 30 000 元为投资收益，“投资收益”增加记贷方。

借：银行存款　150 000

　　贷：交易性金融资产　120 000

　　　　投资收益　30 000

期末有关账项调整会计分录要点提示见表 7-1。

表 7-1　期末有关账项调整会计分录要点提示

核算内容	含义	会计分录	备注
分摊已支付但尚未摊销的费用	已经支付，需要按期承担的费用	借：管理费用 / 制造费用等 　贷：预付账款 　　　累计折旧 　　　长期待摊费用	权责发生制下当月应承担费用的确认
计提已受益但尚未支付的费用	尚未支付，但已经受益，每期应承担费用	借：财务费用 / 管理费用 / 制造费用等 　贷：应付利息 　　　应付职工薪酬等	
赊销下销售已实现但收入未确认	已实现销售，但款项未收到，按期确认收入	借：应收账款 / 应收票据等 　贷：主营业务收入 　　　应交税费——应交增值税（销项税额）	权责发生制下当月已实现收入的确认
预收款下销售已实现但收入未确认	已实现销售，款项已预收，按期确认收入	借：预收账款 　贷：主营业务收入 　　　应交税费——应交增值税（销项税额）	
税金及附加	计算应负担的税金及附加	借：税金及附加 　贷：应交税费——应交城市维护建设税 　　　　　　——应交教育费附加	

续表

核算内容	含义	会计分录	备注
信用减值损失	计提坏账准备	借：信用减值损失 贷：坏账准备	按应收账款，其他应收款等余额计提
投资收益	企业确认的投资收益	借：银行存款 贷：交易性金融资产 投资收益	为交易目的而持有的股票投资、债券投资等

任务二 核算有关税费

微课：

说说增值税那些事

一、应交增值税核算

（一）一般纳税人

1. 应交增值税的计算

一般纳税人当期应纳增值税 = 当期销项税额 - 当期进项税额。例如，本月销项税额 100 元，进项税额 60 元，则本月应交增值税 100-60=40（元）；若本月销项税额 100 元，进项税额 110 元，则本月无须交纳增值税，期末留抵 =110-100=10（元）；若下月销项税额仍为 100 元，进项税额为 60 元，则下月应交增值税 =100-60-10=30（元）。

2. 应交增值税账务处理

应交增值税在“应交税费”下方设置两个明细科目“应交税费——应交增值税”“应交税费——未交增值税”进行核算。企业交纳当期的应交增值税，在收到银行退回的税收交款书后，借记“应交税费——应交增值税（已交税金）”科目，贷记“银行存款”科目。

3. 月终结转未交增值税

月份终了，企业应将当月发生的应交未交增值税额做如下处理：借记“应交税费——应交增值税（转出未交增值税）”科目，贷记“应交税费——未交增值税”科目；下月初缴纳税款时：借记“应交税费——未交增值税”科目，贷记“银行存款”科目。

知识拓展

“应交增值税”与“未交增值税”辨析

“应交税费——应交增值税”科目月末结账后，要么没有余额（进项税额=销项税额），要么是借方余额，表示多交税金或进项税留抵（进项税额>销项税额）留待下月继续抵扣；“应交税费——未交增值税”借方余额为多交的增值税，贷方余额为应该缴纳的增值税。

（二）小规模纳税人

1. 应交增值税的计算

小规模纳税人应交增值税 = 不含税销售额 × 征收率

2. 应交增值税账务处理

小规模纳税企业通过“应交税费——应交增值税”科目核算，不允许抵扣进项税额。

计算交纳增值税时，在收到银行退回的税收交款书后，借记“应交税费——应交增值税”科目，贷记“银行存款”科目。

丁公司属于小规模纳税企业，本月共计销售商品含税收入 10 300 元，作会计分录如下：

销售商品时：

借：银行存款　　10 300

　　贷：主营业务收入　　10 000

　　　　应交税费——应交增值税　　300

上缴税款时：

借：应交税费——应交增值税　　300

　　贷：银行存款　　300

二、应交消费税核算

知识拓展

消费税的含义

消费税是我国税收体系中的重要组成部分，自 1994 年开征以来，以消费品的流转额作为征税对象，具有选择性、单一环节征收、税负转嫁等特点。消费税的征税范围广泛，涵盖烟草、酒类、成品油、贵重首饰及高档消费品等多个领域，税率根据消费品类型及政策需要有所差异。它是一种间接税，税款由消费者承担。消费税的纳税人，是在我国境内生产、委托加工和进口应税消费品的单位和个人。

消费税属于流转税的范畴。在对货物普遍征收增值税的基础上，选择部分消费品再征收一道消费税，目的是为了调节产品结构，引导消费方向。

由于税收申报和交纳程序的影响，企业期末会有本月应交而未交且尚未入账的相关税费，应予以计提并登记入账。

核算企业经营活动中发生的消费税、城市维护建设税（简称城建税）、资源税和教育费附加等相关税费，需要设置“税金及附加”账户。该账户属于损益类，其借方登记按规定税率计算应负担的税金及附加，借记“税金及附加”，贷记“应交税费——应交 ×× 税（费）”；贷方登记期末转入“本年利润”账户的数额，借记“本年利润”，贷记“税金及附加”；结转后本科目无余额。该账户结构如图 7–5 所示。

税金及附加（损益类）

应负担的消费税、城建税、教育费附加等	期末转入“本年利润”账户的数额
期末结转后该账户无余额	

图 7–5 “税金及附加”账户结构

【例 7–7】

假设天乐公司 7 月共计销售甲产品 800 000 元，适用的消费税税率为 5%，计算本月应交消费税税额为 40 000 元。

分析：消费税属于“税金及附加”核算内容，该项经济业务发生，导致费用“税金及附加”增加 40 000 元应记入该账户借方；同时，负债“应交税费——应交消费税”账户增加 40 000 元应记入该账户贷方。会计分录编制如下：

借：税金及附加　　40 000

　　贷：应交税费——应交消费税　　40 000

三、应交城市维护建设税及教育费附加核算

我国税法规定，企业需要以实际缴纳的“增值税和消费税”为基础计算应交城市维护建设税、教育费附加和地方教育费附加，其计算公式为：

应交城市维护建设税＝（实际缴纳增值税＋实际缴纳消费税）× 7 %

应交教育费附加＝（实际缴纳增值税＋实际缴纳消费税）× 3 %

应交地方教育费附加＝（实际缴纳的增值税 + 实际缴纳的消费税）×2%

《中华人民共和国城市维护建设税法》规定的城市维护建设税税率如下：①纳税人所在地在市区的，税率为 7%；②纳税人所在地在县城、镇的，税率为 5%；③纳税人所在地不在市区、县城或者镇的，税率为 1%；④现行教育费附加征收率为 3%，地方教育费附加征收率为 2%。

【例 7–8】

假设天乐公司 7 月实际缴纳增值税 15 200 元，实际缴纳消费税为 40 000 元，按本企业适用 7% 的税率计算出应交的城市维护建设税为 3 864 元，按 3% 和 2% 的税率计算出的应交教育附加费为 1 656 元，应交地方教育费附加为 1 104 元。

分析：该经济业务的发生，引起城市维护建设税、教育费附加和地方教育费附加增加，均记入“税金及附加”账户借方，同时“应交税费”增加应记入该账户贷方，所以编制会计分录如下：

借：税金及附加　　6 624

　　贷：应交税费——应交城市维护建设税　　3 864

　　　　　　　——应交教育费附加　　1 656

　　　　　　　——应交地方教育费附加　　1 104

城市维护建设税、教育费附加和地方教育费附加金额计算如表7-2所示。

表7-2　城市维护建设税和教育费附加计算表

2020年7月31日

项目	城市维护建设税			教育费附加			地方教育费附加		
	计税基础	税率	税额	计税基础	征收率	税额	计税基础	征收率	税额
增值税	15 200	7%	1 064	15 200	3%	456	15 200	2%	304
消费税	40 000	7%	2 800	40 000	3%	1 200	40 000	2%	800
合计	55 200	7%	3 864	55 200	3%	1 656	55 200	2%	1 104

想一想：通过“税金及附加”核算的税费有哪些？

综上所述，归纳有关税费核算，会主分录要点如表7-3所示。

表7-3　有关税费核算会计分录要点提示

经济业务		会计分录	备注
增值税（一般纳税人）	交纳增值税	借：应交税费——应交增值税（已交税金） 贷：银行存款	交纳本月应交增值税
		借：应交税费——未交增值税 贷：银行存款	交纳上月应交未交增值税
	月末结转本月应交增值税	借：应交税费——应交增值税（转出未交增值税） 贷：应交税费——未交增值税	
城市维护建设税	计算应交数	借：税金及附加 贷：应交税费——应交城建税	应交城建税＝（应交增值税＋应交消费税）×税率
	交纳时	借：应交税费——应交城建税 贷：银行存款	
教育费附加	计算应交数	借：税金及附加 贷：应交税费——应交教育费附加 ——应交地方教育费附加	①应交教育费附加＝（实际缴纳的增值税＋实际缴纳的消费税）×征收率（3%） ②应交地方教育费附加＝（实际缴纳的增值税＋实际缴纳的消费税）×征收率（2%）
	交纳时	借：应交税费——应交教育费附加 贷：银行存款	

任务三　成本计算与结转

一、产品生产成本计算与结转

见项目三任务五（略）。

二、产品销售成本计算与结转

见项目三任务六（略）。

任务四　利润形成的核算

微课：认知利润的内容构成

一、利润的含义及其内容构成

利润是指企业在一定会计期间的经营成果，包括收入减去费用后的净额、直接计入当期损益的利得和损失等。利润的内容构成如下：

（一）计算营业利润

营业利润＝营业收入－营业成本－税金及附加－销售费用－管理费用－财务费用－资产减值损失（信用减值损失）＋公允价值变动收益（－公允价值变动损失）＋投资收益（－投资损失）＋资产处置收益（－资产处置损失）

其中：　　营业收入＝主营业务收入＋其他业务收入

营业成本＝主营业务成本＋其他业务成本

（二）计算利润总额

利润总额＝营业利润＋营业外收入－营业外支出

（三）计算净利润

净利润＝利润总额－所得税费用

二、利润形成相关账户设置

（一）“本年利润”账户

“本年利润”账户主要核算企业实现的净利润（或净亏损），年末结转后该账户无余额，其结构和登记内容如图 7-6 所示。该账户一般不进行明细核算。

（二）“所得税费用”账户

“所得税费用”账户主要核算和监督企业确认的应从当期利润总额中扣除的所得税费用，账户的结构及登记内容如图 7-7 所示。

本年利润（所有者权益类）

借方	贷方
期初余额：本年累计发生净亏损 本期发生额：从损益类账户中转入的本期发生的成本、费用和损失 年末转入“利润分配”的净利润	期初余额：本年累计实现的净利润 本期发生额：从损益类账户中转入的本期发生的收入、收益和利得 年末转入“利润分配”的净亏损
期末余额：净损失（贷方<借方）	期末余额：净利润（贷方>借方）

图 7-6　“本年利润”账户结构

所得税费用（损益类）

借方	贷方
本期发生额：资产负债表日，企业确认的所得税费用	本期发生额：期末，转入“本年利润”账户的所得税费用
结转后该账户期末无余额	

图 7-7　“所得税费用”账户结构

三、利润形成的账务处理

（一）结转损益类账户

期末，归纳本期损益类账户，结转至“本年利润”账户的贷方或借方。

（1）借：收入、收益类账户

　　贷：本年利润

（2）借：本年利润

　　贷：费用、支出类账户

微课：利润形成业务的核算

【例 7-9】

宏宇公司 2020 年 7 月所有收入收益类账户和费用支出类账户余额如表 7-4 所示。期末，做有关损益类结转的账务处理，并计算本月份的利润总额是多少。

分析：收入收益发生时记在贷方，期末从借方转出，转入“本年利润”账户的贷方；费用支出发生时记借方，期末从贷方转出，转入“本年利润”账户的借方，使损益类账户结转后无余额，其目的是通过收支相抵来确定本期利润。

损益类账户的结转可通过以下两个步骤进行。

第一步，将本期取得的各项收入、收益结转到“本年利润”账户贷方。

借：主营业务收入　　212 000

　　其他业务收入　　20 000

　　营业外收入　　10 000

　　投资收益　　30 000

　　贷：本年利润　　272 000

第二步，将本期发生的各项费用支出结转到“本年利润”账户借方。

借：本年利润　　174 476

　　贷：主营业务成本　　121 026

其他业务成本	15 000
税金及附加	2 400
管理费用	13 650
销售费用	5 000
财务费用	7 400
营业外支出	10 000

表 7-4 有关收支类账户发生额汇总表

账户	借方发生额	贷方发生额
主营业务收入		212 000
其他业务收入		20 000
营业外收入		10 000
投资收益		30 000
主营业务成本	121 026	
其他业务成本	15 000	
税金及附加	2 400	
管理费用	13 650	
销售费用	5 000	
财务费用	7 400	
营业外支出	10 000	

收入、费用全部转入“本年利润”账户后，通过借贷对比，可计算出 7 月的利润总额为（272 000–174 476）97 524 元。

（二）所得税费用核算

企业所得税是对我国内资企业和经营单位的生产经营所得和其他所得征收的一种税。具有法人资格的企业都需要缴纳企业所得税，它是一个重要税种，一般按季度预缴，年末汇算清缴。

计算企业所得税时，首先考虑“以前年度是否有亏损”，如果有，则在规定年限内，先用“税前利润补亏”，然后再按分配程序进行分配，如果弥补后金额为正数，则要计算企业所得税，如果为负数，则不计算企业所得税。

【例 7–10】

7 月 31 日，按企业所得税税率 25% 计算并结转本月应交企业所得税。

分析：一方面所得税费用的发生，使企业的费用增加，应记入“所得税费用”账户的借方；另一方面企业应交未交所得税使负债增加，应记入“应交税费——应交所得税”账户贷方。

借：所得税费用　　（97 524×25%）24 381

　　贷：应交税费——应交所得税　　24 381

【例 7–11】

7 月 31 日，结转所得税费用 24 381 元。

分析：由于“所得税费用”属于损益类账户，所以“所得税费用”账户的本期发生额在期末应转入“本年利润”账户借方，结转后，“所得税费用”账户期末无余额。

借：本年利润　　24 381

　　贷：所得税费用　　24 381

结转所得税后，7 月的净利润为 70 287 元。

综上所述，利润形成核算会计处理要点归纳如表 7-5 所示。

表 7-5　利润形成业务会计分录要点提示

<table>
<tr><th>经济业务</th><th>会计分录</th><th>备注</th></tr>
<tr><td rowspan="3">期末结转损益类账户</td><td>借：主营业务收入
　　其他业务收入
　　投资收益
　　营业外收入等
　　贷：本年利润</td><td>收入收益类</td></tr>
<tr><td rowspan="2">借：本年利润
　　贷：主营业务成本
　　　　其他业务成本
　　　　税金及附加
　　　　销售费用
　　　　管理费用
　　　　财务费用
　　　　营业外支出等</td><td>费用支出类</td></tr>
<tr><td>此时“本年利润”账户余额即为利润总额</td></tr>
<tr><td>计提所得税费用</td><td>借：所得税费用
　　贷：应交税费——应交所得税</td><td rowspan="2">此时“本年利润”账户余额即为净利润</td></tr>
<tr><td>结转所得税费用</td><td>借：本年利润
　　贷：所得税费用</td></tr>
</table>

德技并修

树立正确的消费观　“量入为出”理性消费

小张同学最近很焦虑，被几个贷款平台的催收电话 24 小时轰炸，没有心思读书……一年前，小张考上了理想的大学，又追上了心仪的女生，很开心，但看到寝室的同学花钱大方，经常请客吃饭，觉得自己很没面子。父母寄的生活费不够，他就从网上平台贷款消费。高消费确实很潇洒，但随着时间的推移，消费和欠款越来越多，无力还款，个人征信也上了黑名单。

学生小杨看到一则网贷广告，上面写着“无利息、无抵押，放款快”。心动之下，小杨下载注册了该 App，轻松获得贷款。初尝“甜头”后，小杨的消费愈发没节制，然而令他没想到的是，最初的几千元借款几个月后竟然变成几万元负债，他和家人甚至接到了非法催收电话的威胁。万般无奈之下小王和家人只得报警求助。

小王看到同事背着名牌包包，很是羡慕。由于资金不够，就办了张信用卡，忍不住“买买买”。后来，信用卡逾期，银行开始向她催收欠款。小王就从其他借贷 App 借钱还款，结果借贷 App 也被停用，接着小王就找某还贷机构帮忙还款，不再理会银行催款信息，想等手里有钱了就把欠款还了。结果，3个月后，银行起诉了小王。

在当今社会，消费的诱惑无处不在，年轻人由于爱追求新鲜事物更容易受到各种消费诱惑。看到新款电子产品、时尚服装或者诱人的美食，可能就会冲动消费。然而，这种不考虑自身经济状况的消费行为是不负责任的。“量入为出”是理财的基本原则，轻易不要动用信用卡，借钱不还会失信，更不要去碰网贷，套路很多，很容易就会掉入债务陷阱。

启示：“量入为出”这一思想在我国最早起源于周朝。《礼记·王制》篇载：“冢宰制国用，必于岁之杪，五谷皆入，然后制国用。用地小大，视年之丰耗。以三十年之通制国用，量入以为出”。意思是中央粮仓的官吏在每年的岁末规划和总理国家财用，要及时掌握粮食数量的变化，根据每年收成好坏和粮仓丰歉确定分配方案，从而保证了国家的各项支出；还要负责计算财政收入能否支付财政支出，据此来调节年成的丰歉。这在中国财政思想史上首次提出了量入为出的思想，而中国最早期的预算思想也由此而来。量入为出的财政支出思想对中国各朝代的财政思想的发展有着举足轻重的作用，并为中国积累了丰富的财富，在中国历史上始终占据着绝对的地位。

要想治理好一个国家、一个企业，首先要做到心中有数并做好长远规划，根据收入合理安排支出，才能保证长期稳定发展。其实不仅是国家财政、企业财务，对于一个家庭或者个人来说都应该量力而行，量入为出，这样才可以更好地去对待生活，感受生活，享受生活，进而创造美好生活。

任务五　利润分配有关业务核算

利润分配是企业根据国家规定和公司章程、投资者决议，对企业交纳所得税后的净利润进行的分配。

一、利润分配程序

微课：认知利润分配程序

企业在一定时期内实现的利润总额，应按规定向国家交纳所得税，交纳所得税后的净利润可以按以下程序进行分配：

（一）计算可供分配的利润

企业在利润分配前，应根据本年净利润（或亏损）与年初未分配利润（或亏损）、其他转入的金额（如盈余公积弥补亏损）等项目，计算可供分配的利润，即：

可供分配的利润＝净利润（或亏损）＋年初未分配的利润－弥补以前年度的亏损＋其他转入的金额

可供分配的利润为正数（即累计盈利），则可进行后续分配；如果可供分配的利润为负数（即累计亏损），则不能进行后续分配。

（二）提取法定盈余公积金

按照公司法的规定，公司应当按照当年净利润（抵减年初累计亏损后）的10%提取法定盈余公积；提取的法定盈余公积金累计额超过注册资本50%以上的，可以不再提取。

（三）提取任意盈余公积金

公司提取法定盈余公积后，经股东会决议，还可以从税后利润中提取任意盈余公积。

（四）向投资者分配利润（或股利）

企业可供分配的利润扣除提取的盈余公积后，形成可供投资者分配的利润，即：可供投资者分配的利润＝可供分配的利润－提取的盈余公积

企业可采用现金股利、股票股利和财产股利等形式向投资者分配利润（或股利）。

要点提示

可供投资者分配的利润扣除向投资者分配利润的余额形成企业的未分配利润。它是所有者权益的重要组成部分，是等待分配或留待以后年度进行分配的利润，相对于所有者权益的其他部分而言，有较大的自主权。

【例7-12】

假设宏宇公司某年度实现利润1 000 000元，年初“利润分配——未分配利润”账户有期初借方余额200 000元（属于“以前年度亏损”，用税前利润弥补），按照公司章程，按可分配利润的10%计提法定盈余公积，向投资者分配利润100 000元。

分析：本例中，公司年初“利润分配——未分配利润”账户期初借方余额200 000元为以前年度未弥补亏损。因此利润分配规程如下。

第一步，计算弥补亏损后可分配利润：1 000 000 － 200 000 ＝ 800 000（元）

第二步，提取法定盈余公积：800 000 × 10% ＝ 80 000（元）

第三步，向投资者分配利润：100 000（元）

第四步，计算未分配利润：800 000 － 80 000 － 100 000 ＝ 620 000（元）

经过上述分配后，其余额为企业的未分配利润，可留待以后年度进行分配。假设企业“利润分配——未分配利润”账户的期初为贷方余额，则表示企业以前年度是盈利的，不需要弥补亏损。

二、设置有关账户

（一）“利润分配”账户

“利润分配”账户是企业利润分配业务的中心账户。它用来核算利润分配的过程、去向和结果。其借方登记实际分配的利润额，包括提取的盈余公积、分配给投资者的利润（股利）和年末从“本年利润”账户转入的亏损数；贷方登记年末从“本年利润”账户转入的净利润。期末借方余额表示未弥补的亏损，贷方余额表示未分配的利润。“利润分配”账户结构如图 7-8 所示。

利润分配（所有者权益类）

期末余额：企业累计未弥补亏损 本期发生额： 1. 年末从“本年利润”账户转入的亏损 2. 提取的盈余公积 3. 应付投资者利润或现金股利	期初余额：企业累计未分配利润 本期发生额： 年末从“本年利润”账户转入的净利润
期末余额：未弥补亏损	期末余额：未分配利润

图 7-8 “利润分配”账户结构

该账户应按利润分配去向设置“提取法定盈余公积”“应付利润（股利）”“未分配利润”等明细账户，股份有限公司还应设置“应付优先股股利”等明细账户，进行明细分类核算。

（二）“盈余公积”账户

“盈余公积”账户用来核算企业从税后利润中提取的盈余公积。其贷方登记提取的盈余公积数额；借方登记用盈余公积弥补亏损或转增资本等引起的盈余公积减少数额；期末余额在贷方，表示期末盈余公积的结存数。账户结构见图 7-9。

盈余公积（所有者权益类）

盈余公积弥补亏损 盈余公积转增资本	年末提取的盈余公积
	期末余额：结余的盈余公积

图 7-9 “盈余公积”账户结构

该账户应按盈余公积的种类设置“法定盈余公积”“任意盈余公积”等明细账户，进行明细分类核算。

（三）“应付股利”或“应付利润”账户

“应付股利”或“应付利润”账户用来核算企业经董事会或股东大会或类似权力机构决议应分配给投资者的利润或股利。其贷方登记应付股利（利润）的增加数；借方登记实际支付的股利（利润）；期末余额在贷方，表示尚未支付的股利（利润）。账户结构见图 7-10。

应付股利或应付利润（负债类）

实际支付股利或利润	计算应付股利或应付利润
	期末余额：尚未支付的股利或利润

图 7-10　“应付股利”或“应付利润”账户结构

要点提示

年度终了，“本年利润”账户的余额应转入“利润分配”账户，如为贷方余额（盈利），从该账户的借方转入“利润分配——未分配利润”账户的贷方；如为借方余额（亏损）则做相反分录，结转后“本年利润”账户年末无余额。

三、利润分配有关业务核算

（一）结转“本年利润”账户余额

微课：利润分配业务的核算

【例 7-13】

假如宏宇公司 2020 年全年实现净利润 1 000 000 元。年终结转全年实现的净利润。

分析：年末，企业将全年实现净利润 1 000 000 元从“本年利润”账户的借方转入“利润分配——未分配利润”账户的贷方，结转后，“本年利润”账户年末无余额。

借：本年利润　　1 000 000

　　贷：利润分配——未分配利润　　1 000 000

（二）提取盈余公积

【例 7-14】

按净利润的 10% 提取法定盈余公积，按净利润的 5% 提取任意盈余公积。

分析：年末，企业按净利润的 10% 提取法定盈余公积 100 000 元，按净利润的 5% 提取任意盈余公积 50 000 元。企业提取盈余公积，借记“利润分配——提取法定盈余公积”和“利润分配——提取任意盈余公积”科目，贷记“盈余公积”科目。

借：利润分配——提取法定盈余公积　　100 000

　　　　　　——提取任意盈余公积　　50 000

　　贷：盈余公积——法定盈余公积　　100 000

　　　　　　　——任意盈余公积　　50 000

（三）计算应付投资者股利

【例 7-15】

按利润分配程序，假设该公司宣告发放现金股利 300 000 元。

分析：计算确定应付给投资者利润 300 000 元，但给投资者进行分配之前，意味着企业的负债增加，利润分配的数额减少。应分别记入“应付股利”账户的贷方和“利润分配”账户的借方。

借：利润分配——应付现金股利　　300 000
　　贷：应付股利　　300 000

支付现金股利时：

借：应付股利　　300 000
　　贷：银行存款　　300 000

要点提示

企业发生的亏损，可以用实现的利润弥补，也可用累积的盈余公积弥补。用盈余公积弥补亏损时，借记“盈余公积”科目，贷记“利润分配——盈余公积补亏”科目。

（四）结转“利润分配”下各明细账户余额

年度终了，企业应将“利润分配”账户的其他明细账户的余额分别转入“利润分配——未分配利润”账户借方或贷方。结转后“利润分配”账户下除了“未分配利润”明细账户有余额外，其他明细账户均应无余额。至此，“未分配利润”明细账户的余额即为企业历年积累的未分配利润（或未弥补的亏损）。

【例 7-16】

根据例 7-14 ~例 7-16 利润分配情况，结转利润分配账户下的其他明细账户。

分析：年末，企业应将“利润分配”账户下除了“未分配利润”外的其他明细账户转入“利润分配——未分配利润”账户，结转后，“利润分配”账户下的其他明细账户应无余额。其他明细账户结转如下：

借：利润分配——未分配利润　　450 000
　　贷：利润分配——提取法定盈余公积　　100 000
　　　　　　　　——提取任意盈余公积　　50 000
　　　　　　　　——应付现金股利（或利润）　　300 000

至此，“利润分配——未分配利润”账户贷方余额为 550 000（1 000 000-450 000）元，表示该企业累积未分配的利润为 550 000 元。该账户的结构可表示如下：

利润分配——未分配利润（所有者权益类）

借方	贷方
已分配利润额　450 000	全年净利润转入　1 000 000
	未分配利润：550 000

要点提示

利润形成与分配业务流程如图 7-11 所示。

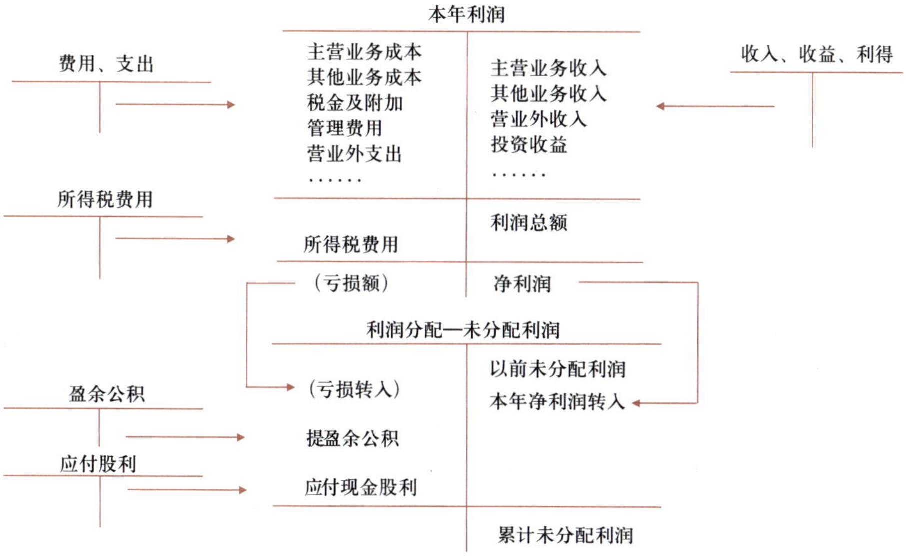

图 7-11　利润形成与分配业务流程图

综上所述，利润分配核算会计分录要点归纳如表 7-6 所示。

表 7-6　利润分配业务会计分录要点提示

经济业务	会计分录	备注
净利润转入利润分配	借：本年利润 　　贷：利润分配	“本年利润”贷方余额（净利润）
	借：本年利润 　　贷：利润分配	“本年利润”借方余额（净亏损）
提取盈余公积	借：利润分配——提取法定盈余公积 　　贷：盈余公积	提取法定盈余公积
	借：利润分配——提取任意盈余公积 　　贷：盈余公积	提取任意盈余公积
向投资者分配利润或股利	借：利润分配——应付现金股利 　　贷：应付股利	宣告分配股利时
	借：应付股利 　　贷：银行存款	支付股利时
利润分配明细账户结转，最终形成企业的未分配利润	借：利润分配——未分配利润 　　贷：利润分配——提取法定盈余公积 　　　　　　　　——提取法定盈余公积 　　　　　　　　——应付现金股利	除“未分配利润”外，“利润分配”账户下的其他明细账户均无余额

综合案例

案例资料： 大唐电信科技股份有限公司（简称大唐电信）主要从事各类通信设备系统、各类通信终端、计算机软硬件等业务。自 1998 年 10 月上市以来，前三年股价不断上涨，自 2001 年以来股价开始下滑。

根据2000年度财务报告，当年增加的研发费用中计入长期待摊费用的为1.08亿元，5年内分期摊销。按规定，2001年中期将以前年度研发所形成的待摊费用作为会计差错进行了追溯调整。

2001年，电信设备市场竞争激烈，公司投入大量研发费用后，营业利润率反而由2000年的3.15%降至2001年的1.04%。2002年一季度亏损4 800多万元。2002年6月，大唐电信发布公告：由于上半年中国电信重组，预期市场未能如期启动，预计本年中期利润总额减少50%以上。

从资产负债表上看，公司资金缺乏，大量向银行借款，导致利息增多，财务费用大幅上升；从利润表上看，大唐电信2000—2002年的主营业务收入持续下滑，导致存货大量积压，管理费用增加；2001年根据财政部新规定，当期研发费用必须计入当期成本。这些因素的存在使大唐电信2001年业绩继续下滑，预计2002年中期还要“大幅下滑”。

文档：期末账务核算知识点小结

案例讨论：

大唐电信业绩下滑的原因有哪些？2000年研发费用的追溯调整符合会计信息质量的哪条基本要求？2001年度财政部新规定的颁布，对大唐电信业绩有何影响？

专业能力测评

专业能力测评表（在□中打√，A掌握，B基本掌握，C未掌握）

知识点／技能点	评价指标	自测结果	要求
账项调整	1. 分摊已支付未分摊费用 2. 计提已受益未支付费用 3. 赊销下销售收入确认 4. 预收款下销售收入确认	□A □B □C □A □B □C □A □B □C □A □B □C	理解账项调整含义和内容，能对跨期费用的分摊和预提进行账务处理
增值税交纳与结转	1. 交纳增值税 2. 结转应交增值税	□A □B □C □A □B □C	理解“应交增值税”与“未交增值税”含义，能进行账务处理
计提消费税、城市维护建设税与教育费附加	1. 计提消费税 2. 计提城建税 3. 计提教育费附加	□A □B □C □A □B □C □A □B □C	理解消费税、城建税及教育费附加含义，能进行账务处理
结转损益类账户	1. 结转收入收益、利得 2. 结转费用支出、损失	□A □B □C □A □B □C	理解损益类账户结构，能进行期末结转
利润形成	1. 营业利润形成 2. 利润总额形成 3. 净利润形成	□A □B □C □A □B □C □A □B □C	理解利润形成过程，能对利润总额、所得税、净利润进行核算
利润分配	1. 利润分配程序 2. 利润分配账务处理 （1）结转本年利润 （2）提取盈余公积 （3）向投资者分配利润 （4）结转利润分配下的其他明细账户	□A □B □C □A □B □C □A □B □C □A □B □C □A □B □C	理解利润分配程序，能够进行利润分配相关环节账务处理

续表

知识点 / 技能点	评价指标	自测结果	要求
未分配利润	“利润分配——未分配利润”贷方减去借方之差额	□A　□B　□C	理解未分配利润含义，能计算出未分配利润

项目测试

一、单选题

1. 核算短期借款利息时，不会涉及的会计账户是（　　）。

A. 应付利息　　B. 财务费用

C. 银行存款　　D. 短期借款

2. 年初，支付本年度财产保险费 12000 元，则本月应承担费用为（　　）元。

A. 1000　　B. 1200　　C. 12000　　D. 2000

3. 某工业企业为增值税一般纳税人，购入一批原材料，价款 400000 元，进项税额为 68000 元。为采购该批材料发生运杂费 2000 元及包装物押金 1000 元，材料已验收入库。该批材料的入库价值为（　　）元。

A. 403000　　B. 401860　　C. 402000　　D. 468000

4. 某企业为小规模纳税人，2020 年 3 月 20 日购入甲材料一批，取得的增值税专用发票上注明材料价款为 50000 元，增值税 6500 元，运输费 2000 元，装卸费 500 元，则甲材料的采购成本（　　）元。

A. 50000　　B. 52500　　C. 59000　　D. 61000

5. 企业对于发出的商品，应按发出商品的实际成本，借记（　　）科目，贷记“库存商品”科目。

A. 发出商品　　B. 主营业务成本

C. 生产成本　　D. 其他业务成本

6. 某生产企业加工甲产品 1000 件，每件甲产品耗用原材料 10 千克，原材料的单价为每千克 50 元；加工中发生的直接人工费用为 12 万元，分配的制造费用 10.2 万元。当月甲产品全部完工入库。该批甲产品完工的成本为（　　）万元。

A. 60.2　　B. 72.2　　C. 70.2　　D. 62

7. 单位销售商品、对外提供劳务等应向购货方或接受劳务方收取的价税款和单位采购材料物资按规定预付给供货单位的账款等属于（　　）。

A. 应收和预收款项　　B. 应付和预收款项

C. 应收和预付款项　　D. 应付和预付款项

8. 某企业销售商品一批，增值税专用发票上注明的价款为 60 万元，适用的增值税税率为 13%，为购买方代垫运杂费 2 万元，货款尚未收回。该企业确认的应收账款为（　　）万元。

A. 60　B. 62　C. 71.6　D. 69.8

9. B公司为增值税一般纳税人，2020年3月1日“应交税费——应交增值税”账户无余额。3月销项税税额30 000元，进项税税额40 000元，进项税税额转出20 000元。B公司3月应交增值税为（　　）元。

A. 10 000　B. 30 000　C. 70 000　D. 20 000

10. 通过银行收到销货款62 000元，其中属于上月应收12 000元，本月应收40 000元，预收下月10 000元，在权责发生制下，本月的收入应为（　　）元。

A. 50 000　B. 62 000　C. 40 000　D. 52 000

11. 下列项目中，影响营业利润的因素是（　　）。

A. 营业外收入　B. 所得税费用

C. 管理费用　D. 营业外支出

12. 年末结转后，“利润分配”账户各明细账中有余额的是（　　）。

A. 提取法定盈余公积　B. 提取任意盈余公积

C. 应付普通股股利　D. 未分配利润

13. “所得税费用”账户的贷方登记（　　）。

A. 转入“本年利润”账户的所得税

B. 实际缴纳的所得税

C. 应由本企业负担的税费

D. 转入“生产成本”账户的税费

14. 某企业当期营业收入为150万元、营业成本为100万元、期间费用为25万元、营业外收入为5万元、营业外支出为3万元、资产减值损失为2万元、公允价值变动收益为3万元、税金及附加为1万元、投资收益为10万元。则企业当期的营业利润为（　　）万元。

A. 37　B. 35　C. 51　D. 60

15. 某企业2019年1月1日所有者权益构成情况如下：实收资本1 500万元，资本公积100万元，盈余公积300万元，未分配利润200万元。2019年度实现的净利润总额为600万元，企业所得税税率为25%。假定不存在纳税调整事项及其他因素，该企业2019年12月31日可供分配利润为（　　）万元。

A. 600　B. 650　C. 800　D. 1 100

二、多选题

1. 某工业企业购入材料一批，在发生的下列费用中，应计入材料采购成本的是（　　　）。

A. 外地运杂费　B. 购入材料支付的增值税

C. 运输途中的合理损耗　D. 发票上所列的买价金额

2. 下列费用中应计入外购材料成本的有（　　）。

A. 买价　　B. 运输费

C. 装卸费　　D. 一般纳税人支付增值税的进项税额

3. 下列账户中，期末结转后应无期末余额的账户有（　　）。

A. 主营业务收入　　B. 主营业务成本

C. 管理费用　　D. 实收资本

4. 工业企业结转发出材料成本时，下列会计分录中，正确的有（　　）。

A. 对外销售材料的：借记“其他业务成本”科目，贷记“原材料”科目

B. 生产车间生产领用材料的：借记“生产成本”科目，贷记“原材料”科目

C. 车间管理部门领用材料：借记“制造费用”科目，贷记“原材料”科目

D. 行政管理部门领用材料：借记“管理费用”科目，贷记“原材料”科目

5. 以下在“税金及附加”账户核算的是（　　）。

A. 增值税　　B. 教育费附加

C. 消费税　　D. 城市维护建设税

6.（　　）属于“利润分配”账户核算的内容。

A. 提取法定盈余公积　　B. 提取法定公益金

C. 分配给投资者利润　　D. 计提所得税

7. 下列各科目的余额，期末应结转到“本年利润”账户的有（　　）。

A. 营业外收入　　B. 营业外支出

C. 投资收益　　D. 制造费用

8. 下列各项中，影响企业营业利润的有（　　）。

A. 出售原材料损失　　B. 计提无形资产减值准备

C. 公益性捐赠支出　　D. 基本生产车间的固定资产修理费

9. 在结转损益时，下列账户余额应转入“本年利润”账户的是（　　）。

A. 制造费用　　B. 销售费用

C. 管理费用　　D. 财务费用

10. 企业依法交纳企业所得税，对会计要素的影响可能是（　　）。

A. 资产减少　　B. 负债减少

C. 负债增加　　D. 费用增加

三、判断题

1. 企业外购存货的采购成本，包括卖价、运杂费、增值税等相关税费。（　　）

2. “预收账款”账户期末余额在借方时，应为企业的应收账款。（　　）

3. 期末“生产成本”账户归集的生产费用，即为本期完工产品的生产成本。（　　）

4. 采用预付货款方式采购原材料的，在补付余款时，应记入“预付账款”的贷方。（ ）

5. 企业如果预付账款的业务不多，可以把预付账款并入应收账款核算。（ ）

6. 企业应交的各种税金都应当通过“应交税费”科目核算。（ ）

7. 短期借款利息在预提或实际支付时均应通过“短期借款”账户核算。（ ）

8. 企业发生的所有借款利息都应作为财务费用处理。（ ）

9. “制造费用”属于成本类账户，期末结转至“库存商品”账户。（ ）

10. 企业预付生产车间机器设备的修理费时，应借记“管理费用”，贷记“银行存款”。（ ）

11. 年末结转后“本年利润——未分配利润”账户的借方余额即为企业历年积存的未分配利润。（ ）

12. 企业实现的利润或发生的亏损，都属于企业的财务成果。（ ）

13. 主营业务成本按主营业务的种类进行明细核算，期末，将主营业务成本转入“本年利润”账户，结转后本账户无余额。（ ）

14. 将应记入“管理费用”的项目误记入“营业外支出”项目，会影响利润表中营业利润项目计算的正确性，但是对利润总额的计算没有影响。（ ）

15. 企业所得税应计入税金及附加进行核算。（ ）

四、业务题

习题一

1. 目的：熟悉与掌握企业主要经济业务的核算。

2. 资料：新新公司 2020 年 3 月有关经济业务如下。

（1）1 日，从银行取得短期借款 200 000 元。

（2）1 日，阳光公司增加投资 100 000 元，款项已收到并存入银行。

（3）2 日，从欣欣公司购进 A 材料 5 000 千克，单价 10 元，B 材料 3 000 千克，单价 20 元，增值税税率 13%。款项以银行存款支付，材料尚未收到。

（4）3 日，支付上述 A、B 材料的运费 1 100 元，料已入库，按买价分配运费。

（5）6 日，以银行存款归还前欠丰城公司货款 20 000 元。

（6）8 日，购买办公用品 300 元，以现金支付。

（7）10 日，从环球公司购进 A 材料 8 000 千克，单价 10 元，增值税税款为 10 400 元，运费 500 元。材料收到，并验收入库，货款尚未支付。

（8）10 日，生产车间领用 A 材料 3 500 千克，单价 10.1 元，领用 B 材料 1 000 千克，单价 20 元。该批材料均用于甲产品的生产。

（9）11 日，生产车间领用 B 材料 1 500 千克，单价 20.2 元。该批材料用于甲、乙产品的生产，并按生产工人工资比例分配，资料见本习题第（23）小题。

（10）12 日，向银行提取现金 32 000 元备发工资。

（11）13 日，以现金 32 000 元发放工资。

（12）15 日，开出转账支票支付广告费 3 000 元。

（13）16 日，向东海公司销售甲产品 1 800 件，售价 50 元 / 件，计 90 000 元，增值税税额 11 700 元。款项已经收到并存入银行。

（14）18 日，职工张波预借差旅费 1 000 元，以现金支付。

（15）19 日，开出转账支票支付公司水电费 5 000 元。

（16）21 日，以银行存款支付车间修理费 2 000 元。

（17）22 日，向东海公司销售乙产品 2 000 件，售价 55 元 / 件，计 110 000 元，增值税税额 14 300 元。商品已经发出，货款尚未收到。

（18）25 日，张波报销差旅费 800 元，退回现金 200 元。

（19）31 日，汇总计算并结转材料的采购成本。填入表 7–7 中。

表 7–7　材料采购成本计算表

单位：元

材料类别	数量 / 千克	单价 / 元	买价 / 元	采购费用 / 元	总成本 / 元	单位成本 / 元
A 材料						
B 材料						
合计						

（20）31 日，计提本月银行短期借款利息 1 000 元。

（21）31 日，摊销本月财产保险费 15 000 元，其中车间 10 000 元，管理部门 5 000 元。

（22）31 日，计提本月固定资产折旧 19 000 元，其中车间 11 000 元，公司管理部门 8 000 元。

（23）31 日，分配本月工资费用，其中甲产品生产工人工资 12 000 元，乙产品生产工人工资 18 000 元，车间管理人员工资 4 000 元，公司管理人员工资 8 000 元。

（24）31 日，结转甲、乙产品销售成本，甲产品单位生产成本为 30 元 / 件，乙产品单位生产成本为 40 元 / 件。

（25）31 日，按甲、乙产品生产工人工资比例分配制造费用。

（26）31 日，甲产品 2 000 件全部完工并验收入库，结转完工产品的生产成本，乙产品尚未完工。

3. 要求：根据上述经济业务编制会计分录。

习题二

1. 目的：熟悉与掌握利润形成和利润分配业务的核算。

2. 资料：太平公司2019年12月有关经济业务如下。

（1）销售丙产品1 000千克，价款90 000元，增值税税额为11 700元，货款已收到；销售丁产品200千克，价款10 000元，增值税税款1 300元，收到开出、承兑的商业汇票。

（2）以银行存款支付产品展销场地使用费3 000元。

（3）结转已销产品的生产成本：丙产品单位生产成本为每千克60元，丁产品单位生产成本为每千克30元。

（4）以银行存款向希望工程捐款10 000元。

（5）支付短期借款利息2 400元。

（6）12月末部分总账账户发生额如表7–8所示。

表7–8 损益类账户发生额汇总表

单位：元

账户	借方发生额	贷方发生额
主营业务收入		8 000 000
其他业务收入		150 000
投资收益		200 000
营业外收入		4 000
主营业务成本	6 000 000	
税金及附加	15 000	
其他业务成本	120 000	
销售费用	180 000	
管理费用	400 000	
财务费用	58 000	
营业外支出	80 000	
合计	6 853 000	8 354 000.00

3. 要求：

（1）根据以上业务编制会计分录。

（2）计算并结转本年利润总额。

（3）按利润总额的25%计算并结转企业所得税。

（4）计算并结转企业净利润。

（5）按净利润10%计提盈余公积，按净利润的20%向投资者分配利润。

（6）年末结转“利润分配”账户下的其他明细账户。

项目八

期末业务处理——对账与结账

学习目标

知识目标：

理解对账与结账含义

熟悉对账的内容

掌握对账与结账的基本方法

理解错账含义及错账类型

熟悉账簿的更换与保管期限

能力目标：

熟记对账内容并能够独立对账

会查找错账、能判定不同错账类型

掌握错账查找方法和更正方法

能选择不同错账更正方法更正错账

能区别月结、季结和年结并能完成结账

素养目标：

培养对工作严谨、认真、务实、高效的职业精神

培养爱学习、会合作的团队精神和包容、宽厚、推己及人的品格

知识导图

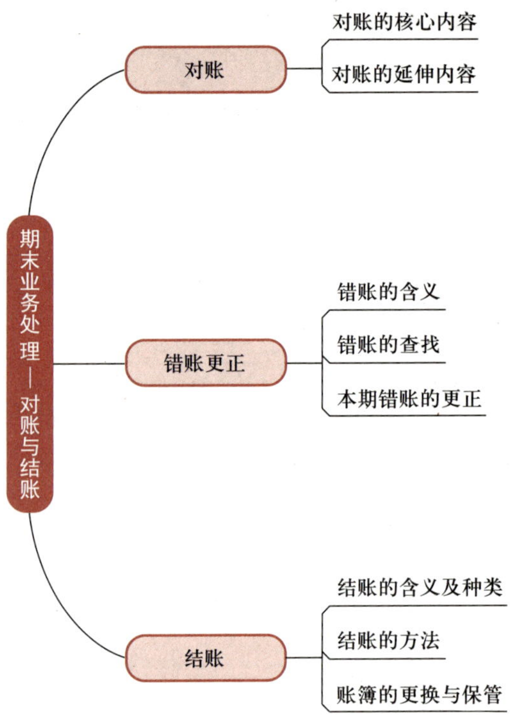
期末业务处理——对账与结账
对账
对账的核心内容
对账的延伸内容
错账更正
错账的含义
错账的查找
本期错账的更正
结账
结账的含义及种类
结账的方法
账簿的更换与保管

导入案例

月末工作可以这样开展吗?

马方圆在本市玻璃制品厂当会计已经有好几年了，但她除了管理固定资产账、定期或不定期去生产一线了解设备的使用情况，日常还会在老会计的指导下，帮老会计做凭证、记账。但月初、月末的一些开头、收尾等工作都是老会计自己做的，她也从不过问。可是，本月末老会计生病没来上班，月末的工作自然就她本人来完成。本月工作结束后，她把月末几笔没入账的记账凭证登记入账，然后就根据总账和明细账开始编制会计报表。

案例思考与讨论：尽管会计账簿是根据审核无误的会计凭证登记的，但任何工作都不能保证万无一失，账簿记录可能出现错误，同时不同账簿登记的详略程度不一样，再加上不同账簿分别由不同会计人员登记，登记结果可能会不一致。还有，账上登记的数据和实际数据也可能有差错。如此等等，在没有经过核对的前提下就开始进行下一项工作，无法保证会计信息的正确性。你认为马方圆的做法妥当吗？如果不妥当在编制会计报表之前，应该进行哪些工作呢？

任务一　对账

一、对账的核心内容

对账就是核对账目，是对账簿记录所进行的核对工作，目的是保证账簿记录正确、真实。对账一般在月末即在记账之后结账之前进行。但有特殊情况发生时，也应随时进行对账。对账包括账证核对、账账核对和账实核对。

微课：
谈谈如何对账

（一）账证核对

账证核对是指将各种账簿记录与记账凭证及其所附原始凭证进行核对。账证核对工作主要在日常登记账簿时进行，使错账能及时得到改正。

要点提示

账证、账账、账实核对是日常对账核心，保证账簿记录本身准确；账表核对是期末对账延伸，保证账薄数据向报表传递准确。

（二）账账核对

账账核对是指将各种账簿记录之间的有关数据进行核对。账账核对工作一般在结账过程中进行，主要包括以下内容：

1. 总分类账簿之间核对

总分类账的核对是通过期末编制“试算平衡表”进行的。核对当期内全部总分类账户的本期借方发生额合计数与本期贷方发生额合计数是否相符，全部总分类账户期末借方余额合计数与期末贷方余额合计数是否相符。如果核对不符，则应查明原因，直到相符为止。

2. 总分类账簿与其所属明细分类账簿之间核对

总分类账与明细分类账的核对是通过期末编制“××账户总账与明细账试算平衡表”（详见总账与明细账平行登记）进行的。核对总分类账户的发生额与所属的各明细分类账户发生额之和是否相等，方向是否一致；核对总分类账户的余额与所属的各明细分类账户的余额之和是否相等，方向是否一致。

3. 总分类账簿与序时账簿之间核对

总分类账与日记账的核对，是将总分类账中的“库存现金”“银行存款”账户的借、贷方发生额合计及余额与同期“库存现金日记账”“银行存款日记账”的借、贷方发生额合计及余额分别核对，如果核对不符，则应查明原因，直到相符为止。

4. 明细分类账簿之间核对

会计部门的各种财产物资明细账的收入、发出、结存数应与财产物资保管部门和使用部门的有关明细分类账的相应数据记录核对相符，一般是由财产物资保管或使用部门定期编制收发结存汇总表报会计部门核对。

（三）账实核对

账实核对是指各种财产物资、债权债务等的账面余额与其实存数核对。

（1）核对库存现金日记账账面余额与库存现金实存数相一致。

（2）核对银行存款日记账记录和账面余额与银行对账单记录和余额相一致。

（3）存货、固定资产等财产物资明细账账面结存数与其实存数相核对。

（4）核对各债权债务明细账余额与有关结算单位或个人的账目是否一致。

二、对账的延伸内容

（1）账表核对。账表核对是将会计账簿记录与财务会计报表的相关数据进行核对，确保报表数据与账簿记录相一致。

（2）账表关系。财务会计报表是根据会计账簿记录编制而成的，账簿是报表的编制依据，报表是账簿记录的综合反映，账表核对是检验账簿数据向报表传递准确性的最终环节。

要做到账表相符，即报表中各项目的金额与账簿中对应账户的余额、发生额完全一致，保证财务报表真实可靠。

中国会计文化

古人遵守诚信的故事

诚信是必不可少的人生素养和行为操守。北宋大儒司马光一生“以至诚为主，以不欺为本”，无论是为官、治学还是处事，始终秉持诚信之道，这得益于良好家风的熏陶。宋人邵博所作《邵氏闻见后录》中记载了这样一则故事：司马光五六岁时，想吃青核桃却不会剥，司马光的姐姐想帮他把皮剥掉，却也没能成功，就先离开了。此时恰巧路过一位婢女，她用热水将核桃烫了一下，轻轻一剥皮就下来了。姐姐回来，问是谁剥掉了核桃皮，司马光回答说：“是我自己剥掉的”。此言刚好被司马光父亲听到，他立即严厉训斥道：“小孩子怎能说谎骗人呢？”此事让司马光刻骨铭心。“爱子，教之以义方”，司马光终生践行诚信二字，正是因为小时候父亲便将诚信的种子深埋在他心中。

北宋著名理学家程颢、程颐兄弟自幼在《程氏家训》的教育下成长，家训中有“人无忠信，不可立于世。不信不立，不诚不行。不诚无以为善，不诚无以为君子”的教诲，意在说明诚信是君子修身立德的重要途径，是为人处世的重要原则。清代廉吏汪辉祖在《双节堂庸训》中说：“以身涉世，莫要于信。此事非可袭取，一事失信，便无事不使人疑”，旨在告诫后世子孙，人生在世，一事失信，事事受疑，必须以诚信为先。

启示：诚信，既是个人与他人、与社会的一份契约，更是自己与良心的一个约定。从长远计，人人都要加强自身诚信建设，让诚信自觉成为一种思想、一种行为习惯，为个人和社会发展注入更多正能量。诚信为本，会计之魂。会计人员应立足会计实践，力行诚实守信。

任务二　更正错账

账簿登记要求正确、及时、完整，以提供可靠信息供各信息使用者使用。但在实际工作中，重记、漏记、数字错位、科目用错等情况难免发生，所以登账错误在所难免。

一、错账的含义

错账，泛指一切出现在会计账簿的错误，通常包括漏记、重记、借贷方向记反、账户记录错误、金额记录错误等，账簿记录发生错误不准涂改、挖补、刮擦或用其他方法消除字迹，应按一定的方法进行更正。

二、错账的查找

文档：错账局部查找方法的应用

错账查找方法有全面查找法和局部查找法。全面查找法包括抽查法、顺差法、逆差法、偶合法；局部查找方法包括差数法、尾数法、除 2 法和除 9 法。

三、本期错账的更正

更正本期错账常用的方法有三种：划线更正法、红字更正法和补充登记法等。

微课：错账的更正方法及应用

（一）划线更正法

划线更正法是对账簿记录中的错误文字或数字，用红线划掉，表示注销，然后把正确内容写在错误记录的正上方，并加盖私人印章的一种方法。

该方法适用于期末结账前发现账簿记录中文字或数字错误而记账凭证无误的情况。

更正方法：先在错误的文字和数字上划一条单红线注销；然后在划线上方空白处用蓝字或黑字填写上正确的文字和数字，并由记账人员（更正人员）和会计机构负责人（会计主管）在更正处签章，以明确责任。

【例 8-1】

会计人员在登记“原材料”明细账时，将收入数量 1 345 误写为 1 435，将金额 13 450.00 误写为 14 350.00，导致结存数量 1 497 误写为 1 582，金额 1 4970.00 误写为 15 820.00。正确的更正方法见图 8-1。

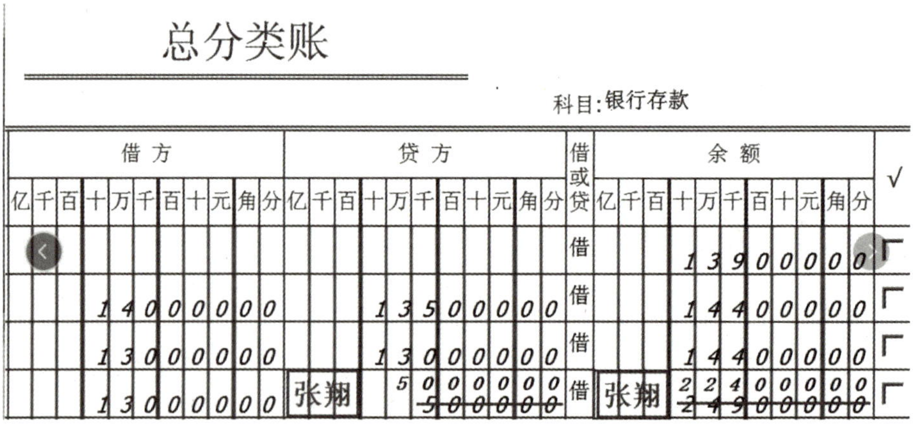

图 8-1 划线更正法图例

要点提示

第一，文字错误可只划掉错误的文字，数字错误则须划掉整笔数字，不能只划掉其中一个或几个写错的数字。如例 8-1，不可以只划掉 43 改成 34、只划掉 582 改成 497，应把整笔数字用红线划掉，再在红线上面空白处用蓝字写上

1345、13450 等予以更正。第二，被划掉的文字或数字仍应清晰可辨，不得涂成模糊一片，以备查考。

（二）红字更正法

红字更正法是指由于记账凭证错误而使账簿记录发生错误，而用红字金额冲销原有错误的科目和金额的记账凭证，并据以更正账簿记录的一种方法，又称为红字冲销法。

该方法适用于期末结账前发现由于记账凭证上的会计科目错误或金额多计而造成账簿记录错误。可用红字全额冲销法、红字差额冲销法进行更正。

1. 红字全额冲销法

该方法适用于记账后发现记账凭证中应借、应贷会计科目有错误引起记账错误。

更正方法：先填制一张内容与原来错误记账凭证完全相同的红字金额记账凭证，在“摘要”栏注明“冲销 × 月 × 日 × 号凭证”字样，并据以用红字金额过账，以冲销原错误记录；然后填制一张正确的蓝字或黑字金额记账凭证，在“摘要”栏注明“订正 × 月 × 日 × 号凭证”字样，并过账。举例说明如下：

【例 8–2】

2020 年 8 月 15 日前进公司收回上月阳光公司销货款 86 800 元，已存入银行。填制的记账凭证（用会计分录代替）及账簿（用“T”字形账户代替）记录如下：

借：银行存款　86 800

　　贷：其他应收款　86 800

银行存款		其他应收款	
86 800			86 800

文档：例 8–2 有关凭证和账簿登记

公司于 8 月 30 日发现该错误。

分析：例 8–2 中的账簿记录错误是由于记账凭证中的科目错误而造成的，应采用红字全额冲销法予以更正，更正步骤如下：

第一步：先填制一张内容和原错误凭证完全相同的红字金额凭证（用会计分录代替），冲销原错误记账凭证。

借：银行存款　86 800

　　贷：其他应收款　86 800

并据以用红字登记入账（用“T”字形账户代替）。

文档：例 8–2 第 1 步更正错账的凭证和账簿登记

银行存款		其他应收款	
86 800			86 800
（1）86 800			（1）86 800

第二步：用蓝字或黑字填制一张正确的记账凭证（用会计分录代替）。

借：银行存款　　86 800

　　贷：应收账款　　86 800

并据以入账（用“T”字形账户代替）。

文档：例 8-2 第 2 步更正错账的凭证和账簿登记

银行存款		应收账款	
86 800			（2）86 800
（1）86 800			
（2）86 800			

2. 红字差额冲销法

红字差额冲销法是按实记金额与应记金额之差额，用红字填写与原记账凭证内容相同的记账凭证，并据以更正账簿记录的一种方法。

该方法适用于记账后发现记账凭证和账簿记录中应借、应贷会计科目无误，只是所记金额大于应记金额所引起记账错误。

更正方法：用红字填制一张与原记账凭证科目相同，但金额为实记金额与应记金额之差的记账凭证，在“摘要”栏注明“冲销 × 月 × 日 × 号凭证多记金额”，并据以用红字金额过账，以冲销多记金额。

【例 8-3】

2020 年 7 月 6 日前进公司用现金 6 800 元支付职工工资，已填制记账凭证（用会计分录代替）。

借：应付职工薪酬　　8 600

　　贷：库存现金　　8 600

并据以登记入账（用“T”字形账户代替）。公司于 7 月 31 日发现该错误。

文档：例 8-3 有关凭证和账簿登记

应付职工薪酬		库存现金	
8 600			8 600

分析：例 8-3 中的账簿记录错误是由于记账凭证中的金额多记而造成的，应采用红字差额冲销法予以更正，更正步骤如下：

首先，填制一张与原凭证科目、方向相同、金额为 1 800 元的红字记账凭证（用会计分录代替）。

借：应付职工薪酬　　1 800

　　贷：库存现金　　1 800

并登记入账（用“T”字形账户代替），以冲销多记金额1 800元，在“摘要”栏内注明“冲销7月6日付字第2号凭证多记金额”。

文档：例8-3更正错账有关凭证和账簿登记

应付职工薪酬	
8 600	
1 800	

库存现金	
	8 600
	1 800

（三）补充登记法

补充登记法是按应记金额与实记金额之差额，用蓝字填写一张与原记账凭证内容相同的记账凭证，并据以更正账簿记录的一种方法。

该方法适用于记账后发现记账凭证和账簿记录中的应借、应贷会计科目无误，只是所记金额小于应记金额时。

更正方法：将少记金额用蓝字或黑字填制一张与原错误记账凭证内容完全相同的记账凭证，在“摘要”栏内注明“补充×月×日第×号凭证少记金额”，并据以过账。

【例8-4】

假设例8-3中前进公司将现金6 800元误记为680元（用会计分录代替），已登记入账（用“T”字形账户代替），会计分录如下。

借：应付职工薪酬　　680

　　贷：库存现金　　680

公司于7月31日发现该错误。

应付职工薪酬	
680	

库存现金	
	680

分析：例8-4中的账簿记录错误是由于记账凭证中的金额少记而造成的，在原来基础上补充差额，采用补充登记法予以更正。

文档：例8-4有关凭证和账簿登记

更正：用蓝字或黑字填写一张与原凭证科目、方向相同，金额为6 120元，补充少记金额6 120元的记账凭证（用会计分录代替），摘要栏写“补充7月6日付字第2号凭证少记金额”。

借：应付职工薪酬　　6 120

　　贷：库存现金　　6 120

并登记入账（用“T”字形账代替），少记金额就补充增加了。

应付职工薪酬	
680	
6 120	

库存现金	
	680
	6 120

文档：例8-4错账更正有关凭证和账簿登记

要点提示

会计账簿错误的更正方法可归纳如图 8–2 所示。

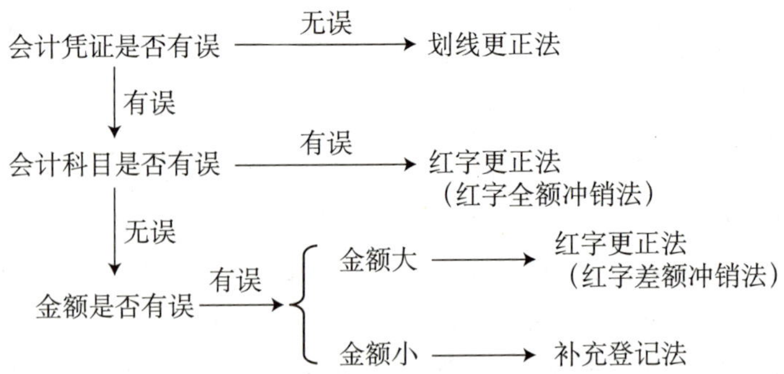

图 8–2 错账更正方法示意图

知识拓展

以前年度错账如何更正？

以上三种改错账方法是对年内发现填写记账凭证或者登记账错误而采用的更正方法，如果发现以前年度记账凭证中有错误（会计科目和金额）并导致账簿登记出现差错，应当用蓝字或黑字填制一张更正的记账凭证。因错误的账簿记录已经在以前会计年度终了进行结账或决算，不可能将已经决算的数字进行红字冲销，只能用蓝字或黑字凭证对除文字外的一切错误进行更正，并在更正凭证上特别注明“更正 ×× 年度错账”的字样。

任务三 结账

一、结账的含义及种类

结账是一项将账簿记录定期结算清楚的账务工作。在一定时期结束时（如月末、季末或年末），为了编制财务报表，需要进行结账，具体包括月结、季结和年结。结账内容通常包括两个方面：一是结清各种损益类账户，并据以计算确定本期利润；二是结出各资产、负债和所有者权益账户的本期发生额合计和期末余额。

要点提示

关于结账的程序：①结账前，将本期发生的经济业务全部登记入账，并保证其正确性；②根据权责发生制调整有关账项，合理确定本期收入和费用；

③将各损益类账户余额全部转入“本年利润”账户，结平所有损益类账户；④结出资产、负债和所有者权益账户的本期发生额和余额，并转入下期。

上述结账工作完成后，就可以根据总分类账和明细分类账的本期发生额和期末余额，分别进行试算平衡。

二、结账的方法

结账分为月结、季结和年结。结账方法的要点归纳如下。

（一）不需要按月结计本期发生额的账户

对不需按月结计本期发生额的账户，如各项债权、债务明细账和各项财产物资明细账等，每次记账以后，都要随时结出余额，每月最后一笔余额就是月末余额，即月末余额就是本月最后一笔经济业务记录的同一行内余额。月末结账时，只需要在最后一笔经济业务记录之下通栏划单红线，不需要再次结计余额。

微课：谈谈如何结账?

（二）库存现金日记账、银行存款日记账和损益类明细账

库存现金日记账、银行存款日记账和需要按月结计发生额的收入、费用等明细账。每月结账时，要在最后一笔经济业务记录下面通栏划单红线，结出本月发生额和余额，在“摘要”栏内注明“本月合计”字样，并在下面通栏划单红线。

（三）需要结计本年累计发生额的明细账

对于需要结计本年累计发生额的明细账户，每月结账时，应在“本月合计”行下结出自年初起至本月末止的累计发生额，登记在月份发生额下面，在“摘要”栏内注明“本年累计”字样，并在下面通栏划单红线。12月末的“本年累计”就是全年累计发生额，全年累计发生额下通栏划双红线。

（四）结计总账账户发生额和余额

总账账户平时只需要结出月末余额。年终结账时，为了总括地反映全年各项资金运动情况，核对账目，要将所有总账账户结出全年发生额和年末余额，在“摘要”栏内注明“本年合计”字样，并在合计数下通栏划双红线（见图8-3）。

银行存款日记账

第 45 页

开户行：中国工商银行上海分行

账 号：9087001009091234441

2016年 月	日	凭证 种类	凭证 号数	摘要	借方（亿千百十万千百十元角分）	贷方（亿千百十万千百十元角分）	余额（亿千百十万千百十元角分）	核对
12	31			承前页	626497833	699249212	5661549	□
12	31	记	026	收到存款利息	2100000		5871549	□
12	31			本月合计	180506553	286791011	5871549	□
12	31			本年累计	626707833	699249212	5871549	□
12	31			结转下年			5871549	□

图8-3 总账结账

（五）年终有余额的账户余额结转下年

年度终了结账时，有余额的账户，应将其余额结转下年，并在摘要栏注明“结转下年”字样；在下一会计年度新建有关账户的第一行余额栏内填写上年结转的余额，并在“摘要”栏注明“上年结转”或“年初结转”字样，使年末有余额的账户余额如实地在账户中加以反映，无须编制记账凭证。

结账工作完成后，企业应编制结账后的试算平衡表，用来验证账户记录的正确性，也便于下期开设新账。试算平衡表的格式如表 8-1 所示。

表 8-1　试算平衡表

账户名称	借方余额	贷方余额
合计		

想一想：结账就是划红线，这句话对吗？

要点提示

（1）月度结账：①对于有余额的账户，应在“摘要”栏内注明“本月发生额及余额”或“本月合计”，对于没有余额的损益类账户注明“本月合计”，同时在该行的上下端各划一条通栏红线（也有的上红线不划），表示本月的账簿记录已经结束；②如果本月只有一笔记录，结账时，可只在这笔记录下面划一条通栏红线，不用结计发生额，表示本月记录到此为止；③本月没有发生额的账户，不必进行月结。

（2）季度结账：在本季最后一个月的月结（须按月结出本年累计发生额的，应在“本年累计”）下一行中的“摘要”栏内填写“第 × 季度发生额及余额”或“第 × 季度合计”字样，在“借方”“贷方”“余额”各栏，计算出本季发生额和余额，再在季结下面划一道通栏单红线，以便与下季度发生额划分清楚。

（3）年度结账：在第四季度季结下一行的“摘要”栏内填写“本年发生额及余额”“本年合计”或“结转下年”字样，在“借方”“贷方”“余额”各栏，计算出本年发生额及余额，再在年结下面划通栏双红线，以表示本年经济业务记录的结束。对于月结时需要结计本年累计发生额的一些明细账户，12 月末的“本年累计”就是全年的累计发生额，在该栏下划通栏双红线即办理了年结。

三、账簿的更换与保管

（一）账簿的更换

一般来说，总分类账、库存现金日记账、银行存款日记账和大多数明细分类账应每年更换一次。但由于材料品种、规格繁杂，往来单位较多，更换新账时重抄一遍工作量较大；而固定资产变动情况很少，有变动的固定资产时，只需要更换个别卡片即可。所以，一些财产物资明细账和债权债务明细账，可以跨年度使用，各种备查账簿也可以连续使用。

（二）账簿的保管

账簿的保管分为日常保管和归档保管。年度终了，各种账户在结转下年、建立新账后，一般应对旧账进行集中统一管理。会计账簿暂由本单位会计部门保管一年，期满后，由本单位会计部门编造清册移交本单位的档案部门保管。

1. 账簿的日常保管

各种账簿要分工明确，指定专人管理，日常管理人员既要负责记账、对账、结账等工作，又要负责保证账簿安全。账簿日常管理应注意以下方面：各种账簿一般由账簿的记账人员负责保管，不能随意交于他人管理，以保证账簿安全，防止任意涂改账簿等问题发生；会计账簿未经领导和会计负责人或者有关人员批准，非经管人员不能随意翻阅查看会计账簿；会计账簿除需要与外单位核对外，应由经管人员或会计主管人员指定专人负责方可携带外出。

2. 账簿的归档保管

（1）归档前旧账的整理工作。检查各账户是否全部结账，余额是否都已经结转；订本式账簿应该注销空行及空页；活页账应抽出未使用的空白页，装订成册并注明账页的总页码及每一账户的分页码，一般按账户分类装订成册，某些账户账页较少的，在区分资产、负债、所有者权益等账户分别装订前提下可以几个账户合并装订成一册。装订后，将装订线密封，由装订人、会计主管在封口处签章。

（2）账簿归档后的管理工作。旧账装订完毕应编制目录和编写移交清单，然后按期移交档案部门保管。将全部归档保管账簿的名称、册数、页数、经管人、保管期限等填入“会计档案归档保管登记表”，具体格式见表 8–2。

表 8–2　会计档案归档保管登记表

账簿名称	册数	页数	经管人	保管期限	备注

各种账簿同会计凭证和会计报表一样，都是重要的经济档案，应妥善保管。保管期满，需要销毁时，由本单位档案部门提出销毁意见，会同会计部门共同

鉴定，严格审查，编造会计档案销毁清册，报经单位负责人批准后由专人监销，由其在销毁清册上签章并向单位负责人报告。

根据中华人民共和国财政部、国家档案局令第799号文件，2016年1月1日起施行的《会计档案管理办法》，企业和其他组织会计档案保管期限如表8-3所示。

表8-3 企业和其他组织会计档案保管期限表

序号	档案名称	保管期限	备注
一	会计凭证		
1	原始凭证	30年	
2	记账凭证	30年	
二	会计账簿		
3	总账	30年	
4	明细账	30年	
5	日记账	30年	
6	固定资产卡片		固定资产报废清理后保管5年
7	其他辅助性账簿	30年	
三	财务会计报告		
8	月度、季度、半年度财务会计报告	10年	
9	年度财务会计报告	永久	
四	其他会计资料		
10	银行存款余额调节表	10年	
11	银行对账单	10年	
12	纳税申报表	10年	
13	会计档案移交清册	30年	
14	会计档案保管清册	永久	
15	会计档案销毁清册	永久	
16	会计档案鉴定意见书	永久	

综合案例

文档：对账、更正错账、结账知识点小结

案例资料：2020年1月某服装厂发生如下事项：(1)7日，该厂会计人员郑某脱产学习一个星期，会计科长指定出纳王某兼管郑某的债权债务账目的登记工作，未办理会计交接手续。(2)10日，该厂档案科同会计科销毁了一批保管期限已满的会计档案，未报经厂领导批准，也未编造会计档案销毁清册；销毁后未履行任何手续。

案例讨论：

1. 出纳王某临时兼管郑某的债权债务账目的登记工作是否符合规定？

2. 会计人员郑某脱产学习一个星期，是否需要办理会计工作交接手续？

3. 该服装厂档案科会同会计科销毁保管期满的会计档案在程序上是否符合规定？为什么？

专业能力测评

专业能力测评表（在□中打√，A 掌握，B 基本掌握，C 未掌握）

知识点 / 技能点	评价指标	自测结果	要求
对账	1. 对账含义 2. 账账核对内容 3. 账实核对内容	□A □B □C □A □B □C □A □B □C	理解对账含义，熟知对账内容
错账更正	1. 错账查找方法 2. 错账的类型 3. 错账更正方法	□A □B □C □A □B □C □A □B □C	熟悉错账查找方法，理解错账类型，掌握错账更正方法
结账	1. 结账含义及意义 2. 结账的种类 3. 结账程序与方法	□A □B □C □A □B □C □A □B □C	理解结账的含义及意义，熟知结账种类、结账程序，掌握结账方法
账簿更换与保管	1. 账簿的更换 2. 账簿的保管	□A □B □C □A □B □C	熟悉账簿的更换与保管期限

项目测试

一、单选题

1. 对账即核对账目，其主要内容包括（　　）等方面。

A. 账实核对、账表核对、账账核对

B. 账账核对、账证核对、账表核对

C. 账账核对、账证核对、表表核对

D. 账证核对、账账核对、账实核对

2. 下列各项对账工作中，不属于账账核对的是（　　）。

A. 总账账户的借方发生额合计数与其所属明细分类账账户的借方发生额合计数核对

B. 总账账户的贷方发生额合计数与其所属明细分类账账户的贷方发生额合计数核对

C. 银行存款日记账的余额与银行对账单余额的核对

D. 库存现金日记账的余额与库存现金总账的余额核对

3. 下列各项中，可以用蓝笔书写进行更正的是（　　）。

A. 账簿记录有误，而记账凭证无误

B. 会计科目、借贷方向有错误而导致的账簿记录错误

C. 会计科目、借贷方向无误，但所记金额大于应记金额的

D. 会计科目、记账方向均正确，但所记金额小于应记金额的

4. 登账后发现，会计人员在分配工资费用时，将车间管理人员的工资记入了“管理费用”科目，此时应采用的更正方法是（　　）。

A. 划线更正法

B. 红字更正法

C. 补充登记法

D. 编制相反分录冲减

5. 企业开出转账支票1 790元购买办公用品，编制记账凭证时，误记金额为1 970元，科目及方向无误并已记账，应采用的更正方法是（　　）。

A. 补充登记180元

B. 红字冲销180元

C. 在凭证中划线更正

D. 把错误凭证撕掉重编

6. 某会计人员在填制凭证时，误将50 000元写成5 000元，科目、方向正确无误，并已入账，月底结账时发现错误，正确的更正方法是（　　）。

A. 划线更正法　　B. 红字更正法

C. 补充登记法　　D. 冲销法

7. 在结账前，发现账簿记录有文字或数字错误，而记账凭证无误，可采用的错账更正方法是（　　）。

A. 划线更正法　　B. 红字更正法

C. 补充登记法　　D. 转账更正法

8. 年终结账，将余额结转下年时（　　）。

A. 不需要编制记账凭证，但应将上年账户的余额反向结平才能结转下年

B. 应编制记账凭证，并将上年账户的余额反向结平

C. 不需编制记账凭证，也不需将上年账户余额结平，直接注明“结转下年”即可

D. 应编制记账凭证予以结转，但不需要将上年账户的余额反向结平

9. 需要结计本年累计发生额的账户，结计“过次页”的合计数为（　　）。

A. 自年初起至本日止累计数

B. 自年初起至本页末止累计数

C. 自月初至本页止累计数

D. 自本页初至本年末止累计数

10. 年终结账后，可以跨年度连续使用，不必每年更换的是（　　）。

A. 固定资产总账

B. 固定资产明细账

C. 库存现金总账

D. 库存现金日记账

二、多选题

1. 下列各项中，属于对账的内容有（ ）。

A. 账证核对　B. 账账核对

C. 账实核对　D. 账表核对

2. 账实核对的内容主要包括（ ）。

A. 账簿记录与实物核对相符

B. 银行存款日记账与银行对账单核对相符

C. 库存现金日记账的余额与实际库存现金核对相符

D. 应收、应付款项余额与债务、债权方核对相符

3. 以下内容中，属于对账范围的是（ ）。

A. 账簿记录与有关会计凭证的核对

B. 库存商品明细账余额与库存商品实有额的核对

C. 日记账余额与有关总分类账户余额的核对

D. 账簿记录与报表记录的核对

4. 账证核对指的是核对会计账簿记录与原始凭证、记账凭证的（ ）等是否一致，记账方向是否相符。

A. 时间　B. 凭证字号

C. 内容　D. 金额

5. 下列说法正确的是（ ）。

A. 凡需要结出余额的账户，结出余额后，应在“借或贷”栏内注明“借”或“贷”

B. 没有余额的账户，应当“借或贷”栏内写“–”

C. 库存现金日记账必须逐日结出余额

D. 银行存款日记账必须逐日结出余额

6. 下列结账方法的叙述中正确的有（ ）。

A. 对于不需要按月结计发生额的账户，每月最后一笔余额即为月末余额，月末结账时，只需要在最后一笔经济业务记录之下通栏划单红线

B. 结账时，可以不附原始凭证

C. 账户在年终结账时，在“本年合计”栏下通栏划双红线

D. 库存现金日记账、银行存款日记账，每月结账时，注明“本月合计”字样，并通栏划双红线

7. 以下说法正确的有（ ）。

A. 总账账户平时只需结出月末余额

B. 年度终了结账时，有余额的账户，要将其余额结转下年

C. 对不需要按月结计本期发生额的账户，每月最后一笔余额为月末余额

D. 库存现金日记账需要按月结计发生额

8. 下列错账适用于“除 9 法”查找的有（ ）。

A. 发生角、分的差错

B. 将 50 000 元写成 5 000 元

C. 将 700 元写成 7 000 元

D. 将 86 000 元写成 68 000 元

9. 关于结账程序，以下说法正确的是（ ）。

A. 将全部业务登记入账

B. 根据权责发生制调账

C. 结转损益类账户

D. 结出静态要素发生额和余额并转入下期

10. 以下关于结账的说法中，正确的有（ ）。

A. 总账账户应按月结出本月发生额和月末余额

B. 库存现金日记账应按月结出本月发生额和月末余额

C. 应收账款明细账应在每次记账后随时结出余额

D. 年终应将所有总账账户结计全年发生额和年末余额

三、判断题

1. 对账就是核对账目，即对各种会计账簿之间对应记录进行核对。（ ）

2. 任何单位，对账工作每年至少一次。（ ）

3. 由于记账凭证错误而造成的账簿记录错误，应采用划线更正法进行更正。（ ）

4. 采用划线更正法时，应仅仅划去错误的文字或数字并更正为正确的文字或数字。（ ）

5. 已经登记入账的记账凭证，在当年内发现科目、金额有误，可以用红字填写一张与原内容相同的记账凭证，在摘要栏注明“冲销 × 月 × 日 × 号凭证”字样，再用蓝字做一张正确记账凭证登记入账。（ ）

6. 月末结账时对不需要按月结计本期发生额的账户，如各项应收账款明细账等，只需要在最后一笔经济业务记录之下划一单红线，不需要再结计一次余额。（ ）

7. 总分类账户平时不必每日结出余额，只需每月结出月末余额。（ ）

8. 账页记满时，可以将本页合计数及金额只写在下页第一行有关栏内，并在“摘要”栏内注明“承前页”，以保持记账的衔接连续性。（ ）

9. 对既不需要结计本月发生额也不需要结计本年累计发生额的账户，可以只将每页末的余额结转次页。（ ）

10. 月末结账时，发现某会计人员误将记账凭证中的 8 700 元记为 7 800 元，并记入账簿，更正时采用划线更正法。（ ）

四、业务题

习题一

1. 目的：练习错账的更正（一）。

2. 资料：蓝天公司会计人员在结账前进行对账，发现企业所做的部分账务处理如下。

（1）预付原材料 40 000 元，款项以银行存款支付，编制的会计分录为：

借：应付账款　40 000

　　贷：银行存款　40 000

（2）用银行存款预付建造固定资产的工程价款 60 000 元，编制会计分录为：

借：固定资产　60 000

　　贷：库存现金　60 000

（3）用现金支付职工生活困难补助 7 000 元，编制的会计分录为：

借：管理费用　7 000

　　贷：库存现金　7 000

（4）计提生产车间固定资产折旧 4 500 元，编制的会计分录为：

借：制造费用　45 000

　　贷：累计折旧　45 000

3. 要求：以上账务处理有没有错误？如有错误，如何更正由此引起的错账？

习题二

1. 目的：练习错账的更正（二）。

2. 资料：某工厂在 2018 年 6 月月底结账前发现如下记账错误。

（1）6 月 5 日，销售产品 100 千克，单价 300 元，计 30 000 元。销项增值税税额为 4 800 元，款已收并存入银行。已填制记账凭证并据以过账，原会计分录为：

借：银行存款　35 800

　　贷：主营业务收入　30 000

　　　　应交税费——应交增值税（销项税额）　5 800

（2）6 月 10 日，以现金 300 元购买车间办公用品，原记账凭证无误，出纳人员在登记现金日记账时，误写为 800 元。

（3）6 月 18 日，生产 A 产品领用材料 6 000 元，已填制记账凭证并据以过账。原会计分录为：

借：制造费用　6 000

　　贷：原材料　6 000

（4）6 月 25 日，收回上月销货款 96 300 元存入银行，已填制记账凭证并据以过账。原会计分录为：

借：银行存款 93 600

贷：应收账款 93 600

（5）6 月 26 日，企业销售零星材料一批，价款 500 元，销项税税额 80 元，收取现金。已填制记账凭证并据以过账。原会计分录为：

借：现金 880

贷：其他业务收入 880

3. 要求：指出以上错账类型，并选用恰当的错账更正方法予以更正。

项目九

期末业务处理——编制财务报表

学习目标

知识目标：

理解财务报表的含义、作用和分类

熟悉财务报表编制的基本要求

理解资产负债表和利润表的编制基础及其结构

能力目标：

掌握资产负债表和利润表各项目的填列方法

能编制简单的资产负债表和利润表

素养目标：

加强对编制报表重要性的认识，树立遵纪守法职业意识

提升严谨细心的职业素养和认真踏实、实事求是的工作作风

知识导图

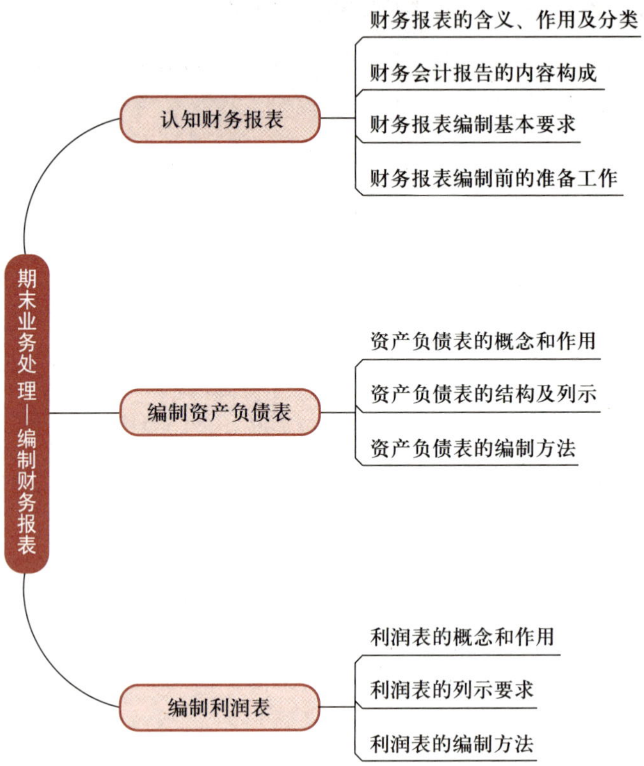
期末业务处理——编制财务报表
认知财务报表
财务报表的含义、作用及分类
财务会计报告的内容构成
财务报表编制基本要求
财务报表编制前的准备工作
编制资产负债表
资产负债表的概念和作用
资产负债表的结构及列示
资产负债表的编制方法
编制利润表
利润表的概念和作用
利润表的列示要求
利润表的编制方法

导入案例

瑞幸咖啡的假账从财务报表看不出来吗？

2020 年 4 月 2 日，美股上市公司瑞幸咖啡宣布：董事会成立的一个特别调查委员会发现，公司 2019 年二季度至四季度期间，伪造了 22 亿元人民币的交易额，相关的成本和费用也相应虚增。2020 年 4 月 2 日，瑞幸咖啡盘前暴跌。

按照该公司自己的说法，COO（首席运营官）从 2019 年二季度就开始带头造假了，至少有两个季报是严重有水分的，也就是广大美股投资者被骗了整整两个季度。

毫无疑问，从瑞幸咖啡 2019 年二三季度的资产负债表、利润表和现金流量表这三张表，可以在事前就得出结论——这家公司的财务报表有问题，就算不是造假，很可能也采用了过于激进的会计处理方法，透支了未来的成长。这只能说明，市场上的许多人从一开始就没有认真读财务报表。

案例思考与讨论：财务报表是依据会计账簿归类汇总编制而成的，会计账簿是按照会计凭证分门别类顺序登记的，而会计凭证反映的是企业日常经营活动的每一笔经济业务。如果投资者认识到财务报表的重要性并具有一定的阅读能力，日常业务中的造假行为应该能在财务报表中被发现。但是广大美股投资者被骗了两个季度，说明这些投资者看不懂财务报表或者没有认识到财务报表的作用。你认为编制财务报表重要吗？对于会计信息使用者具有哪些作用？

任务一　认知财务报表

一、财务报表的含义、作用与分类

（一）财务报表的含义

微课：财务报表

财务报表是对企业财务状况、经营成果和现金流量的结构性表述。具体来说，财务报表是企业对外提供的反映企业某一特定日期的财务状况和某一会计期间的经营成果、现金流量等会计信息的文件。一套完整的财务报表至少应当包括下列组成部分：

（1）资产负债表。资产负债表是反映企业在某一特定日期的财务状况的财务报表。

（2）利润表。利润表是反映企业在一定会计期间的经营成果的财务报表。

（3）现金流量表。现金流量表是反映企业在一定会计期间的现金和现金等价物流入和流出的财务报表。

（4）所有者权益变动表。所有者权益变动表是反映构成所有者权益的各组成部分当期的增减变动情况的财务报表。

（5）附注。附注是对以上主要报表中列示项目的文字描述或明细资料，以及对未能在这些报表中列示项目的说明等。

要点提示

一套完整的财务报表至少应当包括“四表一注”，即资产负债表、利润表、现金流量表、所有者权益变动表以及附注。中期财务报表至少应当包括资产负债表、利润表、现金流量表和附注。

可以看出，财务报表包括以下几层含义：第一，财务报表是对外报告，其服务对象主要是投资者、债权人等外部使用者；第二，财务报表综合反映企业的生产经营情况，包括某一时点的财务状况和某一时期的经营成果与现金流量等信息；第三，财务报表是一个系统的文件，不是零星的或者不完整的信息。

想一想：会计凭证、会计账簿与财务报表关系如何？

（二）财务报表的作用

财务报表不仅是向财务报表使用者提供决策有用信息的媒介和渠道，而且是沟通使用者与企业管理层之间信息的桥梁和纽带。

（1）便于投资人和债权人做出决策。企业的投资者和债权人通过财务报表提供的会计信息，可以了解企业财务状况、经营成果和现金流量等情况，据以进行正确的投资决策和信贷决策。同时，还可据以评估企业管理层对受托资源经营管理责任的履行情况。

（2）便于企业管理者评价经济效益。企业管理者通过财务报表提供的会计信息，可以掌握本企业有关财务状况、经营成果和现金流量等情况，总结和分析企业经营中所取得的成绩和存在的问题，评价企业的经济效益。

（3）便于上级管理部门进行宏观调控。国家有关部门通过对企业提供的财务报表资料进行汇总分析，了解和掌握各部门、各地区的经济运行情况、各项财经法律制度的执行情况，并针对存在的问题，采取各种措施进行宏观调控，促进社会资源有效配置。

（三）财务报表的分类

1. 按编报期间不同分类

按财务报表编报期间不同，可以分为中期财务报表和年度财务报表。

（1）中期财务报表。中期财务报表是以短于一个完整会计年度的报告期间为基础编制的财务报表。包括月报、季报和年报等。中期财务报表至少要包括资产负债表、利润表、现金流量表和附注。其中，中期资产负债表、利润表和现金流量表应当是完整报表，其格式和内容应当与年度财务报表相一致。中期财务报表中的附注披露与年度报表相比可适当简略。

（2）年度财务报表。年度财务报表是以一个完整的会计年度为基础编制的财务报表。年度财务报表一般包括资产负债表、利润表、现金流量表、所有者权益变动表和附注。

2. 按编报主体不同分类

按编报主体不同，可以分为个别财务报表和合并财务报表。

（1）个别财务报表。个别财务报表是由企业在自身会计核算基础上对账簿记录进行加工而编制的财务报表，它主要用来反映企业自身的财务状况、经营成果和现金流量情况。

（2）合并财务报表。合并财务报表是以某公司和子公司组成的企业集团为会计主体，根据母公司和所属子公司的财务报表，由母公司编制的综合反映企业集团财务状况、经营成果及现金流量的财务报告。

要点提示

新会计准则强调财务会计的目的，即向会计报告使用者提供与企业财务状况、经营成果和现金流量等有关的会计信息，反映企业管理层受托责任履行情况，有助于财务报告使用者作出经济决策。新会计准则下的“期”均指“年”的意思。

二、财务会计报告的内容构成

财务报表是财务会计报告（简称财务报告）的核心内容，财务报表和其他应当在财务会计报告中披露的相关信息和资料共同构成了财务会计报告。企业财务会计报告分为年度和中期财务报告。中期财务报告的“中期”是指短于一个完整会计年度的报告期间，包括半年度、季度和月度财务会计报告。

财务报表由会计报表及其附注两部分构成。会计报表和附注分别从不同的角度反映了企业的财务状况、经营成果和现金流量等情况。资产负债表、利润表和现金流量表反映了企业财务和经营状况的核心信息。

财务会计报告的构成，如图 9-1 所示。

想一想：财务会计报告的内容由哪几部分组成？财务会计报告与财务报表之间的关系是怎样的？

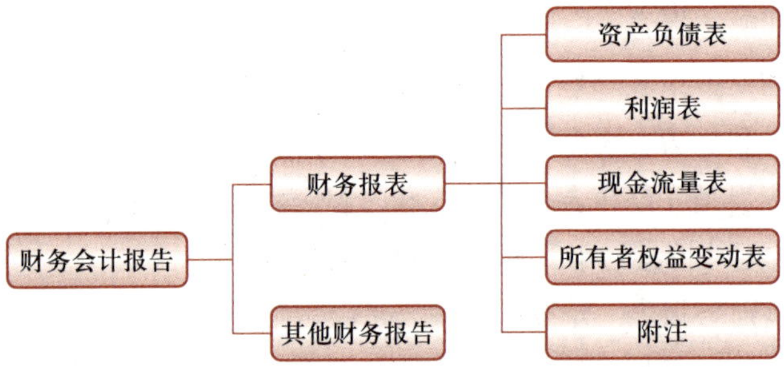

图 9-1 财务会计报告的构成

三、财务报表编制基本要求

财务报表是按照一定的格式和指标体系，对日常会计核算资料加工整理编制而成的，它对国家宏观经济调控、企业内部管理、投资人及债权人经济决策等都具有重要意义。因此企业在编制财务报表时除了做到数据真实、内容完整、编报及时等总体要求外，还应做到：

（一）以持续经营为基础编制

企业应当以持续经营为基础，根据实际发生的交易和事项，按照《企业会计准则——基本准则》和其他各项会计准则的规定进行确认和计量，在此基础上编制财务报表。如果出现特殊情况，未以持续经营为基础进行编制，应在附注中加以披露。

（二）按正确的会计基础编制

除现金流量表按照收付实现制原则编制外，企业应当按照权责发生制原则编制财务报表。

（三）至少按年编制财务报表

企业至少应当按年编制财务报表。年度财务报表涵盖的期间短于一年的，应当披露年度财务报表的涵盖期间、短于一年的原因以及报表数据不具可比性的事实。

（四）项目列报遵守重要性原则

重要性是指在合理预期下，财务报表某项目的省略或错报会影响使用者据此作出经济决策的，该项目具有重要性。重要性应当根据企业所处的具体环境，从项目的性质和金额两方面予以判断，且对各项目重要性的判断标准一经确定，不得随意变更。

要点提示

判断项目性质的重要性，应当考虑该项目在性质上是否属于企业日常活动，是否显著影响企业财务状况、经营成果和现金流量等因素；判断项目金额大小的重要性，应考虑该项目金额占资产、负债、所有者权益、营业收入、营业成本、净利润及综合收益等直接相关项目金额的比重或所属报表单列项目金额的比重。

性质或功能不同的项目，应当在财务报表中单独列报，但不具有重要性的项目除外；性质或功能类似的项目，其所属类别具有重要性，应当按其类别在财务报表中单独列报；某些项目的重要性程度不足以在资产负债表、利润表、现金流量表或所有者权益变动表中单独列示，但对附注却具有重要性，则应当在附注中单独披露。

《企业会计准则第30号——财务报表列报》规定在财务报表中单独列报的项目，应当单独列报。

（五）保持各个会计期间财务报表项目列报一致

财务报表项目的列报应当在各个会计期间保持一致，除会计准则要求改变财务报表项目的列报或企业经营业务的性质发生重大变化后，变更财务报表项目的列报能够提供更可靠、更相关的会计信息外，不得随意变更。

（六）各项目之间的金额不得相互抵消

财务报表中的资产和负债项目的金额、收入和费用项目的金额、直接计入当期利润的利得和损失项目的金额不得相互抵消。但其他会计准则另有规定的除外。

要点提示

以下几种情况不属于抵消：第一，一组类似交易形成的利得和损失应当以净额列示，但具有重要性的除外；第二，资产或负债项目按扣除备抵项目后的净额列示；第三，非日常活动产生的利得和损失，以同一交易形成的收益扣减相关费用后的净额列示。

（七）至少提供列报项目上一个可比会计期间的比较数据

当期财务报表的列报，至少应当提供所有列报项目上一个可比会计期间的比较数据，以及与理解当期财务报表相关的说明，但另有规定的除外。

财务报表的列报项目发生变更的，应当至少对可比期间的数据按照当期的列报要求进行调整，并在附注中披露调整的原因和性质，以及调整的各项目金额。对可比数据不能进行调整的，应当在附注中披露不能调整的原因。

（八）应当在财务报表的显著位置披露编报企业的名称等重要信息

企业应当在财务报表的显著位置（如表首）至少披露下列各项：①编报企业的名称；②资产负债表日或财务报表涵盖的会计期间；③人民币金额单位；④财务报表是合并财务报表的，应当予以说明。

要点提示

财务报表编制的基本要求如下：

以持续经营为基础编制；按正确的会计期间编制；至少按年编制财务报表；项目列报遵守重要性原则；保持各个会计期间财务报表项目列报的一致性；各项目之间的金额不得相互抵消但特殊情况除外；至少应当提供所有列报项目上一个可比会计期间的比较数据；应当在财务报表的显著位置披露编报企业的名称等重要信息。

四、财务报表编制前的准备工作

（1）严格审核会计账簿的记录和有关资料。

（2）进行全面财产清查、核实债务，并按规定程序报批，进行相应的会计处理。

（3）按规定的结账日进行结账，结出有关会计账簿的余额和发生额，并核对各会计账簿之间的余额。

（4）检查相关的会计核算是否按照国家统一的会计准度的规定进行。

（5）检查是否存在因会计差错、会计政策变更等原因需要调整前期或本期相关项目的情况等。

想一想：结账及报表报出时间有何规定?

德技并修

切勿提供虚假财务报告

成都金亚科技股份有限公司（简称金亚科技）成立于2000年。2018年6月26日晚，证监会公告，金亚科技为了达到发行上市条件，通过虚构客户、虚构业务、伪造合同等方式虚增收入和利润，提供虚假财务报告，骗取首次公开发行核准。上述行为涉嫌构成欺诈发行罪，证监会与公安机关会商后，将金亚科技相关人员移送公安机关追究刑事责任。7月3日，据证监会通报，证监会依法对金亚科技2014年度报告虚假陈述给予60万元顶格罚款，对董事长、实际控制人周旭辉合计给予90万元顶格罚款，对多名直接责任人员给予处罚。证监会已将涉嫌犯罪的问题移送公安机关。

启示:《刑法修正案（六）》第一百六十一条:“依法负有信息披露义务的公司、企业向股东和社会公众提供虚假的或者隐瞒重要事实的财务会计报告，或者对依法应当披露的其他重要信息不按照规定披露，严重损害股东或者其他人利益，或者有其他严重情节的，对直接负责的主管人员和其他直接责任人员，处三年以下有期徒刑或者拘役，并处或者单处二万元以上二十万元以下罚金。”企业为偷逃税款、取得借款、吸引投资等目的，有粉饰会计报告，提供虚假会计报告的冲动。会计人员作为企业经济活动、会计活动的监督者，应严格遵守法律规定，约束和监督企业提供反映其真实情况的会计报告。

任务二　编制资产负债表

一、资产负债表的概念和作用

资产负债表是反映企业在某一特定日期的财务状况的财务报表。企业编制资产负债表的目的是如实反映企业的资产、负债和所有者权益金额及其结构情况，帮助使用者评价企业资产的质量和偿债能力、利润分配能力等。

微课：认知资产负债表

资产负债表是按照“资产＝负债＋所有者权益”为平衡原理编制而成的，反映企业某一时点上的财务状况，属于静态报表，又称为财务状况表。其作用概括如下：

（一）提供企业某一日期资产的总额及其构成

通过资产负债表可以提供企业某一日期的资产总额，表明企业拥有或控制经济资源的分布状况和结构，以了解企业的资源实力。

（二）提供企业某一日期负债的总额及其构成

通过资产负债表可以反映某一日期企业的负债总额及结构，表明企业未来需用多少资产或劳务偿还债务，以了解企业的财务风险。

（三）反映企业所有者所拥有的权益

通过资产负债表可以反映所有者所拥有的权益，据以判断资本保值、增值情况以及对负债的保障程度。通过前后各期资产负债表的比较分析，可以了解企业财务状况变化的趋势，以判断企业未来的发展趋势和潜在的风险。

想一想：通过资产负债表可以提供哪些信息？

二、资产负债表的结构及列示

（一）资产负债表的结构

资产负债表一般有表首（表头）和正表（表身）两部分。其中，表首概括说明报表名称、编制单位、编制日期、报表编号、货币名称、计量单位等；正表则列示了用以说明企业财务状况的各个项目。资产负债表正表的列报格式一般有两种：账户式和报告式。我国会计制度规定，资产负债表的结构采用账户式。账户式资产负债表是左右结构，左边列示资产，右边列示负债和所有者权益。

知识拓展

报告式资产负债表的结构

报告式资产负债表是上下结构，上半部列示资产，下半部列示负债和所有者权益。具体排列形式有两种：一是按“资产 = 负债 + 所有者权益”的原理排列；二是按“资产 − 负债 = 所有者权益”的原理排列。

（二）账户式资产负债表列示要求

（1）资产负债表以“资产 = 负债＋所有者权益”的会计等式为原理，按照“T”字形账户的形式设计，采用左右结构，双方平衡，左边列示资产，右边列示负债和所有者权益，资产总额等于负债加所有者权益合计数。

（2）左边资产内部的各个项目按照资产的流动性大小或变现能力的强弱进行排列，流动性大、变现能力强的资产项目排列在前，依次是流动资产、长期投资、固定资产、无形资产及其他资产等。其中，流动资产内部各个项目也是按流动性大小排列。

（3）右边的负债和所有者权益一般按要求清偿时间先后顺序排列。负债具有优先受偿权，所以排在所有者权益之前。

（4）负债内部各个项目按照每个项目偿债的紧迫性而依次排列，偿还期限短的项目排列在前，依次是流动负债和长期负债。

（5）所有者权益内部各个项目按照其稳定性程度而依次排列，稳定性强的排列在前，依次是实收资本（股本）、资本公积、盈余公积、未分配利润。

想一想：资产负债表各项目按什么顺序排列？资产负债表各项目名称和会计科目的名字是一样的吗？

三、资产负债表的编制方法

微课：编制资产负债表（一）

资产负债表各项目的金额栏分为“年初余额”和“期末余额”两栏。“年初余额”栏内各项数字，应根据上年末资产负债表的“期末余额”栏内所列数字填列，如果上年度资产负债表规定的各个项目的名称和内容与本年度不一致，应按照本年度的规定进行调整，填入本表“年初余额”栏内。“期末余额”的填列有以下几种情况：

（1）根据一个总账账户的余额填列。可以根据相应的总账账户余额直接填列的项目包括：“其他权益工具投资”“递延所得税资产”“短期借款”“交易性金融负债”“应付票据”“应交税费”“持有待售负债”“应付债券”“预计负债”“递延所得税负债”“实收资本（或股本）”“资本公积”“其他综合收益”“专项储备”“盈余公积”等项目。举例说明如下：

【例 9–1】

蓝天公司 2020 年 8 月 31 日“短期借款”总账科目余额 50 000 元、“应付职工薪酬”总账科目余额为 150 000 元。则该企业 2020 年 8 月 31 日资产负债表上的“短期借款”项目金额为 50 000 元；“应付职工薪酬”项目金额为 150 000 元。

（2）根据几个总账账户的余额计算填列。

①“货币资金”项目，根据“库存现金”“银行存款”“其他货币资金”三个总账科目余额的合计数填列。

②“其他应付款”项目，根据“应付利息”“应付股利”和“其他应付款”科目的期末余额合计数填列。

③“未分配利润”项目，应根据“利润分配”科目及“本年利润”科目的期末余额分析计算填列。

④“其他流动资产”“其他流动负债”项目，应根据有关科目的期末余额分析填列。

【例 9-2】

蓝天公司 2020 年 8 月 31 日“库存现金”科目余额为 0.1 万元，“银行存款”科目余额为 100 万元，“其他货币资金”账户余额为 90 万元。则 2020 年 8 月 31 日该公司资产负债表中“货币资金”项目“期末余额”栏的列报的金额为 190.1 万元。

（3）根据有关明细账账户的期末余额计算填列。

①“交易性金融资产”项目，应根据“交易性金融资产”科目所属的相关明细科目期末余额分析填列，反映期末公允价值，不含应收股利 / 利息，有明确依据证明持有时间超一年的非流动部分列“其他非流动金融资产”。

②“应付账款”项目，应根据“应付账款”和“预付账款”科目所属的相关明细科目的期末贷方余额的合计数填列。

③“合同负债”项目，应根据“合同负债”相关明细科目期末余额分析填列，同一合同下的合同负债与合同资产按净额列示，贷方净额填此项目，借方净额列为合同资产。

④“应付职工薪酬”项目，应根据“应付职工薪酬”科目所属各明细科目期末贷方余额合计数填列。

⑤“一年内到期的非流动资产”和“一年内到期的非流动负债”项目，应根据有关明细科目的期末余额分析填列。

⑥“其他债权投资”项目，应根据“其他债权投资”科目的相关明细科目期末余额分析填列。

（4）根据总账账户余额和明细账账户余额分析计算填列。

①“长期待摊费用”项目，应根据“长期待摊费用”科目的期末余额减去将于一年内（含一年）摊销的数额后的金额填列。

②“其他非流动资产”项目，应根据有关科目的期末余额减去将于一年内（含一年）收回数后的金额填列。

③“长期借款”项目，应根据“长期借款”总账科目余额扣除“长期借款”

文档：资产负债表各项目具体填列方法

科目所属的明细科目中将在资产负债表日起一年内到期、且企业不能自主地将清偿义务展期的长期借款后的金额计算填列。

④“租赁负债”项目，应根据“租赁负债”科目的期末余额扣除自资产负债表日起一年内到期应予以清偿的租赁负债的期末账面价值，在“一年内到期的非流动负债”项目反映。

⑤“其他非流动负债”项目，应根据有关科目的期末余额减去将于一年内（含一年）到期偿还数后的金额填列。

【例 9-3】

蓝天公司 2020 年 12 月 31 日有关长期借款的资料如下：2017 年 5 月 1 日借入期限为 4 年的借款 200 000 元；2018 年 1 月 1 日借入的期限为 5 年的借款 100 000 元；2019 年 10 月 1 日借入的期限为 3 年的借款 500 000 元。

则该公司 2020 年 12 月 31 日资产负债表中“长期借款”项目的金额为 600 000（100 000 + 500 000）元；将于一年内到期的长期借款为 200 000 元，应在流动负债下“一年内到期的非流动负债”项目填列。

【例 9-4】

蓝天公司 2020 年 8 月 31 日“长期待摊费用”账户的期末余额为 450 000 元，其中将于一年内摊销的数额为 250 000 元。则该公司 2020 年年末资产负债表“长期待摊费用”的金额为 200 000（450 000 － 250 000）元；将于一年内摊销完毕的 250 000 元，应当在流动资产下的“一年内到期的非流动资产”项目填列。

（5）根据有关账户余额减去其备抵账户余额后的净额填列。

①“应收票据”项目，应根据“应收票据”科目的期末余额，减去“坏账准备”科目中相关坏账准备期末余额后的金额分析填列。

②“持有待售资产”，应根据“持有待售资产”科目的期末余额填列，减去“持有待售资产减值准备”科目的期末余额后的金额填列。

③“债权投资”项目，应根据“债权投资”科目的相关明细科目期末余额，减去“债权投资减值准备”科目中相关减值准备的期末余额后的金额分析填列。

④“长期应收款”项目，应根据“长期应收款”科目的期末余额，减去相应的“未实现融资收益”科目和“坏账准备”科目所属相关明细科目期末余额后的金额填列。

⑤“长期股权投资”项目，应根据“长期股权投资”科目的期末余额，减去“长期股权投资减值准备”科目的期末余额后的净额填列。

⑥“使用权资产”项目，应根据“使用权资产”科目的期末余额，减去“使用权资产累计折旧”和“使用权资产减值准备”科目的期末余额后的金额填列。

⑦“无形资产”项目，应根据“无形资产”科目的期末余额减去“累计摊

销”和“无形资产减值准备”科目期末余额后的净额填列。

⑧“应收账款”项目，应根据“应收账款”明细账的期末借方余额，加上“预收账款”明细账的期末借方余额，减去“坏账准备”科目中相关坏账准备期末余额后的金额分析填列。

⑨“固定资产”项目，反映资产负债表日企业固定资产的期末账面价值和企业尚未清理完毕的固定资产清理净损益。该项目应根据“固定资产”科目的期末余额，减去“累计折旧”和“固定资产减值准备”科目的期末余额后的金额，以及“固定资产清理”科目的期末余额填列。

⑩“在建工程”项目，反映资产负债表日企业尚未达到预定可使用状态的在建工程的期末账面价值和企业为在建工程准备的各种物资的期末账面价值。该项目应根据“在建工程”科目的期末余额，减去“在建工程减值准备”科目的期末余额后的金额，以及“工程物资”科目的期末余额，减去“工程物资减值准备”科目的期末余额后的金额填列。

【例 9-5】

蓝天公司 2020 年 8 月 31 日“无形资产”账户余额为 1 500 000 元，“累计摊销”账户余额为 500 000 元，没有计提相关减值准备。

则该公司期末资产负债表中的“无形资产”项目的金额为 1 000 000（1 500 000－500 000）元。

微课：
编制资产负债表
（二）

（6）综合运用上述填列方法分析填列。

①“存货”项目，应根据“材料采购”“原材料”“发出商品”“库存商品”“周转材料”“委托加工物资”“生产成本”“受托代销商品”等科目的期末余额合计，减去“受托代销商品款”“存货跌价准备”科目期末余额后的金额填列，材料采用计划成本核算，以及库存商品采用计划成本核算或售价核算的企业，还应按加或减材料成本差异、商品进销差价后的金额填列。

②“预付款项”项目，应根据“预付账款”和“应付账款”科目所属各明细科目的期末借方余额合计数，减去“坏账准备”科目中有关预付款项计提的坏账准备期末余额后的金额填列。

③“其他应收款”项目，应根据“应收利息”“应收股利”和“其他应收款”科目的期末余额合计数，减去“坏账准备”科目中相关坏账准备期末余额后的金额填列。

④“合同资产”项目，应根据“合同资产”科目的相关明细科目期末余额分析填列，同一合同下的合同资产和合同负债应当以净额列示，其中净额为借方余额的，应当根据其流动性在“合同资产”或“其他非流动资产”项目中填列，已计提减值准备的，还应以减去“合同资产减值准备”科目中相关的期末余额后的金额填列；其中净额为贷方余额的，应当根据其流动性在“合同负债”或“其他非流动负债”项目中填列。

⑤“长期应付款”项目，反映资产负债表日企业除长期借款和应付债券以外的其他各种长期应付款项的期末账面价值。该项目应根据“长期应付款”科目的期末余额，减去相关的“未确认融资费用”科目的期末余额后的金额，以及“专项应付款”科目的期末余额填列。

【例 9-6】

恒大公司 2020 年 8 月 31 日生产成本借方余额 50 000 元，“原材料”借方余额 30 000 元，“材料成本差异”贷方余额 500 元，“委托代销商品”借方余额 40 000 元，“工程物资”借方余额 10 000 元，“存货跌价准备”贷方余额 3 000 元，则该公司 2020 年 8 月 31 日资产负债表中“存货”项目的金额为 116 500（50 000 + 30 000 − 500 + 40 000 − 3 000）元。

【例 9-7】

假定某公司某月份“应收账款”明细账借方余额 80 000 元，“预收账款”明细账借方余额 20 000 元，“坏账准备”5 000 元，“预付账款”明细账借方余额 30 000 元、贷方余额 30 000 元，“应付账款”明细账借方余额 10 000 元、贷方余额 150 000 元。则资产负债表“应收账款”项目为 80 000+20 000-5 000=95 000（元），“预付账款”项目为 30 000+10 000=40 000（元），“应付账款”项目为 30 000+150 000=180 000（元）。

【例 9-8】

蓝天公司 2020 年 12 月 31 日的有关账户余额表如表 9−2 所示。

表 9−2　有关账户余额表

2020 年 12 月 31 日　　单位：元

账户名称	借方余额	贷方余额
库存现金	3 000	
银行存款	5 200 000	
其他货币资金	900 000	
交易性金融资产	200 000	
应收票据	200 000	
应收账款	2 573 000	
其中：A 单位	2 000 000	
B 单位		573 000
坏账准备		85 000
预付账款		40 000
其中：G 单位	20 000	

续表

账户名称	借方余额	贷方余额
H 单位		60 000
材料采购	50 200	
原材料	1 321 000	
材料成本差异		3 800
生产成本	500 000	
库存商品	4 000 000	
持有至到期投资（其中，一年内到期的投资 500 000 元）	1 000 000	
长期股权投资	1 200 000	
固定资产	9 000 000	
累计折旧		3 000 000
无形资产	200 000	
长期待摊费用（其中，摊销期在一年以内的有 20 000 元）	50 000	
短期借款		120 000
应付账款		130 000
其中：C 单位	20 000	
D 单位		150 000
合同负债	520 000	
其中：E 单位	500 000	
F 单位		20 000
应付职工薪酬		140 000
应交税费		100 000
其他应付款		10 000
应付利息		10 000
长期借款（其中，一年内到期的长期借款 150 000 元）		400 000
实收资本		20 000 000
资本公积		200 000
盈余公积		518 400
利润分配		1 120 000
合计	26 397 200	26 397 200

根据上述资料编制 2020 年年末的资产负债表，如表 9–3 所示。（年初余额略）

表 9–3　资产负债表

编制单位：蓝天公司　　2020 年 12 月 31 日　　单位：元

资产	期末余额	上年年末余额（略）	负债和所有者权益（或股东权益）	期末余额	上年年末余额（略）
流动资产：			流动负债：		
货币资金	6 103 000		短期借款	120 000	
交易性金融资产	200 000		交易性金融负债		
衍生金融资产			衍生金融负债		
应收票据	200 000		应付票据		
应收账款	2 488 000		应付账款	210 000	
应收款项融资			预收款项		
预付款项	40 000		合同负债	520 000	
其他应收款			应付职工薪酬	140 000	
存货	5 867 400		应交税费	100 000	
合同资产			其他应付款	20 000	
持有待售资产			持有待售负债		
一年内到期的非流动资产	520 000		一年内到期的非流动负债	150 000	
其他流动资产			其他流动负债		
流动资产合计	15 418 400		流动负债合计	1 260 000	
非流动资产：			非流动负债：		
债权投资	500 000		长期借款	250 000	
其他债券投资			应付债券		
长期应收款			其中：优先股		
长期股权投资	1 200 000		永续债		
其他权益工具投资			租赁负债		
其他非金融资产			长期应付款		

续表

资产	期末余额	上年年末余额（略）	负债和所有者权益（或股东权益）	期末余额	上年年末余额（略）
投资性房地产			预计负债		
固定资产	6 000 000		递延收益		
在建工程			递延所得税负债		
生产性生物资产			其他非流动负债		
油气资产			非流动负债合计	250 000	
使用权资产			负债合计	1 510 000	
无形资产	200 000		所有者权益（或股东权益）：		
开发支出			实收资本（或股本）	20 000 000	
商誉			其他权益工具		
长期待摊费用	30 000		其中：优先股		
递延所得税资产			永续债		
其他非流动资产			资本公积	200 000	
非流动资产合计	7 930 000		减：库存股		
			其他综合收益		
			专项储备		
			盈余公积	518 400	
			未分配利润	1 120 000	
			所有者权益（或股东权益）合计	21 838 400	
资产总计	23 348 400		负债和所有者权益（或股东权益）总计	23 348 400	

想一想：什么是资产负债表？编制资产负债表的基本原理是什么？

任务三 编制利润表

一、利润表的概念与作用

利润表是反映企业在一定会计期间经营成果的财务报表。可以帮助使用者分析评价企业的盈利能力、利润构成及其质量。利润表根据“收入 - 费用 = 利润”编制，是一张动态会计报表。

利润表的作用主要有：①反映一定会计期间收入的实现情况；②反映一定会计期间的费用耗费情况；③反映企业经济活动成果的实现情况，据以判断资本保值增值等情况。

要点提示

利润表的编制以会计平衡公式“收入 - 费用＝利润”为理论依据。利润表是连接两期资产负债表的纽带；有助于考核管理人员的绩效；有助于评价和预测企业的经营成果和获利能力；可以反映资金周转情况，判断企业未来发展趋势。

二、利润表的列示要求

（一）费用分类列示要求

企业在利润表中应当对费用按照功能分类，分为从事经营业务发生的成本、管理费用、销售费用和财务费用等。

（二）项目构成列示要求

利润表至少应当单独列示反映下列信息的项目，但其他会计准则另有规定的除外：(1) 营业收入；(2) 营业成本；(3) 税金及附加；(4) 管理费用；(5) 销售费用；(6) 财务费用；(7) 研发费用；(8) 投资收益；(9) 公允价值变动损益；(10) 其他收益；(11) 资产减值损失；(12) 资产处置收益；(13) 营业利润；(14) 营业外收入；(15) 营业外支出；(16) 所得税费用；(17) 净利润；(18) 其他综合收益的税后净额；(19) 综合收益总额等。金融企业可以根据其特殊性列示利润表项目。

（三）其他综合收益项目列示要求

其他综合收益项目应当根据其他相关会计准则的规定分为以后会计期间不能重分类进损益的其他综合收益项目和以后会计期间在满足规定条件时将重分类进损益的其他综合收益项目两类列报。

（四）合并利润表列示要求

在合并利润表中，企业应当在净利润项目之下单独列示归属于母公司所有者的损益和归属于少数股东的损益，在综合收益总额项目之下单独列示归属于母公司所有者的综合收益总额和归属于少数股东的综合收益总额。

想一想：利润表中的费用是按照什么标准分类的？通过利润表可以反映哪些会计信息？

三、利润表的编制方法

（一）利润表的结构

利润表由表头和表体（正表）两部分构成。表头应列明报表名称、编制单位名称、财务报表涵盖的会计期间和人民币金额单位等内容；利润表的表体，反映形成经营成果的各个项目和计算过程。

正表的格式有两种：单步式利润表和多步式利润表。单步式利润表是将当期所有的收入列在一起，然后将所有的费用、支出等列在一起，两者相减得出当期的净损益；多步式利润表是通过对当期的收入、费用、支出项目按性质加以归类，按利润形成的主要环节列示一些中间性利润指标，如营业利润、利润总额、净利润，分步计算当期净损益。

要点提示

我国财务报表列报准则规定，企业应当采用多步式列报利润表，将不同性质的收入和费用进行对比，从而得出中间性的利润数据，便于使用者理解企业经营成果的不同来源。

（二）编制多步式利润表的步骤

第一步，以营业收入为基础，减去营业成本、税金及附加、管理费用、销售费用、财务费用、资产减值损失，加上公允价值变动收益、投资收益等计算出营业利润。

公式：营业利润 = 营业收入 − 营业成本 − 税金及附加 − 销售费用 − 管理费用 − 财务费用 − 研发费用 − 资产减值损失 − 信用减值损失 + 其他收益 + 公允价值变动收益（若损失则前面为“−”号）+ 投资收益（若损失则前面为“−”号）+ 资产处置收益（若损失则前面为“−”号）

第二步，以营业利润为基础，加上营业外收入，减去营业外支出计算出利润总额。

公式：利润总额 = 营业利润 + 营业外收入 − 营业外支出

第三步，以利润总额为基础，减去所得税费用，计算出净利润（或亏损）。

公式：净利润 = 利润总额 − 所得税费用

第四步，单独列示其他综合收益。

第五步，根据第三步和第四步计算求出综合收益总额。

第六步，单独列示每股收益：基本每股收益和稀释每股收益。

一般企业利润表的基本格式如表 9-4 所示。

表 9-4 利 润 表

编制单位: 年 月 单位: 元

项目	本期金额	上期金额
一、营业收入		
减: 营业成本		
税金及附加		
销售费用		
管理费用		
研发费用		
财务费用		
其中 : 利息费用		
利息收入		
加: 其他收益		
投资收益(损失以“-”号填列)		
其中: 对联营企业和合营企业的投资收益		
以摊余成本计量的金融资产终止确认收益(损失以“-”)		
净敞口套期收益(损失以“-”号填列)		
公允价值变动收益(损失以“-”号填列)		
信用减值损失		
资产减值损失		
资产处置收益(损失以“-”号填列)		
二、营业利润(亏损以“-”号填列)		
加: 营业外收入		
减: 营业外支出		
三、利润总额(亏损总额以“-”号填列)		
减: 所得税费用		
四、净利润(净亏损以“-”号填列)		
(一)持续经营净利润(净亏损以“-”号填列)		
(二)终止经营净利润(净亏损以“-”号填列)		
五、其他综合收益的税后净额		
……		
六、综合收益总额		
七、每股收益		
(一)基本每股收益		
(二)稀释每股收益		

（三）利润表编制方法

利润表各项目的金额主要是根据各损益类账户的发生额分析计算填列。利润表各项目应分为“上期金额”和“本期金额”两栏。

微课：编制利润表

1.“上期金额”栏的填列方法

“上期金额”栏应根据上年该期利润表“本期金额”栏所列数字填列。如果上年度该期利润表的有关项目名称和内容与本期利润表不相一致，应对上年度该期报表相应项目的名称和数字按本期规定进行调整，填入本表的“上期金额”栏内。

2.“本期金额”栏的填列方法

（1）根据相应账户的发生额分析填列。

根据相应账户发生额分析填列的项目有营业收入、营业成本、税金及附加、销售费用、管理费用、研发费用、财务费用、公允价值变动损益、投资收益、营业外收入、营业外支出等。

①“营业收入”项目，应根据“主营业务收入”和“其他业务收入”账户的本期贷方发生额净额相加填列。

②“营业成本”项目，应根据“主营业务成本”和“其他业务成本”账户的本期借方发生额净额相加填列。

③“税金及附加”“销售费用”“管理费用”“财务费用”“营业外支出”和“所得税费用”项目，应根据这几个账户的借方发生额净额填列。

④“研发费用”项目，反映企业进行研究与开发过程中发生的费用化支出。该项目应根据“管理费用”科目下的“研发费用”明细科目的发生额分析填列。

⑤“利息费用”项目，反映企业为筹集生产经营所需资金等而发生的应予费用化的利息支出。该项目应根据“财务费用”科目的相关明细科目的发生额分析填列。

⑥“利息收入”项目，反映企业确认的利息收入。该项目应根据“财务费用”科目的相关明细科目的发生额分析填列。

⑦“资产减值损失”项目，应根据该账户借方发生额填列。

⑧“其他收益”项目，反映计入其他收益的政府补助等。该项目应根据“其他收益”科目的发生额分析填列。

⑨“公允价值变动收益”“投资收益”项目，分别按“公允价值变动收益”“投资收益”账户的发生额分析填列；若为损失（借方），分别以“-”填列。

⑩“资产处置收益”项目应根据“资产处置损益”科目的发生额分析填列；如为处置损失，以“-”号填列。

⑪“营业外收入”项目，反映企业发生的除营业利润以外的收益。

⑫“营业外支出”项目，反映企业发生的除营业利润以外的支出。

⑬“持续经营净利润”和“终止经营净利润”项目，分别反映净利润中与持续经营相关的净利润和与终止经营相关的净利润；如为净亏损，以“-”号填列。该两个项目应按照《企业会计准则第42号——持有待售的非流动资产、处置组和终止经营》的相关规定分别列报。

（2）根据计算公式计算填列。

根据计算公式计算填列的项目有营业利润、利润总额、净利润等。

①“营业利润”项目，根据“营业收入-营业成本-税金及附加-销售费用-管理费用-财务费用-研发费用-资产减值损失（信用减值损失）+其他收益+公允价值变动收益（若损失则前面为‘-’号）+投资收益（若损失则前面为‘-’号）+资产处置收益（若损失则前面为‘-’号）”计算填列。

②“利润总额”项目，根据“营业利润+营业外收入-营业外支出”计算填列。

③“净利润”项目，根据“利润总额”项目减去“所得税费用”项目的金额填列。

④“其他综合收益”项目，根据未在损益中确认的各项利得和损失扣除所得税影响后的净额填列。

⑤“综合收益总额”项目，根据“净利润”和“其他综合收益”填列。

⑥“每股收益”项目，根据“归属于普通股股东的当期净利润”÷“当期发行在外普通股的加权平均数”填列。

【例9-9】

华兴股份有限公司2020年10月的营业收入为90万元，2020年1月到10月的营业收入累计数为800万元；2021年10月的营业收入为100万元，2021年1月到10月的营业收入累计数为960万元；那么该公司2021年10月的利润表“营业收入”项目的“本期金额”是960万元，“上期金额”是800万元。

要点提示

新会计准则下，强调“期”即“年”，对于月份利润表“本期金额”“上期金额”栏的填法有多种，这里介绍其中两种：①“本期金额”栏填截至本月的本年累计发生数；“上期金额”栏填上年同期的本年累计发生额。②“本期金额”栏填本月数；“上期金额”栏填上月数或上年同期的本月数等。第一种填法更为科学、合理；第二种填法操作简单、直观。但是不管采用哪一种都不影响企业纳税数量。

【例 9–10】

振兴股份有限公司 2020 年度有关损益类科目本年度累计发生额如表 9–5 所示。

表 9–5　2020 年度损益类科目发生额

账户名称	借方发生额	贷方发生额
主营业务收入		12 000 000
主要业务成本	9 000 000	
税金及附加	640 000	
其他业务收入		380 000
其他业务成本	100 000	
销售费用	390 000	
管理费用	750 000（其中研发费用 150 000）	
财务费用	20 000（其中利息费用 8 000）	
资产减值损失（信用减值损失）	300 900	
投资收益		310 500
营业外收入		70 300
营业外支出	40 200	
所得税费用	379 925	

根据上述资料，编制振兴公司 2020 年度利润表如表 9–6 所示。

表 9–6　利　润　表

编制单位：振兴股份有限公司　　2020 年度　　单位：元

项目	本期金额	上期金额
一、营业收入	12 380 000	
减：营业成本	9 100 000	
税金及附加	640 000	
销售费用	390 000	
管理费用	750 000	
研发费用	150 000	
财务费用	20 000	
其中：利息费用	8 000	
利息收入		
加：其他收益		
投资收益（损失以“－”号填列）	310 500	
其中：对联营企业和合营企业的投资收益		

续表

项目	本期金额	上期金额
以摊余成本计量的金融资产终止确认收益（损失以“-”）		
净敞口套期收益（损失以“-”号填列）		
公允价值变动收益（损失以“-”号填列）		
信用减值损失	300 900	
资产减值损失		
资产处置收益（损失以“-”号填列）		
二、营业利润（亏损以“-”号填列）	1 489 600	
加：营业外收入	70 300	
减：营业外支出	40 200	
三、利润总额（亏损总额以“-”号填列）	1 519 700	
减：所得税费用	379 925	
四、净利润（净亏损以“-”号填列）	1 139 775	
（一）持续经营净利润（净亏损以“-”号填列）	（略）	
（二）终止经营净利润（净亏损以“-”号填列）	（略）	
五、其他综合收益的税后净额	（略）	
……		
六、综合收益总额	（略）	
七、每股收益		
（一）基本每股收益		
（二）稀释每股收益		

想一想： 利润表和资产负债表在反映会计信息、编制原理、各项目填列依据等方面有何不同？

职业能力训练

2007年7月，美国最大的商业企业之一的G.T.Morgan公司宣告破产，引起世界范围的关注。令人不解的是G.T.Morgan公司宣告破产的前一年，其营业净利润近1.8亿美元，银行借款余额达到12亿美元，而该公司股票的价格仍能够按照每股收益的20倍出售。人们不禁会怀疑：净利润和营运资金都为正数的公司怎么可能一年后宣告破产？既然如此，投资者为何还要购买一个濒临破产公司的股票？请问：假如你是投资者，你知道这是为什么吗？

综合案例

案例资料：

表 9-7　某公司 2017—2019 年年度利润表

单位：亿元

项目	年度		
	2019	2018	2017
营业收入	3 768.44	2 502.66	1 582.73
营业总收入	3 768.44	2 502.66	1 582.73
营业成本	2 069.29	1 070.44	594.83
营业毛利润	1 699.15	1 432.22	987.9
市场、销售和管理费用	753.96	506.6	336.75
研发费用	374.35	227.54	170.6
其他营业费用	0	4.94	0
营业费用合计	1 180.21	774.74	534.06
营业利润	518.94	657.48	453.84
净利息费用	51.9	35.66	26.71
利息支出	51.9	35.66	26.71
应占关联公司利润	5.66	-207.92	-50.27
持续经营业务特殊项目	443.27	346.55	146.45
税前利润	967.87	796.11	550.02
所得税	165.53	181.99	137.76
税后利润	802.34	614.12	412.26
净利润	802.34	614.12	412.26
归属于少数股东的净利润	-76.52	-26.81	-24.49
归属于母公司股东的净利润	876	639.85	436.75
其他综合收益	13.55	-4.66	13.4
综合收益总额	815.89	609.46	425.66
其中：归属于少数股东的综合收益	-66.37	-22.15	-3.89
归属于母公司股东的综合收益	882.26	631.61	429.55
基本每股收益（元）	33.95	25.06	17.52
稀释每股收益（元）	33.38	24.51	16.97

案例讨论：

你能根据表 9-7，分析一下该公司的经营成果的历年发展情况吗？

文档：编制财务报表知识点小结

专业能力测评

专业能力测评表（在□中打√，A 掌握，B 基本掌握，C 未掌握）

知识点／技能点	评价指标	自测结果	要求
财务报表概述	1. 财务报表的含义 2. 财务报表的作用 3. 财务报表的分类 4. 财务会计报告内容构成 5. 财务报表编制基本要求 6. 财务报表编制前准备工作	□A □B □C □A □B □C □A □B □C □A □B □C □A □B □C □A □B □C	理解财务报表的含义、作用和分类；理解财务会计报告的内容构成；熟悉财务报表编制的基本要求和编制前的准备工作
资产负债表	1. 资产负债表概念和作用 2. 资产负债表结构及列示 3. 资产负债表的编制	□A □B □C □A □B □C □A □B □C	理解资产负债表的编制基础及其结构；掌握资产负债表各项目的填列方法；会编资产负债表
利润表	1. 利润表概念和意义 2. 利润表的列示要求 3. 利润表的编制	□A □B □C □A □B □C □A □B □C	理解利润表的编制基础及其结构；掌握利润表各项目的填列方法；会编利润表

项目测试

一、单选题

1. 下列各项中，以“资产＝负债＋所有者权益”为依据编制的是（　　）。

A. 资产负债表　　B. 利润表

C. 现金流量表　　D. 所有者权益变动表

2. 资产负债表总括反映的是企业在一定日期的（　　）。

A. 经营成果　　B. 财务状况

C. 现金流量　　D. 利润分配情况

3. 会计制度规定，我国资产负债表一般采用（　　）结构。

A. 报告式　　B. 账户式

C. 单步式　　D. 多步式

4. 在资产负债表中所有者权益类项目一般按（　　）顺序排列。

A. 流动性大小　　B. 偿还期长短

C. 稳定性　　D. 占资产总额的比例

5. 下列资产负债表项目中，应根据多个总账科目余额计算填列的是（　　）。

A. 应付账款　　B. 盈余公积

C. 未分配利润　　D. 长期借款

6. 以下项目中，属于资产负债表中流动负债项目的是（　　）。

A. 长期借款　　B. 长期应付款

C. 应付股利　　D. 应付债券

7. 资产负债表的下列资产项目，自上而下的正确排列顺序是（　　）。

A. 货币资金、应收票据及应收账款、固定资产、无形资产、长期股权投资

B. 固定资产、货币资金、长期股权投资、应收票据及应收账款、无形资产

C. 货币资金、应收票据及应收账款、固定资产、无形资产、长期资产

D. 货币资金、应收票据及应收账款、长期股权投资、固定资产、无形资产

8. 资产负债表“固定资产”项目应根据（　　）填列。

A.“固定资产”科目期末余额

B.“固定资产”科目期末余额减去“累计折旧”科目余额后的净额

C.“固定资产”科目期末余额减去“固定资产减值准备”科目余额后的净额

D.“固定资产”科目期末余额减去“累计折旧”“固定资产减值准备”并加减“固定资产清理”科目余额后的净额

9. 编制月度资产负债表时，其“未分配利润”项目应根据（　　）的余额计算填列。

A.“本年利润”科目和“利润分配”科目

B.“本年利润”科目

C. 各损益类科目

D.“利润分配”科目

10. 下列关于资产负债表填列方法的表述中，正确的是（　　）。

A. 都按有关账户期末余额直接填列

B. 根据有关账户的发生额填列

C. 对发生额和余额进行分析计算才能填列

D. 有的项目直接根据账户期末余额填列，有的项目根据有关账户期末余额分析填列

11. 某企业当期“主营业务收入”科目贷方发生额为 200 万元，借方记录有销售退回 12 万元，其他业务收入 20 万元，其他业务成本 12 万元，则该企业利润表“营业收入”项目应填列的数额是（　　）万元。

A. 208　　　　B. 220

C. 180　　　　D. 212

12. 企业当期应交纳的增值税为 54 000 元，当期交纳的消费税、资源税、城建税和教育费附加分别为 5 600 元、8 500 元、6 810 元，则反映在利润表上的营业税金及附加项目的数额应为（　　）元。

A. 74 910　　　　B. 20 910

C. 14 100　　　　D. 54 000

13. 下列各项中，可以帮助使用者分析评价企业的盈利能力、利润构成及其质量的报表是（　　）。

A. 资产负债表　　　　B. 利润表

C. 现金流量表　　D. 所有者权益变动表

14. 下列各项中，影响营业利润的是（　　）。

A. 管理费用　　B. 生产费用

C. 营业外收入　　D. 所得税费用

15. 多步式利润表中的利润总额是以（　　）为基础来计算的。

A. 营业收入　　B. 营业成本

C. 投资收益　　D. 营业利润

二、多选题

1. 下列各项中，属于企业财务报表的有（　　）。

A. 资产负债表　　B. 利润表

C. 现金流量表　　D. 所有者权益变动表

2. 资产负债表（　　）项目应直接根据有关总账科目的余额填列。

A. 交易性金融资产　　B. 应付票据

C. 应付账款　　D. 货币资金

3. 下列各项中，应在资产负债表“预收账款”项目反映的有（　　）。

A.“应付账款”科目所属各明细科目的期末贷方余额

B.“预付账款”科目所属各明细科目的期末贷方余额

C.“预收账款”科目所属各明细科目的期末贷方余额

D.“应收账款”科目所属各明细科目的期末贷方余额

4. 下列（　　）科目属于“固定资产”科目的备抵科目。

A. 累计折旧　　B. 固定资产清理

C. 固定资产减值准备　　D. 在建工程

5. 下列各资产负债表项目中，应根据明细科目余额分析填列的有（　　）。

A. 长期借款

B. 预收账款

C. 应付账款

D. 长期股权投资

6. 下列各项中，属于企业应当在财务报表的显著位置至少披露的有（　　）。

A. 编报企业的名称

B. 资产负债表日或财务报表涵盖的会计期间

C. 人民币金额单位

D. 财务报表是合并财务报表的，应予以标明

7. 利润表的格式是由表头、表身和表尾等部分组成，其中表头应列明的内容有（　　）。

A. 报表名称　　B. 编制单位

C. 编制时间　　D. 货币单位

8. 下列各项中，应填列在利润表“营业收入”项目的有（　　）。

A. 主营业务收入　　B. 其他业务收入

C. 公允价值变动收益　　D. 投资收益

9. 下列各项中，影响利润总额的有（　　）。

A. 营业收入　　B. 销售费用

C. 营业外收入　　D. 所得税费用

10. 下列各项中，属于利润表包括的项目的有（　　）。

A. 净利润　　B. 利润总额

C. 每股收益　　D. 综合收益总额

三、判断题

1. 资产负债表是一种静态报表，应根据总账期末余额直接填列。（　　）

2. 利润表是一种动态报表，应根据损益类账户余额分析填列。（　　）

3. 无论资产负债表“应付职工薪酬”科目的余额在贷方还是在借方，都应反映在资产负债表右方“应付职工薪酬”项目中。（　　）

4. 利润表中“税金及附加”项目不包括增值税。（　　）

5. 资产负债表“存货”项目反映企业期末在库、在途和在加工中的各种存货实际成本。（　　）

6. 资产负债表“其他应收款”项目应根据“其他应收款”“应收股利”和“应收利息”科目期末余额，减去相应坏账准备之差额填列。（　　）

7. 中期会计报表是指以一年的中间日为资产负债表日编制的会计报表。（　　）

8. 企业必须对外提供资产负债表、利润表和现金流量表，会计报表附注也属于企业必须对外提供的资料。（　　）

9. 营业外支出是指企业发生的与经营活动无直接关系的各项支出，如火灾、水灾等 损失。（　　）

10. 年度财务报表至少应当包括资产负债表、利润表、现金流量表、所有者权益变动表和附注，上述五个部分具有同等重要程度。（　　）

四、业务题

习题一

1. 目的：练习资产负债表部分项目的填列（一）。

2. 资料：甲企业 2021 年 3 月月末部分总账科目余额如表 9-8 所示。

表 9-8 甲企业 3 月月末部分总账科目余额

账户名称	借方金额 / 元	贷方金额 / 元
库存现金	5 000	
银行存款	600 000	
其他货币资金	150 000	
在途物资	20 000	
原材料	50 000	
生产成本	58 000	
库存商品	160 000	
长期借款		280 000（其中一年内到期的 60 000）
本年利润		96 000
利润分配		185 000

3. 要求：根据上述资料计算甲企业 3 月月末资产负债表“货币资金”“存货”“长期借款”“未分配利润”四个项目应填列的金额。

习题二

1. 目的：练习资产负债表部分项目的填列（二）。

2. 资料：

乙企业 2021 年 5 月月末部分明细账户的期末余额如表 9-9 所示。

表 9-9 乙企业 5 月月末部分明细账户期末余额表

单位：元

总账	明细账	借方余额	贷方余额
应收账款	A 企业	300 000	
	B 企业		50 000
	C 企业	80 000	
应付账款	D 企业		200 000
	E 企业		90 000
	F 企业	100 000	
预收账款	G 企业	30 000	
	H 企业		60 000
预付账款	I 企业	120 000	
	J 企业		35 000

“应收票据”及“应付票据”余额均为 0。

另外，“坏账准备”账户中“应收账款”计提的坏账准备为 20 000 元。

3. 要求：根据上述资料计算乙企业 5 月月末资产负债表“应收账款”“预收账款”“应付账款”“预付账款”四个项目应填列的金额。

习题三

1. 目的：练习利润表的编制。

2. 资料：丙企业 2021 年 6 月及 1—5 月有关损益类账户的发生额如表 9-10 所示。

表 9-10　丙企业 6 月及 1—5 月有关损益类账户发生额表

单位：元

账户名称	1—5 月发生额		6 月发生额	
	借方	贷方	借方	贷方
主营业务收入		5 700 000		1 500 000
主营业务成本	3 800 000		1 000 000	
税金及附加	25 000		70 000	
其他业务收入		100 000		30 000
其他业务成本	50 000		12 000	
销售费用	220 000		50 000	
管理费用（研发费用为 0）	350 000		88 000	
财务费用（利息费用和利息收入均为 0）	16 000		3 000	
资产减值损失	210 000		50 100	
投资收益	10 000			55 000
营业外收入		25 000		9 000
营业外支出	10 000		5 200	

3. 要求：根据上述资料编制丙企业 2021 年 6 月的利润表（见表 9-11）。

表 9-11　利　润　表

编制单位：丙企业　　2021 年 6 月　　单位：元

项目	本期金额	上期金额
一、营业收入		
减：营业成本		
税金及附加		
销售费用		
管理费用		
研发费用		
财务费用		
其中：利息费用		
利息收入		
加：其他收益		
投资收益（损失以“-”号填列）		

续表

项目	本期金额	上期金额
其中：对联营企业和合营企业的投资收益		
以摊余成本计量的金融资产终止确认收益（损失以“－”）		
净敞口套期收益（损失以“－”号填列）		
公允价值变动收益（损失以“－”号填列）		
信用减值损失		
资产减值损失		
资产处置收益（损失以“－”号填列）		
二、营业利润（亏损以“－”号填列）		
加：营业外收入		
减：营业外支出		
三、利润总额（亏损总额以“－”号填列）		
减：所得税费用		
四、净利润（净亏损以“－”号填列）		
（一）持续经营净利润（净亏损以“－”号填列）		
（二）终止经营净利润（净亏损以“－”号填列）		
五、其他综合收益的税后净额		
……		
六、综合收益总额		
七、每股收益		
（一）基本每股收益		
（二）稀释每股收益		

项目十

账务处理程序综合应用

学习目标

知识目标：

了解企业账务处理程序的概念与意义

熟悉账务处理程序的内容和工作流程

理解不同账务处理程序的区别

能力目标：

掌握记账凭证账务处理程序的应用

能编制科目汇总表并掌握科目汇总表账务处理程序的应用

能编制汇总记账凭证

素养目标：

理实结合，提升理论知识的实践应用能力

提升由点到面、由面到点的组织和判断能力

树立统筹规划的大局意识

知识导图

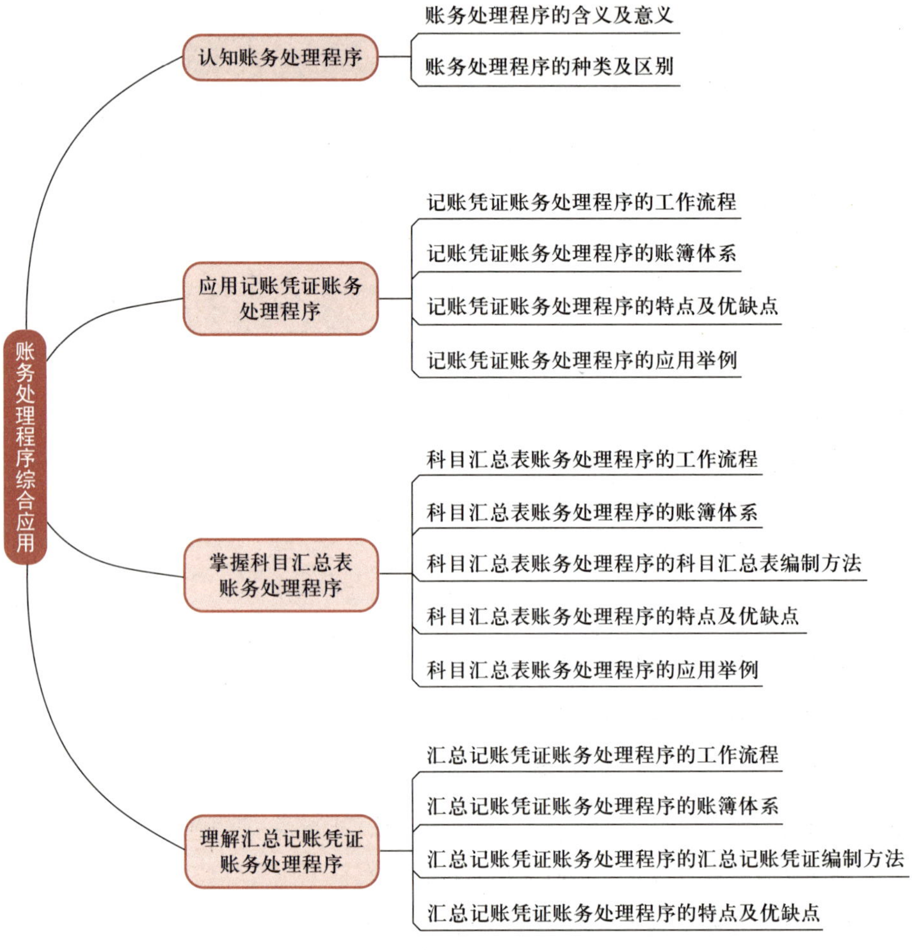
账务处理程序综合应用
认知账务处理程序
账务处理程序的含义及意义
账务处理程序的种类及区别
应用记账凭证账务处理程序
记账凭证账务处理程序的工作流程
记账凭证账务处理程序的账簿体系
记账凭证账务处理程序的特点及优缺点
记账凭证账务处理程序的应用举例
掌握科目汇总表账务处理程序
科目汇总表账务处理程序的工作流程
科目汇总表账务处理程序的账簿体系
科目汇总表账务处理程序的科目汇总表编制方法
科目汇总表账务处理程序的特点及优缺点
科目汇总表账务处理程序的应用举例
理解汇总记账凭证账务处理程序
汇总记账凭证账务处理程序的工作流程
汇总记账凭证账务处理程序的账簿体系
汇总记账凭证账务处理程序的汇总记账凭证编制方法
汇总记账凭证账务处理程序的特点及优缺点

导入案例

你知道小赵成功的秘诀吗？

小赵是一名小规模企业的主管会计，业务能力强，领导一直很重视。2020年年初，由于工作需要小赵被调往一个规模较大、业务较多的中型加工企业做会计兼科长。刚来时小赵还是按原来小规模企业的核算程序按部就班进行会计核算。后来她发现，自己很累别人还无法帮她，工作效率低，信息反馈慢，引来领导和同事对她工作能力的怀疑。于是，小赵根据两个单位的不同情况进行了反思，随即调整更换了一套新的核算程序，工作轻松多了，效率也大大提高。

案例思考与讨论：小赵先后在两家企业工作。第一家是小规模纳税企业，经济业务量较少，记账凭证不多，她采用了最简便的账务处理程序。可是当她到第二家大企业后，由于业务量大，原来的账务处理程序不但使自己很累而且效率还低。多亏小赵善于总结反思，及时对账务处理程序进行了调整，终于高效率完成了工作。可见不同规模的企业，应采用不同的账务处理程序。那么，什么是账务处理程序？常用的账务处理程序有哪些呢？

任务一 认知账务处理程序

一、账务处理程序的含义及意义

账务处理程序，又称会计核算组织程序或会计核算形式，是指会计凭证、会计账簿、财务报表相结合的方式，包括账簿组织和记账程序。

账簿组织是指会计凭证和会计账簿的种类、格式，会计凭证和账簿之间的联系方法；记账程序是指由填制、审核原始凭证到填制、审核记账凭证，登记日记账、明细分类账和总分类账，编制财务报表的工作程序和方法等。

科学、合理地选择账务处理程序具有重要意义：①有利于规范会计工作，保证会计信息加工过程的严密性，提高会计信息质量；②有利于保证会计记录的完整性和正确性，增强会计信息的可靠性；③有利于减少不必要的会计核算环节，提高会计工作效率，保证会计信息的及时性。

二、账务处理程序的种类及区别

企业常用的账务处理程序主要有记账凭证账务处理程序、科目汇总表账务处理程序和汇总记账凭证账务处理程序，不同账务处理程序的主要区别在于登记总分类账的依据和方法不同。

（一）记账凭证账务处理程序

记账凭证账务处理程序是指对发生的经济业务，先根据原始凭证或汇总原始凭证填制记账凭证，再根据记账凭证直接登记总分类账的一种账务处理程序。

（二）科目汇总表账务处理程序

科目汇总表账务处理程序又称记账凭证汇总表账务处理程序，是指根据记账凭证定期编制科目汇总表，再根据科目汇总表登记总分类账的一种账务处理程序。

（三）汇总记账凭证账务处理程序

汇总记账凭证账务处理程序是指先根据原始凭证或汇总原始凭证填制记账凭证，定期根据记账凭证分类编制汇总收款凭证、汇总付款凭证和汇总转账凭证，再根据汇总记账凭证登记总分类账的一种账务处理程序。

动画：认知账务处理程序

要点提示

记账凭证账务处理程序是最基本的账务处理程序，是其他账务处理程序的基础。

任务二　应用记账凭证账务处理程序

在记账凭证账务处理程序下，记账凭证可以采用通用格式，也可以采用专用格式；账簿须设置库存现金日记账、银行存款日记账和总账，明细账可根据实际需要设置。

一、记账凭证账务处理程序的工作流程

记账凭证账务处理程序下填制会计凭证、登记账簿和编制会计报表的工作流程如下：

（1）根据原始凭证编制汇总原始凭证。

（2）根据原始凭证或汇总原始凭证编制收款凭证、付款凭证和转账凭证，也可以采用通用的记账凭证。

（3）根据收款凭证、付款凭证逐笔登记现金日记账和银行存款日记账。

（4）根据原始凭证、汇总原始凭证和记账凭证，登记各种明细分类账。

（5）根据记账凭证逐笔登记总分类账。

（6）期末，现金日记账、银行存款日记账和明细分类账的余额同有关总分类余额核对相符。

（7）期末，根据总分类账和明细分类账的记录，编制会计报表。

上述记账凭证账务处理程序的工作步骤如图 10-1 所示。

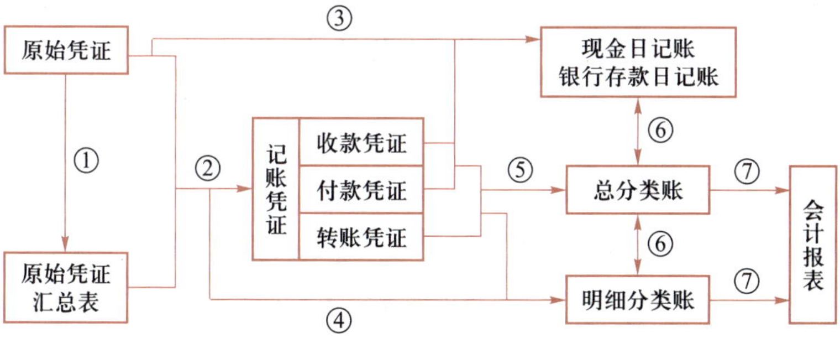

图 10-1　记账凭证账务处理程序

二、记账凭证账务处理程序的账簿体系

（一）记账凭证设置

记账凭证账务处理程序下，记账凭证的格式可选择专用记账凭证，即收、付、转凭证，也可以选择通用记账凭证。一般情况下，对于收付款业务较多的企业，应选择专用记账凭证格式，而对于收付业务较少的企业，应选择通用记账凭证。

（二）账簿设置与相应账页格式

（1）库存现金日记账和银行存款日记账一般采用订本式、三栏式账页格式。

（2）总分类账采用订本式、三栏式账页格式。

（3）明细分类账应根据管理需要，按不同的经济业务采用三栏式、数量金额式或多栏式等账页格式。

三、记账凭证账务处理程序的特点及优缺点

（一）记账凭证账务处理程序的特点

记账凭证账务处理程序的主要特点：对发生的经济业务事项，都要根据原始凭证或汇总原始凭证编制记账凭证，然后直接根据记账凭证登记总分类账。由于总分类账是直接根据记账凭证逐笔登记，所以这种账务处理程序就称作记账凭证账务处理程序。

记账凭证账务处理程序是最基本的账务处理程序，其他账务处理程序都是在此基础上，根据核算的需要发展形成的。

（二）记账凭证账务处理程序的优缺点及适用范围

1. 记账凭证账务处理程序的优缺点

记账凭证账务处理程序的优点是简单明了、易于理解。总分类账可以较详

细地反映经济业务的发生情况，来龙去脉清楚，便于了解经济业务动态与账目核查。

记账凭证账务处理程序的缺点是由于总分类账直接根据记账凭证登记，使得登记总分类账的工作量较大。

2. 记账凭证账务处理的适用范围

记账凭证账务处理程序一般适用于规模较小、经济业务量较少、凭证不多的单位。

要点提示

记账凭证账务处理程序的特点是根据记账凭证直接登记总分类账，这也是记账凭证账务处理程序区别于其他账务处理程序的根本原因所在。

四、记账凭证账务处理程序应用举例

（一）有关资料

南方制冷设备有限公司属一般纳税人，增值税税率 13%，所得税税率 25%。

1. 2020 年 7 月 31 日有关账户余额如表 10-1 所示。

表 10-1 南方制冷设备有限公司有关账户余额表

2020 年 7 月 31 日

会计科目			借方余额	贷方余额
总账科目	二级科目	三级科目		
库存现金			1 500	
银行存款			106 000	
应收账款	友谊公司		2 000	
其他应收款	张珊		500	
原材料				
	原料及主要材料	甲材料	20 000	
	辅助材料	乙材料	24 000	
生产成本				
	冰箱		2 000	
	冰柜		4 000	
库存商品				
	冰箱		4 000	
	冰柜		6 000	
固定资产			180 000	

续表

会计科目			借方余额	贷方余额
总账科目	二级科目	三级科目		
利润分配	提取盈余公积		64 000	
应付账款	向阳公司			56 000
其他应付款				5 000
实收资本				243 000
本年利润				80 000
累计折旧				30 000
合计			414 000	414 000

2. 该公司 2020 年 8 月发生下列经济业务（原始凭证略）

（1）1 日，购入甲材料 1 000 千克，单价 20 元，计买价 20 000 元，增值税进项税额 2 600 元，全部款项以银行存款支付，材料已验收入库。

（2）2 日，出售冰箱 20 台，每台售价 4 000 元；出售冰柜 30 台，每台售价 5 000 元；两种产品的增值税销项税额共 29 900 元。全部款项已收到并存入银行。

（3）4 日，以银行存款购入乙材料 8 000 千克，单价 10 元，计买价 80 000 元，增值税进项税额 10 400 元，材料已验收入库。

（4）10 日，各部门领用材料如表 10–2 所示。

表 10–2 发出材料汇总表

用途	甲材料		乙材料		合计
	数量／千克	金额	数量／千克	金额	
生产产品耗用	1 200	24 000	8 000	80 000	104 000
其中：冰箱	500	10 000	3 000	30 000	40 000
冰柜	700	14 000	5 000	50 000	64 000
车间耗用	100	2 000	1 500	15 000	17 000
管理部门耗用	200	4 000	500	5 000	9 000
合计	1 500	30 000	10 000	100 000	130 000

（5）12 日，向长江公司出售冰箱 5 台，每台售价 4 000 元，总售价 20 000 元，增值税销项税额 2 600 元，款项尚未收到。

（6）13 日，以存款支付本月水电费 10 000 元，增值税进项税额 1 300 元。其中：生产冰箱耗用 3 000 元，生产冰柜耗用 5 000 元，车间一般耗用 500 元，行政管理部门耗用 1 500 元。

（7）15 日，从银行提取现金 60 000 元，备发工资。

（8）15 日，以现金 60 000 元支付本月工资。

（9）20 日，向友谊公司出售冰柜 10 台，单价 5 000 元，总售价 50 000 元，增值税销项税额 6 500 元，全部款项尚未收到。

（10）22 日，以银行存款 1 000 元支付行政管理部门办公费。

（11）23 日，收到友谊公司还来的前欠货款 58 500 元，存入银行。

（12）23 日，以银行存款支付广告费 1 500 元。

（13）25 日，以现金支付车间办公费 440 元。

（14）26 日，采购员李刚出差预借差旅费 1 000 元，以现金支付。

（15）27 日，从银行取得短期借款 50 000 元，存入银行。

（16）31 日，分配本月工资。生产冰箱的工人工资 20 000 元，生产冰柜的工人工资 30 000 元，车间管理人员工资 4 000 元，行政管理人员工资 6 000 元。

（17）31 日，提取固定资产折旧 8 000 元。其中：生产车间固定资产折旧 6 000 元，行政管理部门固定资产折旧 2 000 元。

（18）31 日，以银行存款支付固定资产保险费 4 000 元。其中：车间 3 000 元，行政管理部门 1 000 元。

（19）31 日，以银行存款购买办公用品 1 660 元。其中：车间 500 元，行政管理部门 1 160 元。

（20）31 日，分配本月的制造费用。其中：冰箱负担 14 000 元，冰柜负担 17 440 元。

（21）31 日，结转完工产品成本。冰箱完工 35 台，总成本 77 000 元，冰柜完工 40 台，总成本 116 440 元。

（22）31 日，结转已售产品成本。冰箱总成本 55 000 元，冰柜总成本 116 440 元。

（23）31 日，计算本月应交城市维护建设税 1 729 元，教育费附加 741 元。

（24）31 日，结转主营业务收入 300 000 元。其中：冰箱 100 000 元，冰柜 200 000 元。

（25）31 日，结转主营业务成本 171 440 元。其中：冰箱 55 000 元，冰柜 116 440 元。

（26）31 日，结转销售费用 1 500 元。

（27）31 日，结转管理费用 21 660 元。

（28）31 日，结转税金及附加 2 470 元。

（29）31 日，所得税税率 25%，计算本月应交所得税 25 732.5 元（假设不需要纳税调整）。

（30）31 日，结转本月所得税费用 25 732.5 元。

（31）31 日，按本月净利润的 10% 计提法定盈余公积 7 719.75 元。

（32）31 日，以银行存款上缴增值税 24 700 元，城市维护建设税 1 729 元，教育费附加 741 元。

3. 南方制冷设备有限公司账簿设置

（1）记账凭证：专用记账凭证，即收款凭证、付款凭证和转账凭证。

（2）账簿设置如表 10-3。

表 10-3　南方制冷设备有限公司账簿体系一览表

账簿分类		账页格式
库存现金日记账		三栏式
银行存款日记账		三栏式
总分类账		三栏式
明细分类账	应收、应付等往来明细账，实收资本等明细账	三栏式
	原材料、库存商品等存货明细账	数量金额式
	成本类、损益类等明细账	多栏式
	其余明细账	略

（3）财务报表：包括资产负债表、利润表、现金流量表和所有者权益变动表，在此仅编制资产负债表和利润表。

（二）记账凭证账务处理程序的应用

1. 编制、审核全月记账凭证

会计制单人员根据岗位分工编制并审核全月记账凭证如下。

业务 1——编制付款凭证（见表 10-4）。

表 10-4　付 款 凭 证

贷方科目：银行存款　　2020 年 8 月 1 日　　付字第 1 号

摘要	借方科目		金额	记账符号	
	总账科目	明细科目			
购入甲材料，款已付	原材料	甲材料	20 000.00	√	附单据 3 张
	应交税费	应交增值税	2 600.00	√	
合　计			￥22 600.00		

财务主管：赵阳　记账：田甜　出纳：王芳芳　审核：赵阳　制单：张晶晶

业务 2——编制收款凭证（见表 10-5）。

表 10-5 收 款 凭 证

借方科目：银行存款　　2020 年 8 月 2 日　　收字第 1 号

摘要	贷方科目		金额	记账符号	附单据2张
	总账科目	明细科目			
销售产品收到货款	主营业务收入	冰箱	80 000.00	√	
	主营业务收入	冰柜	150 000.00	√	
	应交税费	应交增值税	29 900.00	√	
合 计			¥259 900.00		

财务主管：赵阳　记账：田甜　出纳：王芳芳　审核：赵阳　制单：张晶晶

业务 3——编制付款凭证（见表 10-6）。

表 10-6 付 款 凭 证

贷方科目：银行存款　　2020 年 8 月 4 日　　付字第 2 号

摘要	借方科目		金额	记账符号	附单据3张
	总账科目	明细科目			
购入乙材料，款已付	原材料	甲材料	80 000.00	√	
	应交税费	应交增值税	10 400.00	√	
合 计			¥90 400.00		

财务主管：赵阳　记账：田甜　出纳：王芳芳　审核：赵阳　制单：张晶晶

业务 4——编制转款凭证（见表 10-7）。

表 10-7 转 账 凭 证

2020 年 8 月 10 日　　转字第 1 号

摘要	借方科目		借方金额	贷方金额	记账符号	附单据1张
	总账科目	明细科目				
领用材料	生产成本	冰箱	40 000.00		√	
	生产成本	冰柜	64 000.00		√	
	制造费用	材料费	17 000.00		√	
	管理费用	材料费	9 000.00		√	
	原材料			130 000.00	√	
合 计			¥130 000.00	¥130 000.00		

财务主管：赵阳　记账：田甜　出纳：　审核：赵阳　制单：张晶晶

为节省篇幅，其他记账凭证编制同上，均用会计分录代替，如表 10-8 所示。

表 10-8　记账凭证汇总表

日期	字	号	摘要	总账科目	明细科目	借方发生额	贷方发生额
8.1	银付	1	购入甲材料，款已付	原材料 应交税费—应交增值税 银行存款	甲材料 进项税额	20 000 2 600	 22 600
8.2	银收	1	销售产品收到货款	银行存款 主营业务收入 应交税费—应交增值税	 冰箱 冰柜 销项税额	259 900	 80 000 150 000 29 900
8.4	银付	2	购入乙材料，款已付	原材料 应交税费—应交增值税 银行存款	乙材料 进项税额	80 000 10 400	 90 400
8.10	转	1	领用材料	生产成本 制造费用 管理费用 原材料	冰箱 冰柜 材料费 材料费 甲材料 乙材料	40 000 64 000 17 000 9 000	 30 000 100 000
8.12	转	2	销售冰箱	应收账款 主营业务收入 应交税费—应交增值税	长江公司 冰箱 进项税额	22 600	 20 000 2 600
8.13	银付	3	支付水电费	生产成本 制造费用 管理费用 应交税费—应交增值税 银行存款	冰箱 冰柜 水电费 水电费 进项税额	3 000 5 000 500 1 500 1 300	 11 300
8.15	银付	4	从银行提取现金	库存现金 银行存款		60 000	 60 000
8.15	现付	1	发放工资	应付职工薪酬 库存现金	职工工资	60 000	 60 000
8.2	转	3	销售冰柜	应收账款 主营业务收入 应交税费—应交增值税	友谊公司 冰柜 销项税额	56 500	 50 000 6 500
8.22	银付	5	支付办公费	管理费用 银行存款	办公费	1 000	 1 000

续表

日期	字	号	摘要	总账科目	明细科目	借方发生额	贷方发生额
8.23	银收	2	收到货款	银行存款		58 500	
				应收账款	友谊公司		58 500
8.23	银付	6	支付广告费	销售费用		1 500	
				银行存款			1 500
8.25	现付	2	支付车间办公费	制造费用	修理费	440	
				库存现金			440
8.26	现付	3	预借差旅费	其他应收款	李刚	1 000	
				库存现金			1 000
8.27	银收	3	取得短期借款	银行存款		50 000	
				短期借款			50 000
8.31	转	4	分配工资	生产成本	冰箱	20 000	
					冰柜	30 000	
				制造费用	工资	4 000	
				管理费用	工资	6 000	
				应付职工薪酬	职工工资		6 0000
8.31	转	5	提取折旧费	制造费用	折旧费	6 000	
				管理费用	折旧费	2 000	
				累计折旧			8 000
8.31	银付	7	支付固定资产保险费	制造费用	保险费	3 000	
				管理费用	保险费	1 000	
				银行存款			4 000
8.31	银付	8	购买办公用品	制造费用	办公费	500	
				管理费用	办公费	1 160	
				银行存款			1 660
8.31	转	6	结转制造费用	生产成本	冰箱	14 000	
					冰柜	17 440	
				制造费用	材料费		17 000
					水电费		500
					修理费		440
					工资		4 000
					折旧费		6 000
					保险费		3 000
					办公费		500
8.31	转	7	结转完工产品成本	库存商品	冰箱	77 000	
					冰柜	116 440	
				生产成本	冰箱		77 000
					冰柜		116 440
8.31	转	8	结转已销产品成本	主营业务成本	冰箱	55 000	
					冰柜	116 440	
				库存商品	冰箱		55 000
					冰柜		116 440

续表

日期	字	号	摘要	总账科目	明细科目	借方发生额	贷方发生额
8.31	转	9	计提城建税及教育费附加	税金及附加 应交税费	应交城市维护建设税 应交教育费附加	2 470	1 729 741
8.31	转	10	结转主营业务收入	主营业务收入 本年利润	冰箱 冰柜	100 000 200 000	 300 000
8.31	转	11	结转主营业务成本	本年利润 主营业务成本	 冰箱 冰柜	171 440	 55 000 116 440
8.31	转	12	结转销售费用	本年利润 销售费用		1 500	 1 500
8.31	转	13	结转管理费用	本年利润 管理费用	 材料费 水电费 办公费 工资 折旧费 保险费 办公费	21 660	 9 000 1 500 1 000 6 000 2 000 1 000 1 160
8.31	转	14	结转税金及附加	本年利润 税金及附加		2 470	 2 470
8.31	转	15	计提应交所得税	所得税费用 应交税费	 应交所得税	25 732.5	 25 732.5
8.31	转	16	结转所得税费用	本年利润 所得税费用		25 732.5	 25 732.5
8.31	转	17	提取盈余公积	本年利润 盈余公积	提取盈余公积 法定盈余公积	7 719.75	 7 719.75
8.31	银付	9	交纳税金及附加	应交税费—应交增值税 应交税费 银行存款	已交税金 应交城建税 应交教育费附加	24 700 1 729 741	 27 170

2. 登记库存现金日记账和银行存款日记账

出纳根据审核后的会计凭证，逐日逐笔顺序登记库存现金日记账和银行存款日记账（见表 10-9 和表 10-10）。

表 10-9 库存现金日记账

2020 年		凭证		摘要	借方	贷方	余额
月	日	字	号				
8	1			期初余额			1 500
	15	银付	4	提取现金，备发工资	60 000		61 500
	15	现付	1	发放本月工资		60 000	1 500
	25	现付	2	支付车间修理费		440	1 060
	26	现付	3	预借差旅费		1 000	60
	31			本月合计	60 000	61 440	60

表 10-10 银行存款日记账

2020 年		凭证		摘要	借方	贷方	余额
月	日	字	号				
8	1			期初余额			106 000
	1	银付	1	购入甲材料		22 600	83 400
	2	银收	1	销售 A、B 产品	259 900		343 300
	4	银付	2	购入乙材料		90 400	252 900
	13	银付	3	支付水电费		11 300	241 600
	15	银付	4	从银行提取现金		60 000	181 600
	22	银付	5	支付办公费		1 000	180 600
	23	银收	2	收到友谊公司前欠货款	58 500		239 100
	23	银付	6	支付广告费		1 500	237 600
	27	银收	3	向银行取得短期借款	50 000		287 600
	31	银付	7	支付固定资产修理费		4 000	283 600
	31	银付	8	购买办公用品		1 660	281 940
	31	银付	9	交纳税金及教育费附加		27 170	254 770
	31			本月合计	368 400	219 630	254 770

3. 登记明细分类账

各明细账相关会计根据审核后的会计凭证，逐笔登记各明细分类账。为了简化核算，这里只列示个别典型账户登记情况，如表 10-11 至表 10-16 所示。其他明细账户的登记此处不再详述。明细发生额及余额表如表 10-17 所示。

表 10-11　应收账款　明细账

户名：友谊公司　　单位：元

2020 年		凭证		摘要	借方	贷方	借或贷	余额
月	日	字	号					
8	1			期初余额			借	2 000
	20	转	3	销售冰柜	56 500		借	58 500
	23	银收	2	收到货款		58 500	平	0
	31			本月合计	56 500	58 500	平	0

表 10-12　应收账款　明细账

户名：长江公司　　单位：元

2020 年		凭证		摘要	借方	贷方	借或贷	余额
月	日	字	号					
8	12	转	2	销售冰箱	22 600		借	22 600
8	31			本月合计	22 600		借	22 600

表 10-13　原材料　明细账

户名：甲材料　　单位：千克

2020 年		凭证		摘要	收入			支出			结存		
月	日	字	号		数量	单价	金额	数量	单价	金额	数量	单价	金额
8	1			期初余额							1 000	20	20 000
	1	银付	1	购入	1 000	20	20 000				2 000	20	40 000
	10	转	1	领用				1 500	20	30 000	500	20	10 000
	31			合计	1 000	20	20 000	1 500	20	30 000	500	20	10 000

表 10-14　原材料　明细账

户名：乙材料　　单位：千克

2020 年		凭证		摘要	收入			支出			结存		
月	日	字	号		数量	单价	金额	数量	单价	金额	数量	单价	金额
8	1			期初余额							2 400	10	24 000
	4	银付	2	购入	8 000	10	80 000				10 400	10	104 000
	10	转	1	领用				10 000	10	100 000	400	10	4 000
	31			合计	8 000	10	80 000	10 000	10	100 000	400	10	4 000

表 10-15 生产成本 明细账

户名：冰箱 单位：元

2020 年		凭证		摘要	借方发生额			
月	日	字	号		直接材料	直接人工	制造费用	合计
8	1			期初余额	1 200	500	300	2 000
	10	转	1	领用材料	40 000			40 000
	13	银付	3	支付水电费	3 000			3 000
	31	转	4	分配工资		20 000		20 000
	31	转	6	结转制造费用			14 000	14 000
	31			本月合计	43 000	20 000	14 000	77 000
	31			完工转出	42 400	20 200	14 300	77 000
	31			期末余额	1 700	300	0	2 000

表 10-16 生产成本 明细账

户名：冰柜 单位：元

2020 年		凭证		摘要	借方发生额			
月	日	字	号		直接材料	直接人工	制造费用	合计
8	1			期初余额	2 700	600	700	4 000
	10	转	1	领用材料	64 000			64 000
	13	银付	3	支付水电费	5 000			5 000
	31	转	4	分配工资		30 000		30 000
	31	转	6	结转制造费用			17 440	17 440
	31			本月合计	69 000	30 000	17 440	116 440
	31			完工转出	68 000	30 500	7 940	116 440
	31			期末余额	3 700	100	200	4 000

表 10-17 明细账账户发生额及余额表（明细账简账）

2020 年 8 月

科目名称	明细科目	期初余额		本期发生额				期末余额	
		借方	贷方	日期		借方	贷方	借方	贷方
库存现金		1 500				60 000	61 440	60	
银行存款		106 000				368 400	219 630	254 770	
应收账款	友谊公司	2 000		8	20	56 500			
	友谊公司			8	23		58 500		
	长江公司			8	12	22 600			
				发生额及余额		79 100	58 500	22 600	

续表

科目名称	明细科目	期初余额		本期发生额				期末余额	
		借方	贷方	日期		借方	贷方	借方	贷方
其他应收款	张珊	500							
	李刚			8	26	1 000			
				发生额及余额		1 000		1 500	
原材料	甲材料	20 000		8	1	20 000			
	甲材料			8	10		30 000		
	乙材料	24 000		8	4	80 000			
	乙材料			8	10		100 000		
				发生额及余额		100 000	130 000	14 000	
库存商品	冰箱	4 000		8	31	77 000			
	冰箱			8	31		55 000		
	冰柜	6 000		8	31	116 440			
	冰柜			8	31		116 440		
				发生额及余额		193 440	171 440	32 000	
固定资产	固定资产	180 000						180 000	
累计折旧	累计折旧		30 000	8	31		8 000		38 000
短期借款	短期借款			8	27		50 000		50 000
应付账款	向阳公司		56 000						56 000
应付职工薪酬	职工工资			8	15	60 000			
	职工工资			8	31		60 000		
				发生额及余额		60 000	60 000		
应交税费	进项税额			8	1	2 600			
	进项税额			8	4	10 400			
	进项税额			8	13	1 300			
	销项税额			8	12		2 600		
	销项税额			8	2		29 900		
	销项税额			8	20		6 500		
	已交税金			8	31	24 700			
	应交城建税			8	31		1 729		
	应交城建税			8	31	1 729			
	应交教育费附加			8	31		741		
	应交教育费附加			8	31	741			

续表

科目名称	明细科目	期初余额		本期发生额				期末余额	
		借方	贷方	日期		借方	贷方	借方	贷方
其他应收款	应交所得税			8	31		25 732.5		25 732.5
				发生额及余额		41 470	67 202.5		25 732.5
其他应付款	其他应付款		5 000						5 000
实收资本	实收资本		243 000						243 000
盈余公积	法定盈余公积			8	31		7 719.75		7 719.75
本年利润	本年利润		80 000						
	本年利润			8	31		300 000		
	本年利润			8	31	171 440			
	本年利润			8	31	1 500			
	本年利润			8	31	21 660			
	本年利润			8	31	2 470			
	本年利润			8	31	25 732.5			77 197.5
				发生额及余额		222 802.5	300 000		157 197.5
利润分配	提取盈余公积	64 000		8	31	7 719.75		71 719.75	
生产成本	冰箱	2 000		8	10	40 000			
	冰箱			8	13	3 000			
	冰箱			8	31	20 000			
	冰箱			8	31	14 000			
	冰箱			8	31		77 000		
	冰柜	4 000		8	10	64 000			
	冰柜			8	13	5 000			
	冰柜			8	31	30 000			
	冰柜			8	31	17 440			
	冰柜			8	31		116 440		
				发生额及余额		193 440	193 440	6 000	
制造费用	材料费			8	10	17 000			
	材料费			8	31		17 000		
	水电费			8	13	500			
	水电费			8	31		500		
	修理费			8	25	440			

续表

科目名称	明细科目	期初余额		本期发生额				期末余额	
		借方	贷方	日期		借方	贷方	借方	贷方
制造费用	修理费			8	31		440		
	工资			8	31	4 000			
	工资			8	31		4 000		
	折旧费			8	31	6 000			
	折旧费			8	31		6 000		
	保险费			8	31	3 000			
	保险费			8	31		3 000		
	办公费			8	31	500			
	办公费			8	31		500		
				发生额及余额		31 440	31 440		
主营业务收入	冰箱			8	2		80 000		
	冰箱			8	12		20 000		
	冰箱			8	31	100 000			
	冰柜			8	2		150 000		
	冰柜			8	20		50 000		
	冰柜			8	31	200 000			
				发生额及余额		300 000	300 000		
主营业务成本	冰箱			8	31	55 000			
	冰箱			8	31		55 000		
	冰柜			8	31	116 440			
	冰柜			8	31		116 440		
				发生额及余额		171 440	171 440		
税金及附加	税金及附加			8	31	2 470			
	税金及附加			8	31		2 470		
				发生额及余额		2 470	2 470		
销售费用	销售费用			8	23	1 500			
	销售费用			8	31		1 500		
				发生额及余额		1 500	1 500		
管理费用	材料费			8	10	9 000			
	材料费			8	31		9 000		
	水电费			8	13	1 500			
	水电费			8	31		1 500		

续表

科目名称	明细科目	期初余额		本期发生额				期末余额	
		借方	贷方	日期		借方	贷方	借方	贷方
管理费用	办公费			8	22	1 000			
	办公费			8	31	1 160			
	办公费			8	31		1 000		
	办公费			8	31		1 160		
	工资			8	31	6 000			
	工资			8	31		6 000		
	折旧费			8	31	2 000			
	折旧费			8	31		2 000		
	保险费			8	31	1 000			
	保险费			8	31		1 000		
				发生额及余额		21 660	21 660		
所得税费用	所得税费用			8	31	25 732.5			
	所得税费用			8	31		25 732.5		
				发生额及余额		25 732.5	25 732.5		
合计		414 000	414 000			1 881 614.75	1 881 614.75	582 649.75	582 649.75

4. 登记总分类账

会计主管根据审核无误的记账凭证逐笔登记总分类账。为了简化核算，此处只列示个别典型账户登记情况，如表 10-18 至表 10-20 所示，其他账户以简账形式列示，如表 10-21 所示。

表 10-18 银行存款总分类账

科目：银行存款　　　　单位：元

2020 年		凭证		摘要	页数	借方	贷方	借或贷	余额
月	日	字	号						
8	1			期初余额				借	106 000
	1	银付	1	购入甲材料			22 600		83 400
	2	银收	1	销售冰箱、冰柜		259 900			343 300
	4	银付	2	购入乙材料			90 400		252 900
	13	银付	3	支付水电费			11 300		241 600
	15	银付	4	从银行提取现金			60 000		181 600
	22	银付	5	支付办公费			1 000		180 600
	23	银收	2	收到友谊公司前欠货款		58 500			239 100
	23	银付	6	支付广告费			1 500		237 600
	27	银收	3	向银行取得短期借款		50 000			287 600
	31	银付	7	支付固定资产修理费			4 000		283 600

续表

2020年		凭证		摘要	页数	借方	贷方	借或贷	余额
月	日	字	号						
8	31	银付	8	购买办公用品			1 660		281 940
	31	银付	9	交纳税金及教育费附加			27 170		254 770
	31			本月发生额及余额		368 400	219 630		254 770

表 10-19　原材料总分类账

科目：原材料　　单位：元

2020年		凭证		摘要	页数	借方	贷方	借或贷	余额
月	日	字	号						
8	1			期初余额				借	44 000
	1	银付	1	购料入库		20 000		借	64 000
	4	银付	2	购料入库		80 000		借	144 000
	10			领料			130 000	借	14 000
	31			本月发生额及余额		100 000	130 000	借	14 000

表 10-20　生产成本总分类账

科目：生产成本　　单位：元

2020年		凭证		摘要	页数	借方	贷方	借或贷	余额
月	日	字	号						
8	1			期初余额				借	6 000
	10			领用材料		104 000		借	110 000
	13			支付水电费		8 000		借	118 000
	31			分配工资		50 000		借	168 000
	31			结转制造费用		31 440		借	199 440
				完工转出			193 440	借	6 000
				本月合计		193 440	193 440	借	6 000

表 10-21　总分类账账户发生额及余额（总账简账）

2020年8月

总账科目	期初余额		本期发生额				期末余额	
	借方	贷方	日期		借方	贷方	借方	贷方
库存现金	1 500				60 000	61 440	60	
银行存款	106 000				368 400	219 630	254 770	
应收账款	2 000		8	20	56 500			
			8	23		58 500		
			8	12	22 600			
			发生额及余额		79 100	58 500	22 600	

续表

总账科目	期初余额		本期发生额				期末余额	
	借方	贷方	日期		借方	贷方	借方	贷方
其他应收款	500							
			8	26	1 000			
			发生额及余额		1 000		1 500	
原材料	20 000		8	1	20 000			
			8	10		30 000		
	24 000		8	4	80 000			
			8	10		100 000		
			发生额及余额		100 000	130 000	14 000	
库存商品	4 000		8	31	77 000			
			8	31		55 000		
	6 000		8	31	116 440			
			8	31		116 440		
			发生额及余额		193 440	171 440	32 000	
固定资产	180 000						180 000	
累计折旧		30 000	8	31		8 000		38 000
短期借款			8	27		50 000		50 000
应付账款		56 000						56 000
应付职工薪酬			8	15	60 000			
			8	31		60 000		
			发生额及余额		60 000	60 000		
应交税费			8	1	2 600			
			8	4	10 400			
			8	13	1 300			
			8	12		2 600		
			8	2		29 900		
			8	20		6 500		
			8	31	24 700			
			8	31		1 729		
			8	31	1 729			
			8	31		741		
应交税费			8	31	741			
			8	31		25 732.5		25 732.5
			发生额及余额		41 470	67 202.5		25 732.5
其他应付款		5 000						5 000

续表

总账科目	期初余额		本期发生额				期末余额	
	借方	贷方	日期		借方	贷方	借方	贷方
实收资本		243 000						243 000
盈余公积			8	31		7 719.75		7 719.75
本年利润		80 000						
			8	31		300 000		
			8	31	171 440			
			8	31	1 500			
			8	31	21 660			
			8	31	2 470			
			8	31	25 732.5			77 197.5
			发生额及余额		222 802.5	300 000		157 197.5
利润分配	64 000		8	31	7 719.75		71 719.75	
生产成本	2 000		1	10	40 000			
			1	13	3 000			
			1	31	20 000			
			1	31	14 000			
			1	31		77 000		
	4 000		8	10	64 000			
			8	13	5 000			
			8	31	30 000			
			8	31	17 440			
			8	31		116 440		
			发生额及余额		193 440	193 440	6 000	
制造费用			8	10	17 000			
			8	31		17 000		
			8	13	500			
			8	31		500		
			8	25	440			
			8	31		440		
			8	31	4 000			
			8	31		4 000		
			8	31	6 000			
			8	31		6 000		
			8	31	3 000			
			8	31		3 000		
			8	31	500			
			8	31		500		
			发生额及余额		31 440	31 440		

续表

总账科目	期初余额		本期发生额				期末余额	
	借方	贷方	日期		借方	贷方	借方	贷方
主营业务收入			8	2		80 000		
			8	12		20 000		
			8	31	100 000			
			8	2		150 000		
			8	20		50 000		
			8	31	200 000			
			发生额及余额		300 000	300 000		
主营业务成本			8	31	55 000			
			8	31		55 000		
			8	31	116 440			
			8	31		116 440		
			发生额及余额		171 440	171 440		
税金及附加			8	31	2 470			
			8	31		2 470		
			发生额及余额		2 470	2 470		
销售费用			8	23	1 500			
			8	31		1 500		
			发生额及余额		1 500	1 500		
管理费用			8	10	9 000			
			8	31		9 000		
			8	13	1 500			
			8	31		1 500		
			8	22	1 000			
			8	31	1 160			
			8	31		1 000		
			8	31		1 160		
			8	31	6 000			
			8	31		6 000		
			8	31	2 000			
			8	31		2 000		
			8	31	1 000			
			8	31		1 000		
					21 660	21 660		
所得税费用			8	31	25 732.5			

续表

总账科目	期初余额		本期发生额				期末余额	
	借方	贷方	日期		借方	贷方	借方	贷方
所得税费用			8	31		25 732.5		
			发生额及余额		25 732.5	25 732.5		
合计	414 000	414 000			1 881 614.75	1 881 614.75	582 649.75	582 649.75

5. **结账和对账**

（1）编制总分类账试算平衡表，进行总账账户的核对，如表 10-22 所示。

表 10-22 总分类账户试算平衡表

2020 年 8 月　　单位：元

总账科目	期初余额		本期发生额		期末余额	
	借方余额	贷方余额	借方	贷方	借方	贷方
库存现金	1 500		60 000	61 440	60	
银行存款	106 000		368 400	219 630	254 770	
应收账款	2 000		79 100	58 500	22 600	
原材料	44 000		100 000	130 000	14 000	
生产成本	6 000		193 440	193 440	6 000	
制造费用			31 440	31 440		
库存商品	10 000		193 440	171 440	32 000	
其他应收款	500		1 000		1 500	
固定资产	180 000				180 000	
累计折旧		30 000		8 000		38 000
短期借款				50 000		50 000
应付职工薪酬			60 000	60 000		60 000
应付账款		56 000				56 000
其他应付款		5 000				5 000
应交税费			41 470	67 202.5		25 732.5
实收资本		243 000				243 000
盈余公积				7 719.75		7 719.75
本年利润		80 000	222 802.5	300 000		157 191.75
利润分配	64 000		7 719.75		7 719.75	
主营业务收入			300 000	300 000		
主营业务成本			171 440	171 440		
税金及附加			2 470	2 470		

续表

总账科目	期初余额		本期发生额		期末余额	
	借方余额	贷方余额	借方	贷方	借方	贷方
销售费用			1 500	1 500		
管理费用			21 660	21 660		
所得税费用			25 732.5	25 732.5		
合计	414 000	414 000	1 881 614.75	1 881 614.75	582 649.75	582 649.75

通过编制试算平衡简表，可以发现该公司8月份总分类账户之间的勾稽关系正确，总账各账户借、贷方发生额合计数核对相符，期末借、贷方余额合计数核对相符。

（2）编制总账与明细账试算平衡表，核对总分类账与所属明细分类账，如表10-23所示。

表10-23　总账与明细账试算平衡表

2020年8月　　单位：元

总账科目	明细科目	期初余额		本期发生额		期末余额	
		借方余额	贷方余额	借方	贷方	借方	贷方
库存现金	合计	1 500		60 000	61 440	60	
银行存款	合计	106 000		368 400	219 630	254 770	
应收账款	友谊公司	2 000		56 500	58 500		
	长江公司			22 600			
	合计	2 000		79 100	58 500	22 600	
其他应收款	张珊	500					
	李刚			1 000			
	合计	500		1 000		1 500	
原材料	甲材料	20 000		20 000	30 000		
	乙材料	24 000		80 000	100 000		
	合计	44 000		100 000	130 000	14 000	
库存商品	冰箱	4 000		77 000	55 000		
	冰柜	6 000		116 440	116 440		
	合计	10 000		193 440	171 440	32 000	
固定资产	固定资产	180 000				180 000	
累计折旧	累计折旧		30 000		8 000		38 000
短期借款	短期借款				50 000		50 000

续表

总账科目	明细科目	期初余额		本期发生额		期末余额	
		借方余额	贷方余额	借方	贷方	借方	贷方
应付账款	向阳公司		56 000				56 000
应付职工薪酬	职工工资			60 000	60 000		
	合计			60 000	60 000		
应交税费	应交增值税			24 700	24 700		
	应交城建税			1 729	1 729		
	应交教育费附加			741	741		
	应交所得税			25 732.5	25 732.5		
	合计			41 470	67 202.5		25 732.5
其他应付款	其他应付款		5 000				5 000
实收资本	实收资本		243 000				243 000
盈余公积	法定盈余公积				7 719.75		7 719.75
本年利润	合计		80 000	222 802.5	300 000		157 197.5
利润分配	提取盈余公积	64 000		7 719.75		71 719.75	
生产成本	冰箱	2 000		77 000	77 000		
	冰柜	4 000		116 440	116 440		
	合计	6 000		193 440	193 440	6 000	
制造费用	材料费			17 000			
	水电费			500			
	修理费			440			
	工资			4 000			
	折旧费			6 000			
	保险费			3 000			
	办公费			500			
	结转				31 440		
	合计			31 440	31 440		
主营业务收入	冰箱				100 000		
	冰柜				200 000		
	合计			300 000	300 000		

续表

总账科目	明细科目	期初余额		本期发生额		期末余额	
		借方余额	贷方余额	借方	贷方	借方	贷方
主营业务成本	冰箱			55 000			
	冰柜			116 440			
	合计			171 440	171 440		
税金及附加	税金及附加			2 470	2 470		
销售费用	销售费用			1 500	1 500		
管理费用	材料费			9 000			
	水电费			1 500			
	办公费			2 160			
	工资			6 000			
	折旧费			2 000			
	保险费			1 000			
	结转				21 660		
	合计			21 660	21 660		
所得税费用	所得税费用			25 732.5	25 732.5		
合计		414 000	414 000	1 881 614.75	1 881 614.75	582 649.75	582 649.75

通过编制总账与明细账试算平衡表，可以看出该公司 8 月份总分类账账户与明细分类账账户之间的勾稽关系正确，总账与所属明细账核对相符。

（3）核对库存现金日记账与库存现金总账，核对银行存款日记账与银行存款总账。

通过上述账簿记录，可以看出该公司 8 月份库存现金总账、银行存款总账与相应日记账之间的勾稽关系正确，总账与日记账核对相符。

核对会计账簿与其余部门相关账簿记录。

6. 编制财务报表

根据月初余额表及本月账簿记录，编制资产负债表和利润表。如表 10-24、表 10-25 所示。

表 10-24　资产负债表

编制单位：南方制冷设备有限公司　　　　2020 年 8 月 31 日　　　　单位：元

资产	期末余额	年初余额	负债和所有者权益（或股东权益）	期末余额	年初余额
流动资产：			流动负债：		

续表

资产	期末余额	年初余额	负债和所有者权益（或股东权益）	期末余额	年初余额
货币资金	254 830	107 500	短期借款	50 000	
交易性金融资产			交易性金融负债		
衍生金融资产			衍生金融负债		
应收票据			应付票据		
应收账款	22 600	2 000	应付账款	56 000	56 000
应收款项融资			预收款项		
预付款项			合同负债		
其他应收款	1 500	500	应付职工薪酬		
存货	52 000	60 000	应交税费	25 732.5	
合同资产			其他应付款	5 000	5 000
持有待售资产			持有待售负债		
一年内到期的非流动资产			一年内到期的非流动负债		
其他流动资产			其他流动负债		
流动资产合计	330 930	170 000	流动负债合计	136 732.5	61 000
非流动资产：			非流动负债：		
债权投资			长期借款		
其他债权投资			应付债券		
长期应收款			其中：优先股		
长期股权投资			永续股		
其他权益工具投资			租赁负债		
其他非流动金融资产			长期应付款		
投资性房地产			预计负债		
固定资产	142 000	150 000	递延收益		
在建工程			递延所得税负债		
生产性生物资产			其他非流动负债		
油气资产			非流动负债合计		
使用权资产			负债合计	136 732.5	61 000
无形资产			所有者权益（或股东权益）：		

续表

资产	期末余额	年初余额	负债和所有者权益（或股东权益）	期末余额	年初余额
开发支出			实收资本（或股本）	243 000	243 000
商誉			资本公积		
长期待摊费用			减：库存股		
递延所得税资产			其他综合收益		
其他非流动资产			盈余公积	7 719.75	
非流动资产合计	142 000	150 000	未分配利润	85 477.75	16 000
			所有者权益合计	336 197.5	259 000
资产合计	472 930	320 000	负债和所有者权益合计	472 930	320 000

表 10-25　利 润 表

编制单位：南方制冷设备有限公司　　2020 年 8 月　　单位：元

项目	本期金额	上期金额
一、营业收入	300 000	
减：营业成本	171 440	
税金及附加	2 470	
销售费用	1 500	
管理费用	21 660	
研发费用		
财务费用		
其中：利息费用		
利息收入		
加：其他收益		
投资收益（损失以“－”号填列）		
其中：对联营企业和合营企业的投资收益		
净敞口套期收益（损失以“－”号填列）		
公允价值变动损益（损失以“－”号填列）		
信用减值损失（损失以“－”号填列）		
资产减值损失（损失以“－”号填列）		
资产处置收益（损失以“－”号填列）		
二、营业利润（亏损以“－”号填列）	102 930	
加：营业外收入		
减：营业外支出		
其中：非流动资产处置损失		

续表

项目	本期金额	上期金额
三、利润总额（亏损总额以“-”号填列）	102 930	
减：所得税费用	25 732.55	
四、净利润（净亏损以“-”号填列）	77 197.5	
（一）持续经营净利润（净亏损以“-”号填列）		
（二）终止经营净利润（净亏损以“-”号填列）		
五、其他综合收益的税后净额		
……		
六、综合收益总额		
七、每股收益		
（一）基本每股收益		
（二）稀释每股收益		

想一想：记账凭证账务处理程序都经过了哪些基本步骤？

任务三　掌握科目汇总表账务处理程序

科目汇总表，又称记账凭证汇总表，通常是企业定期对全部记账凭证进行汇总后，按照不同的会计科目分别列示各账户借方发生额和贷方发生额的一种汇总凭证。

一、科目汇总表账务处理程序的工作流程

科目汇总表账务处理程序下填制记账凭证、登记账簿和编制会计报表步骤如下：

（1）根据原始凭证编制原始凭证汇总表。

（2）根据原始凭证或原始凭证汇总表编制收款凭证、付款凭证和转账凭证，也可以采用通用的记账凭证。

（3）根据收款凭证、付款凭证逐笔登记现金日记账和银行存款日记账。

（4）根据原始凭证、原始凭证汇总表和记账凭证，登记各种明细分类账。

（5）根据各种记账凭证编制科目汇总表。

（6）根据科目汇总表登记总分类账。

（7）期末，现金日记账、银行存款日记账和明细分类账的余额同有关总分类账的余额核对相符。

（8）期末，根据总分类账和明细分类账的记录，编制会计报表。

上述账务处理流程可归纳如图 10-2 所示。

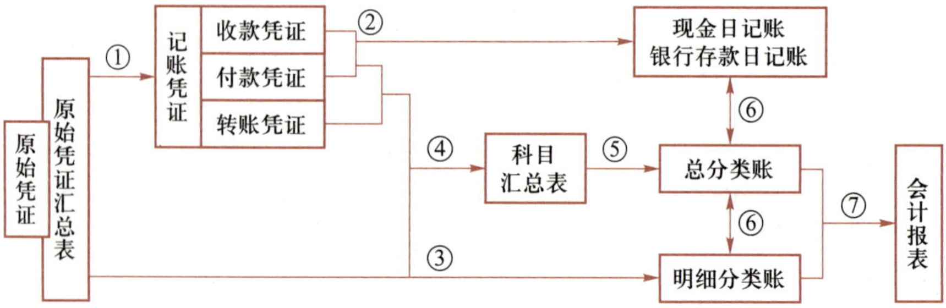

图 10-2 科目汇总表账务处理程序工作流程

想一想：科目汇总表账务处理程序和记账凭证账务处理程序的区别是什么？

二、科目汇总表账务处理程序的账簿体系

（一）记账凭证设置

科目汇总表账务处理程序下，须设置记账凭证和科目汇总表的格式。

1. 记账凭证的格式

科目汇总表账务处理程序下的记账凭证格式可以采用专用记账凭证（收款凭证、付款凭证和转账凭证），也可以采用通用记账凭证。

2. 科目汇总表的格式

科目汇总表，又称“记账凭证汇总表”，是通过定期对全部记账凭证进行汇总，按各个会计科目列示其借方发生额和贷方发生额的一种汇总凭证。根据借贷记账法“有借必有贷，借贷必相等”的记账规则，科目汇总表中各个会计科目的借方发生额合计与贷方发生额合计应该相等，因此，科目汇总表具有试算平衡法的作用。科目汇总表可以每汇总一次编制一张（见表 10-26），也可以按旬汇总一次，每月编制一张（见表 10-27）。

表 10-26 科目汇总表（格式一）

年 月 日至 日 字第 号

会计科目	总账页数	本期发生额		记账凭证起止号
		借方	贷方	

表 10-27　科目汇总表（格式二）

年　　月　　　　　　　　　字第　号

会计科目	总账页数	1—10 日		11—20 日		21—30 日		本月合计	
		借方	贷方	借方	贷方	借方	贷方	借方	贷方
记账凭证起止数									

要点提示

任何格式的科目汇总表，都只反映各个账户的借方发生额和贷方发生额，不反映各个账户之间的对应关系。

（二）账簿的设置

科目汇总表账务处理程序下，须设置的账簿同记账凭证账务处理程序。

三、科目汇总表编制方法

（一）汇总时间及编号的填写

科目汇总表可根据企业业务的多少选择汇总时间。对于业务较少的单位，可到月末对本月所有记账凭证进行一次汇总，每月编制一张科目汇总表；对于业务较多的企业，可分 5 天、10 天、半个月等定期汇总，每月编制多张科目汇总表，汇总时间如实填写。

微课：
编制科目汇总表

科目汇总表应填写所汇总记账凭证的编号，以作为编制科目汇总表的依据。在装订凭证时，科目汇总表应与其所汇总的记账凭证装订在一起。

（二）汇总科目发生额的步骤

首先，根据一定时期内的全部记账凭证，采用“T”字形账户方式汇总每一会计科目相应期间的借方发生额和贷方发生额。

其次，将发生额填入科目汇总表的相应栏目内。

最后，将所有科目的借方发生额加总与所有科目的贷方发生额合计数进行核对，以起到试算平衡的作用。如果两者相等，可作为登记总分类账的依据。但如果两者不相等，说明科目汇总表编制存在错误，须进一步查找错误直至相等。

四、科目汇总表账务处理程序的特点及优缺点

（一）科目汇总表账务处理程序的特点

科目汇总表账务处理程序的特点：定期将记账凭证汇总编制科目汇总表，

然后根据科目汇总表登记总分类账。由于总账是根据科目汇总表登记的，因此这种账务处理程序就称为科目汇总表账务处理程序。

（二）科目汇总表账务处理程序的优缺点及适用范围

1. 科目汇总表账务处理程序的优缺点

科目汇总表账务处理程序的优点是由于总分类账是根据定期编制的科目汇总表登记的，因此大大减少了登记总分类账的工作量，并可以做到试算平衡，该方法简明易懂、方便易学。

科目汇总表账务处理程序的缺点是科目汇总表不能反映账户对应关系，不便于查对账目。

2. 科目汇总表账务处理程序的适用范围

科目汇总表账务处理程序适用范围广，特别适用于规模较大、业务量多的企业。

五、科目汇总表账务处理程序应用举例

同记账凭证财务处理程序应用举例，假设南方制冷设备有限公司采用科目汇总表账务处理程序，以其会计核算过程为例说明科目汇总表账务处理程序的应用。

科目汇总表账务处理程序应用的流程如下：

（1）根据本月发生的经济业务编制记账凭证（同记账凭证账务处理程序）。

（2）根据收付款凭证登记库存现金和银行存款日记账（同记账凭证账务处理程序）。

（3）根据记账凭证及其所附原始凭证登记明细分类账（同记账凭证账务处理程序）。

（4）根据记账凭证编制科目汇总表。

假设该公司按旬汇总，每月编制一张“科目汇总表”，据以登记总分类账。该公司分别于10日、20日、31日将本旬全部记账凭证，按同一总账科目汇总，填在“科目汇总表”内。其格式和内容见表10-28。

（5）根据编制的科目汇总表登记总分类账。月末，根据所编制的“科目汇总表”登记各有关总分类账，总账的登记工作可以在每旬汇总后登记一次，也可以在月终根据全月发生额每月登记一次。典型账户的登记格式和内容如表10-29至表10-32所示。

（6）结账和对账（同记账凭证账务处理程序）。

（7）编制财务报表（同记账凭证账务处理程序）。

想一想：科目汇总表账务处理程序与记账凭证账务处理程序有何异同点？

表 10-28　科目汇总表

2020 年 8 月　　汇字第 8 号　　单位：元

科目名称	1—10 日发生额		11—20 日发生额		21—31 日发生额		合计	
	借方	贷方	借方	贷方	借方	贷方	借方	贷方
库存现金			60 000	60 000		1 440	60 000	61 440
银行存款	259 900	113 000		71 300	108 500	35 330	368 400	219 630
应收账款			79 100			58 500	79 100	58 500
其他应收款					1 000		1 000	
原材料	100 000	130 000					100 000	130 000
库存商品					193 440	171 440	193 440	171 440
累计折旧						8 000		8 000
短期借款						50 000		50 000
应付职工薪酬			60 000			60 000	60 000	60 000
应交税费	13 000	29 900	1 300	9 100	27 170	28 202.5	41 470	67 202.5
盈余公积						7 719.75		7 719.75
本年利润					222 802.5	300 000	222 802.5	300 000
利润分配					7 719.75		7 719.75	
生产成本	104 000		8 000		81 440	193 440	193 440	193 440
制造费用	17 000		500		13 940	31 440	31 440	31 440
主营业务收入		230 000		70 000	3 00 000		300 000	300 000
主营业务成本					171 440	171 440	171 440	171 440
税金及附加					2 470	2 470	2 470	2 470
销售费用					1 500	1 500	1 500	1 500
管理费用	9 000		1 500		11 160	21 660	21 660	21 660
所得税费用					25 732.5	25 732.5	25 732.5	25 732.5
合计	502 900	502 900	210 400	210 400	1 168 314.75	1 168 314.75	1 881 614.75	1 881 614.75

表 10-29 总 分 类 账

会计科目：银行存款

2020 年		凭证		摘要	借方	贷方	借或贷	余额
月	日	字	号					
8	1			期初余额			借	106 000
	10	科汇	8	1—10 日发生额	259 900	113 000	借	252 900
	20	科汇	8	11—20 日发生额		71 300	借	181 600
	31	科汇	8	21—31 日发生额	108 500	35 330	借	254 770
	31			本月合计	368 400	219 630	借	254 770

表 10-30 总 分 类 账

会计科目：应收账款

2020 年		凭证		摘要	借方	贷方	借或贷	余额
月	日	字	号					
8	1			期初余额			借	2 000
	20	科汇	8	11—20 日发生额	79 100		借	81 100
	31	科汇	8	21—31 日发生额		58 500	借	22 600
	31			本月合计	79 100	58 500	借	22 600

表 10-31 总 分 类 账

会计科目：原材料

2020 年		凭证		摘要	借方	贷方	借或贷	余额
月	日	字	号					
8	1			期初余额			借	44 000
	10	科汇	8	1—10 日发生额	100 000	130 000	借	14 000
	31			本月合计	100 000	130 000	借	14 000

表 10-32 总 分 类 账

会计科目：生产成本

2020 年		凭证		摘要	借方	贷方	借或贷	余额
月	月	字	号					
8	1			期初余额			借	6 000
	10	科汇	8	1—10 日发生额	104 000		借	110 000
	20	科汇	8	11—20 日发生额	8 000		借	118 000
	31	科汇	8	21—31 日发生额	81 440	193 440	借	6 000
	31			本月合计	193 440	193 440	借	6 000

任务四　理解汇总记账凭证账务处理程序

汇总记账凭证，是一种累计汇总的记账凭证，它是对日常会计核算过程中所填制的专用记账凭证，按照凭证的种类分别定期进行汇总填制。汇总记账凭证账务处理程序是指根据汇总记账凭证登记总分类账，并定期编制会计报表的一种账务处理程序，它是在记账凭证核算程序的基础上发展而来的。

一、汇总记账凭证账务处理程序的工作流程

汇总记账凭证账务处理程序下填制记账凭证、登记账簿和编制会计报表的具体工作步骤如下：

（1）根据原始凭证编制汇总原始凭证。

（2）根据原始凭证或汇总原始凭证编制收款凭证、付款凭证和转账凭证，也可以采用通用的记账凭证。

（3）根据收款凭证、付款凭证逐笔登记现金日记账和银行存款日记账。

（4）根据原始凭证、汇总原始凭证和记账凭证，登记各种明细分类账。

（5）根据各种记账凭证编制有关汇总记账凭证。

（6）根据汇总记账凭证逐笔登记总分类账。

（7）期末，现金日记账、银行存款日记账和明细分类账的余额同有关总分类余额核对相符。

（8）期末，根据总分类账和明细分类账的记录，编制会计报表。

汇总记账凭证账务处理程序可见图 10-3。

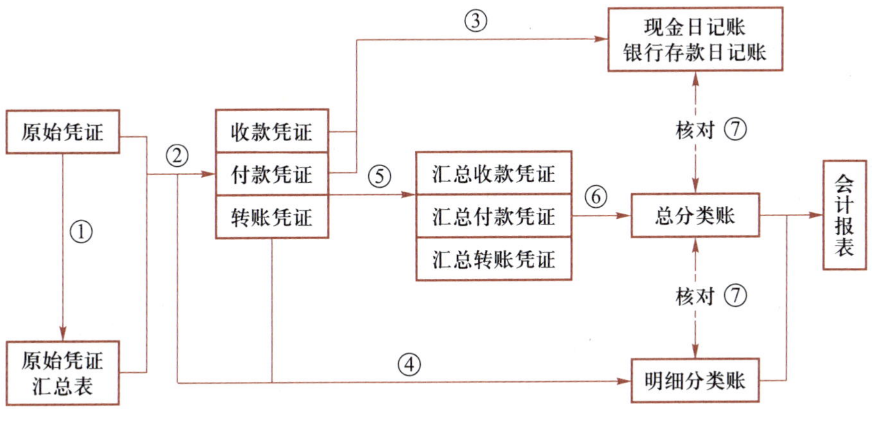

图 10-3　汇总记账凭证账务处理程序图

想一想：汇总记账凭证账务处理程序和记账凭证账务处理程序、科目汇总表账务处理程序的主要区别在哪里？

二、汇总记账凭证账务处理程序的账簿体系

汇总记账凭证账务处理程序下，记账凭证的格式必须选择专用记账凭证，即收款凭证、付款凭证和转账凭证。

汇总记账凭证账务处理程序下，账簿的设置与相应账页格式同记账凭证账务处理程序。此处不再赘述。

微课：
编制汇总记账凭证

三、汇总记账凭证编制方法

汇总记账凭证分为汇总收款凭证、汇总付款凭证和汇总转账凭证三种格式，其编制方法如下：

（一）编制汇总收款凭证

汇总收款凭证是按借方科目库存现金或银行存款设置，将其相对应的贷方科目加以归类，定期汇总，按月编制。月末时，结算出汇总收款凭证中各贷方科目的合计数，据以登记总分类账。汇总收款凭证的格式如表 10-33 所示。

表 10-33 汇总收款凭证

借方科目：银行存款　　　　2020 年 11 月　　　　第 1 号

贷方科目	金额				总账页数	
	（1）1—10 日__号至__号	（2）11—20 日__号至__号	（3）21—30 日__号至__号	合计	借方	贷方
主营业务收入	125 000			125 000	3	35
应收账款		80 000		80 000	3	12
其他应收款			5 000	5 000	3	16
合计	125 000	80 000	5 000	210 000		

会计：　　记账：　　审核：　　填制：

（二）编制汇总付款凭证

汇总付款凭证是按贷方科目库存现金和银行存款设置，将其相对应的借方科目加以归类，定期汇总，按月编制。月末时，结算出汇总付款凭证中各借方科目的合计数，据以登记总分类账。汇总付款凭证的格式如表 10-34 所示。

表 10-34 汇总付款凭证

贷方科目：银行存款　　　　2020 年 11 月　　　　第 1 号

借方科目	金额				总账页数	
	（1）1—10 日__号至__号	（2）11—20 日__号至__号	（3）21—30 日__号至__号	合计	借方	贷方
原材料	85 000			85 000	9	3
应收账款		10 000		10 000	14	3

续表

借方科目	金额				总账页数	
	（1）1—10日__号至__号	（2）11—20日__号至__号	（3）21—30日__号至__号	合计	借方	贷方
库存现金			5 000	5 000	2	3
合计	85 000	10 000	5 000	100 000		

会计：　　记账：　　审核：　　填制：

（三）编制汇总转账凭证

汇总转账凭证是根据一定时期的转账凭证，按月汇总编制而成。汇总转账凭证按转账凭证的贷方科目设置，将其相对应的借方科目加以归类，定期汇总，按月编制。月末时，结算出各汇总转账凭证中各借方科目的合计数，据以登记总分类账。如果某一贷方科目的转账凭证数量不多，也可以不编制汇总转账凭证，直接根据转账凭证登记总分类账。为了便于汇总转账凭证，所有转账凭证的填制应该是一个贷方科目同一个或几个借方科目相对应，不能以一个借方科目同几个贷方科目相对应。

要点提示

实际工作中，通常贷方记录要比借方记录少，所以，汇总转账凭证按贷方账户设置，可以减少编制汇总转账凭证的数量，简化登记总账的工作。为了适应这种编制要求，转账凭证应按一借一贷或多借一贷列示账户的对应关系。

汇总转账凭证的格式如表10-35所示。

表10-35　汇总转款凭证

贷方科目：原材料　　2020年11月　　第1号

借方科目	金额				总账页数	
	（1）1—10日__号至__号	（2）11—20日__号至__号	（3）21—30日__号至__号	合计	借方	贷方
生产成本	14 000			14 000	15	9
制造费用		1 000		1 000	17	9
管理费用			5 000	5 000	22	9
合计	14 000	1 000	5 000	20 000		

会计：　　记账：　　审核：　　填制：

要点提示

汇总收款凭证按照借方科目设置，按贷方科目归类汇总；汇总付款凭证和汇总转账凭证都是按照贷方科目设置，按借方科目加以归类、汇总的。

四、汇总记账凭证账务处理程序的特点及优缺点

（一）汇总记账凭证账务处理程序的特点

汇总记账凭证账务处理程序的特点：先定期将全部记账凭证按收款、付款和转账凭证分别归类编制成汇总记账凭证，再根据汇总记账凭证登记总账。由于总账是根据汇总记账凭证登记的，因此这种账务处理程序就称为汇总记账凭证账务处理程序。

（二）汇总记账凭证账务处理程序的优缺点及适用范围

1. 汇总记账凭证账务处理程序的优缺点

汇总记账凭证账务处理程序的优点是可以减少登记总分类账的工作量，同时还能清晰反映账户之间的对应关系。

汇总记账凭证账务处理程序的缺点是定期编制汇总转账凭证的工作量大，同时也不能进行试算平衡，对发生的汇总错误很难发现。

2. 汇总记账凭证账务处理程序的适用范围

汇总记账凭证账务处理程序一般适用于规模较大、业务较多，特别是转账业务少而付款业务较多的单位。

要点提示

汇总记账凭证可以反映账户的对应关系，业务来龙去脉比较清晰，但不能进行试算平衡，无法验证账户登记正确与否；科目汇总表可以进行试算平衡，以验证账户登记的正确性，但不能反映账户的对应关系。

不同账务处理程序的内容对比如表 10-36 所示。

表 10-36　不同账务处理程序内容对比

账务处理程序	特点	优点	缺点	适用范围
记账凭证账务处理程序	直接根据记账凭证登记总分类账	简单明了，易理解；较详细反映经济业务发生情况，便于查账和对账	登记总分类账工作量大	适用于规模较小、业务量较少的单位
科目汇总表账务处理程序	根据科目汇总表登记总分类账	减轻了登记总分类账的工作量；可以进行试算平衡	不能反映各个账户间对应关系，不利于查账	适用范围较广，特别适用规模大、业务量多的单位
汇总记账凭证账务处理程序	根据汇总记账凭证登记总分类账	减轻了登记总分类账的工作量；能反映业务来龙去脉，账户对应关系清晰	转账凭证较多时，编制汇总转账凭证工作量大；按贷方科目汇总不利于日常分工；不能进行试算平衡	适用于规模较大、业务量较多的单位

综合案例

案例资料：孔方方是某职业技术学院财务管理专业毕业生，在校期间考取了助理会计师证书。毕业后孔方方被一家会计师事务所录用，经过上岗培训，被派往两个单位担当代理记账员。其中，第一个单位是来料加工企业，每月只收进原材料、加工半成品、交付委托单位，然后计算发放工人工资、收取加工费、支付管理费用，大约20多笔业务；第二个单位是食品加工企业，每月需要购进不同类型的材料，产品销给20多个客户，往来频繁，同时还要和银行、税务等部门发生业务往来，大约100多笔业务。孔方方接手工作后，对来料加工企业采用了记账凭证账务处理程序，对食品加工企业应采取科目汇总表账务处理程序。孔方方对两个单位的会计核算处理得当，得到了领导的赞扬。

文档：账务处理程序知识点小结

案例讨论：

根据你对账务处理程序的认知，谈谈上述两个企业采用不同的账务处理程序？

专业能力测评

专业能力测评表（再□中打√，A掌握，B基本掌握，C未掌握）

知识点／技能点	评价指标	自测结果	要求
账务处理程序	1. 账务处理程序的含义 2. 账务处理程序的种类和区别	□A　□B　□C □A　□B　□C	理解账务处理程序含义，掌握常用账务处理程序的种类和区别
记账凭证账务处理程序	1. 记账凭证账务处理程序的工作流程 2. 记账凭证账务处理程序的特点、优缺点和适用范围 3. 记账凭证账务处理程序的应用	□A　□B　□C □A　□B　□C □A　□B　□C	理解记账凭证账务处理程序的含义及工作流程，掌握其特点、优缺点和适用范围，会应用记账凭证账务处理程序进行会计核算
科目汇总表账务处理程序	1. 科目汇总表账务处理程序的工作流程 2. 科目汇总表的编制 3. 科目汇总表账务处理程序的特点、优缺点和适用范围 4. 科目汇总表账务处理程序的应用	□A　□B　□C □A　□B　□C □A　□B　□C □A　□B　□C	理解科目汇总表账务处理程序含义及工作流程；掌握科目汇总表编制原理和编制方法；掌握其特点、优缺点和适用范围，并会在实践中应用
汇总记账凭证账务处理程序	1. 汇总记账凭证账务处理程序的工作流程 2. 汇总记账凭证的编制 3. 汇总记账凭证账务处理程序的特点、优缺点和适用范围	□A　□B　□C □A　□B　□C □A　□B　□C	理解汇总记账凭证账务处理程序的含义及工作流程，掌握汇总收款凭证、汇总付款凭证、汇总转账凭证编制原理和编制方法；掌握其特点、优缺点和适用范围

项目测试

一、单选题

1. 各种账务处理程序的主要区别是（　　）。

A. 填制会计凭证的依据和方法不同

B. 登记总账的依据和方法不同

C. 登记明细账的依据和方法不同

D. 设置日记账的格式不同

2. 直接根据记账凭证逐笔登记总分类账的账务处理程序是（　　）。

A. 日记总账　　B. 汇总记账凭证账务处理程序

C. 记账凭证账务处理程序　　D. 通用日记账

3. 规模小、业务简单、使用会计科目少的单位一般采用（　　）。

A. 记账凭证核算形式　　B. 汇总记账凭证核算形式

C. 科目汇总表核算形式　　D. 日记总账核算形式

4. 在会计核算中最基本的账务处理程序是（　　）。

A. 记账凭证账务处理程序

B. 科目汇总表账务处理程序

C. 汇总记账凭证账务处理程序

D. 日记总账账务处理程序

5. 在记账凭证账务处理程序下，下列属于总分类账记账依据的是（　　）。

A. 记账凭证　　B. 原始凭证

C. 各种总账　　D. 原始凭证汇总表

6. 下列各项中，科目汇总表账务处理程序登记总账的直接依据是（　　）。

A. 科目汇总表　　B. 汇总记账凭证

C. 记账凭证　　D. 科目汇总表或汇总记账凭证

7. 科目汇总表账务处理程序的主要缺点在于（　　）。

A. 登记总分类账的工作量较大

B. 不能反映账户之间的对应关系

C. 登记明细分类账的工作量较大

D. 编制会计报表的方法较复杂

8. 下列各项中，属于编制科目汇总表的根据是（　　）。

A. 记账凭证　　B. 原始凭证

C. 各种总账　　D. 原始凭证汇总表

9. 汇总记账凭证账务处理程序下，总分类账账页的格式一般采用（　　）。

A. 数量金额式　　B. 三栏式

C. 两栏式　　D. 多栏式

10. 编制汇总转账凭证时正确的方法是（　　）。

A. 按转账凭证的每一贷方科目分别设置，按与其相对应的借方科目归类汇总
B. 按转账凭证的每一借方科目分别设置，按与其相对应的贷方科目归类汇总
C. 按收款凭证的每一贷方科目分别设置，按与其相对应的借方科目归类汇总
D. 按收款凭证的每一借方科目分别设置，按与其相对应的贷方科目归类汇总

11. 汇总记账凭证账务处理程序的主要优点是（　　）。
A. 能减少填制记账凭证的数量
B. 能清楚地反映各科目间的对应关系
C. 能把分类核算与序时核算结合起来
D. 银行存款日记账能反映收支业务的对应关系

12. 记账凭证账务处理程序与汇总记账凭证账务处理程序的区别是（　　）。
A. 原始凭证的种类不同　　B. 记账凭证的种类不同
C. 明细账的记账依据不同　　D. 总账的记账依据不同

13. 下列属于汇总记账账务处理程序主要缺点的是（　　）。
A. 登记总账的工作量较大
B. 当转账凭证较多时，编制汇总转账凭证的工作量较大
C. 不便于体现账户间的对应关系
D. 不便于进行账目核对

14. 下列各项中，不属于汇总记账凭证账务处理程序步骤的是（　　）。
A. 根据各种记账凭证编制有关汇总记账凭证
B. 根据各种记账凭证编制科目汇总表
C. 根据原始凭证编制原始凭证汇总表
D. 根据总分类账和明细分类账编制会计报表

二、多选题

1. 下列关于科学、合理地选择账务处理程序的意义的表述中，正确的有（　　　）。
A. 有利于会计工作程序的规范化
B. 有利于增强会计信息的可靠性
C. 有利于提高会计信息的质量
D. 有利于保证会计信息的及时性

2. 下列各项中，属于企业常用的账务处理程序的有（　　　）。
A. 记账凭证账务处理程序
B. 科目汇总表账务处理程序
C. 汇总记账凭证账务处理程序
D. 多栏式日记账账务处理程序

3. 账务处理程序规定了（　　　）。

A. 账簿组织 B. 原始凭证的填制方法

C. 记账程序 D. 记账凭证的审核方法

4. 登记总分类账的根据可以是（ ）。

A. 记账凭证 B. 汇总记账凭证

C. 科目汇总表 D. 原始凭证汇总表

5. 账务处理程序的主要内容包括（ ）。

A. 账簿与报表之间的联系方法

B. 会计凭证与账簿之间的联系方法

C. 会计机构及会计岗位的设置

D. 会计工作人员职责

6. 记账凭证账务处理程序的优点有（ ）。

A. 登记总分类账的工作量较小

B. 账务处理程序简单明了，易于理解

C. 总分类账登记详细，便于查账、对账

D. 适用于规模大、业务量多的大中型企业

7. 科目汇总表的作用有（ ）。

A. 减少总分类账的登记工作

B. 进行总账登记前的试算平衡

C. 反映经济业务的来龙去脉

D. 反映账户的对应关系

8. 在采用科目汇总表账务处理程序时，编制科目汇总表的依据可以是（ ）。

A. 收款凭证 B. 付款凭证

C. 转账凭证 D. 原始凭证

9. 关于科目汇总表账务处理程序，下列说法正确的有（ ）。

A. 科目汇总表账务处理程序可以大大减轻总账的登记工作量

B. 科目汇总表账务处理程序可以对发生额进行试算平衡

C. 科目汇总表账务处理程序下，总分类账能明确反映账户的对应关系

D. 科目汇总表账务处理程序适用于规模较大、业务量较多的大中型企业

10. 以记账凭证为依据，按有关科目的贷方设置，按借方科目归类的有（ ）。

A. 汇总收款凭证 B. 汇总转账凭证

C. 汇总付款凭证 D. 科目汇总表

11. 在采用汇总记账凭证账务处理程序时，登记总分类账的依据可以是（ ）。

A. 汇总收款凭证 B. 汇总付款凭证

C. 汇总转账凭证　　D. 总分类账

12. 汇总转账凭证的编制要求是所有转账凭证的填制应当是（　　）。

A. 一借一贷　　B. 一借多贷

C. 多借一贷　　D. 多借多贷

13. 在汇总记账凭证核算形式下，登记明细账的依据是（　　）。

A. 汇总记账凭证　　B. 记账凭证

C. 原始凭证　　D. 汇总原始凭证

14. 可以简化登记总账工作量的会计核算形式有（　　）。

A. 记账凭证核算形式

B. 科目汇总表核算形式

C. 汇总记账凭证核算形式

D. 多栏式日记账核算形式

三、判断题

1. 记账凭证账务处理程序是其他账务处理程序的基础。（　　）

2. 账务处理程序是指记账程序。（　　）

3. 汇总记账凭证必须按月填制，每月填写一次。（　　）

4. 各种账簿都要直接根据记账凭证登记。（　　）

5. 采用科目汇总表核算形式，总分类账和明细分类账以及日记账都应该根据科目汇总表登记。（　　）

6. 科目汇总表账务处理程序能科学地反映账户的对应关系，且便于账目核对。（　　）

7. 汇总记账凭证账务处理程序，不仅可以起到试算平衡的作用，而且可以反映账户之间的对应关系。（　　）

8. 各种会计账务处理程序的区别主要在于编制会计报表的依据和方法不同。（　　）

9. 会计账务处理程序不同，库存现金日记账、银行存款日记账登记的依据也不同。（　　）

10. 在科目汇总表账务处理程序下，总分类账必须逐日逐笔进行登记。（　　）

11. 记账凭证账务处理程序的特点是直接根据记账凭证逐笔登记总分类账，是最基本的账务处理程序。（　　）

12. 各种账务处理程序的共同点之一是编制财务报表的方法相同。（　　）

13. 科目汇总表可每月编制一张，按旬汇总；也可以每旬汇总一次编制一张。（　　）

四、业务题

习题一

1. 目的：练习记账凭证账务处理程序。

2. 资料：新阳光科技公司采用记账凭证账务处理程序，2020 年 6 月 1 日有关资料如表 10-37、表 10-38 所示。

表 10-37 有关账户余额

会计科目	借 方	贷 方	会计科目	借 方	贷 方
库存现金	3 500		短期借款		1 570 000
银行存款	300 000		应付票据及应付账款		400 000
应收账款	200 000		应交税费		50 000
预付款项	12 000		应付股利		70 000
其他应收款	10 000		其他应付款		35 000
原材料	900 000		实收资本		2 000 000
库存商品	600 000		盈余公积		150 000
制造费用	300 000		本年利润		300 000
固定资产	3 000 000		利润分配	250 000	
累计折旧		1 000 000			

表 10-38 原材料明细账户资料

单位：元

材料名称	明细账户	计量单位	数量	单价	金额
原材料	甲材料	千克	1 500	400	600 000
原材料	乙材料	千克	2 000	150	300 000

该公司 6 月发生下列业务：

（1）2 日，购进甲材料 100 千克，单价 400 元，材料验收入库，货款由银行存款支付。

（2）5 日，购进乙材料 400 千克，单价 150 元，材料验收入库，货款未付。

（3）15 日，仓库发出材料，原材料发出汇总表如表 10-39 所示。

（4）16 日，用现金支付行政管理部门日常的零星开支 2 000 元。

（5）17 日，用银行存款支付应付房租 12 000 元。

（6）20 日，从银行提取现金 50 000 元以备发放工资。

（7）20 日，用现金 50 000 元发放工资。

（8）25 日，用银行存款 8 000 元支付水电费，其中 A 产品耗用 4 000 元，B 产品耗用 2 500 元，车间管理耗用 1 500 元。

表 10-39　原材料发出汇总表

单位：元

项目	甲材料		乙材料		合计	
	数量	金额	数量	金额	数量	金额
制造产品耗用	120	48 000	450	67 500	570	115 500
A 产品	70	28 000	200	30 000	270	58 000
B 产品	50	20 000	250	37 500	300	57 500
行政管理部门耗用	10	4 000			10	4 000
合计	130	52 000	450	67 500	580	119 500

（9）25 日，销售 A 产品 100 件，货款 180 000 元存入银行。

（10）26 日，销售 B 产品 200 件，货款 100 000 元，收回 60 000 元存入银行，其余部分尚未收回。

（11）28 日，用银行存款支付销售费用 3 000 元。

（12）30 日，分配本月工资，其中 A 产品生产工人工资 30 000 元，B 产品生产工人工资 15 000 元，行政管理人员工资 5 000 元。

（13）30 日，计提固定资产折旧，其中 A 产品负担 3 000 元，B 产品负担 2 000 元，行政管理部门负担 1 000 元。

（14）30 日，结转本月完工产品成本，其中 A 产品完工 180 件，总成本 216 000 元；B 产品完工 300 件，总成本 120 000 元。

（15）30 日，计算本月应交纳的销售税金 28 000 元。

（16）30 日，结转本月的销售收入。

（17）30 日，结转本月的销售成本，其中 A 产品销售成本 120 000 元，B 产品销售成本 80 000 元。

（18）30 日，结转本月其他各项收支。

（19）30 日，经计算本月所得税为 10 000 元。

（20）30 日，经计算本月提取的盈余公积为 10 000 元，应分给投资人的利润为 10 000 元。

3. 要求：

（1）根据以上经济业务编制会计分录（不考虑增值税）。

（2）根据收、付款凭证逐日逐笔登记现金、银行存款日记账。

（3）根据原始凭证、记账凭证登记原材料、生产成本明细账。

（4）根据记账凭证逐笔登记总分类账。

（5）编制总分类账户发生额及余额试算平衡表。

（6）编制 6 月资产负债表及利润表。

习题二

1. 目的：练习科目汇总表账务处理程序。

2. 资料：假如新阳光科技公司采用科目汇总表账务处理程序，有关资料同练习一。

3. 要求：

（1）根据记账凭证编制科目汇总表。

（2）根据科目汇总表登记总分类账。

郑重声明

读者意见反馈

为收集对教材的意见建议，进一步完善教材编写并做好服务工作，读者可将对本教材的意见建议通过如下渠道反馈至我社。

咨询电话　400-810-0598

反馈邮箱　gjdzfwb@pub.hep.cn

通信地址　北京市朝阳区惠新东街4号富盛大厦1座

　　　　　高等教育出版社总编辑办公室

邮政编码　100029

防伪查询说明

用户购书后刮开封底防伪涂层，使用手机微信等软件扫描二维码，会跳转至防伪查询网页，获得所购图书详细信息。

防伪客服电话　(010) 58582300

网络增值服务使用说明

访问“爱课程”平台，在“在线开放课程”栏目搜索本书对应课程“基础会计理论与实务”进行在线学习。授课教师如需获取本书配套教辅资源，请登录“高等教育出版社产品信息检索系统”(xuanshu.hep.com.cn)，搜索本书并下载资源。首次使用本系统的用户，请先注册并完成教师资格认证。

高教社高职会计教师交流及资源服务QQ群（在其中之一即可，请勿重复加入）：

QQ3群：675544928　QQ2群：708994051（已满）　QQ1群：229393181（已满）